B. PÉREZ GALDÓS

TRISTANA

EDITED WITH INTRODUCTION,
NOTES & BIBLIOGRAPHY
BY GORDON MINTER

D0171245

PUBLISHED BY BRISTOL CLASSICAL PRESS
GENERAL EDITOR: JOHN H. BETTS
SPANISH TEXTS SERIES EDITOR: PAUL LEWIS-SMITH

This impression 2005
First published in 1996 by
Bristol Classical Press
an imprint of
Gerald Duckworth & Co. Ltd.
90-93 Cowcross Street, London EC1M 6BF
Tel: 020 7490 7300
Fax: 020 7490 0080
inquiries@duckworth-publishers.co.uk
www.ducknet.co.uk

© 1996 by Gordon Minter

All rights reserved. No part of this publication
may be reproduced, stored in a retrieval system, or
transmitted, in any form or by any means, electronic,
mechanical, photocopying, recording or otherwise,
without the prior permission of the publisher.

A catalogue record for this book is available
from the British Library

ISBN 1 85399 386 7

Printed and bound in Great Britain by
Antony Rowe Ltd, Eastbourne

Cover illustration: composite picture made up of details from Velázquez's *La rendición de Breda* (more usually known as *Las Lanzas*), and a Japanese colour woodcut by Utamaro, *A Beauty Surveys Herself in the Looking-glass.*

CONTENTS

ERRATA

Page xxxiii, Note 46: pp. 00-00 *to read* pp. x-xv
Page 75, line 27: singún *to read* ningún
Page 85, line 38: p/onta *to read* pronta
Page 111, line 14: instante! *to read* instantes!
Page 113, Note 16, line 4:
    on p. 40 of this edition *to read*
    facing p. 1 of this edition
Page 136, Note 204, line 7:
    with with *to read* with which
Page 144, Note 255, line 1:
    He makes me remember *to read*
    She makes me remember

PREFACE

Practical considerations have dictated the use of certain conventions in this edition. As a simple rule of thumb I have included *linguistic* notes only where a current standard Spanish/English dictionary such as Collins or Oxford, or a Spanish/Spanish dictionary such as the *Pequeño Larousse Español* does not readily provide a translation for Galdós' particular usage. For notes on the historical background against which *Tristana* is set I have referred readers consistently to Raymond Carr, *Spain, 1808-1939* (Clarendon Press, Oxford, 1966), on the grounds that this history is written in English, is widely available, and covers events in the kind of detail necessary to illustrate my various claims. The notes to the text contain an element of commentary to supplement various points made in the course of the introduction. The text of the present edition is based on the version of *Tristana* in the *Obras completas de Galdós*, volume 3 (Aguilar, Madrid, 1971) pp. 349-419. Other editions have been consulted; and where variant readings have been adopted this is indicated in the endnotes. The bibliography on Galdós is now vast; the guiding principle in the selection from it has been to list those books and articles which have either been mentioned directly in this edition, are likely to stimulate the interested reader of *Tristana*, or will provide further bibliographical avenues for those wishing to explore author and text more fully.

Many people have given me help in the preparation of this edition: I should like to make it clear that any faults or shortcomings are my responsibility, not theirs. I should like to express my thanks to Paul Lewis-Smith for his detailed scrutiny of my typescript and for making valuable suggestions for improvements to it; and to Jean Scott and Charles Fisher of Bristol Classical Press for their hard work in setting it up for publication. Thanks must also go to Nancy Horlick and Julie Sheppard for typing the Spanish text; and to colleagues Stephen Milner of the Department of Italian and Derek Offord of the Department of Russian for providing enlightenment and information in areas relating to their disciplines. I must also say thankyou to Lisa Condé of the University of Swansea, who took the trouble to send me photocopied material and bibliographical references. I owe a special debt of gratitude to my former colleague Philip Polack, whose extensive knowledge of Golden Age Spanish poetry was put at my service to identify various allusions in *Tristana*. The contribution made by my wife Mary to the work has been immense; and I should like to thank her for her patient help, unstinting support and positive input throughout.

INTRODUCTION

By 1892, when *Tristana* was published, Benito Pérez Galdós had earned a literary reputation within Spain as a novelist comparable to Dickens in England or Balzac in France. If he owes a debt to these earlier masters of the genre for the concept of a self-sufficient fictional world derived from direct observation of reality, his own background and interests ensured that his work was distinctively his own.

Galdós (1843-1920) was born into a reasonably affluent middle-class family at Las Palmas in the Canary Islands, and was sent to Madrid University to study law at the age of nineteen. He immersed himself in the street life of the capital rather than his studies, enjoying a prolonged *formación extrauniversitaria* in the cafés, bars and the *Ateneo*.[1] As well as developing his social conscience this experience confirmed his vocation as a writer.[2] To supplement the money given by a sympathetic aunt which helped finance his early attempts at creative writing he turned his hand to journalism; and for a decade he was closely engaged with the unfolding sequence of current events. During this period he also penned art criticism for Madrid newspapers, was a regular theatregoer, and attended both concerts and operas. (Painting, drama and music are artistic forms which occupy the attention of the eponymous heroine of *Tristana*). Once established as an author in his early thirties Galdós adopted a strict routine which enabled him to produce nearly eighty novels and – latterly – some twenty plays in a career spanning upwards of forty years. His orderly life as a dedicated professional novelist working a fourteen-hour day was leavened by a succession of discreet love-affairs and punctuated by regular holiday breaks in which he explored unfamiliar parts of Spain or travelled abroad to a variety of foreign lands.

The relatively even outward tenor of Galdós' day-to day existence belies the passion that went into his work, which falls broadly into two interlinked categories: historical novels and novels of contemporary life. As a committed Liberal in politics he was deeply concerned about the state of a Spain whose institutions he felt to be seriously flawed, whose national shortcomings he regarded as self-evident. As an intellectual he sought an explanation for these problems in the ideological struggle between progressive Liberals and reactionary clerics earlier in the nineteenth century. This led him first to novelise certain key events in the recent past and then to chronicle the nineteenth-century history of his country systematically from the battle of Trafalgar onwards in a series of novels under the general title of *Episodios nacionales*.[3] At the same time as he was recreating the past to assess its impact on the present, he recognised the need to record the contemporary situation in Spain that had engendered this retrospective examination: in particular he felt it essential to convey the social, political and religious dimensions of everyday life. He began work concurrently on a series of *novelas contemporáneas* which was eventually to extend to the thirty or so volumes on which his enduring reputation as a novelist chiefly rests. After an initial burst of polemical novels (*de primera época*) addressing religious intolerance and Man's inhumanity – witting and unwitting – towards Man, he produced mature works (*de segunda época*) with a more subtle blend of elements giving a more balanced view of the complex realities of the era through which Galdós himself was living. It is to the late mature phase of novelistic production that *Tristana* belongs.

When *Tristana* first appeared in print it had a mixed reception. Even those who found merit in the novel did not include it in their canon of Galdós' most important works. For many years *Tristana* continued to be comparatively neglected and thought of mainly as an interesting but not-altogether-successful treatment of women's issues.[4] It effectively remained a minor curiosity until the 1960s, when Luis Buñuel made an influential film version of the book, exciting renewed interest in the text and sparking off a critical reappraisal. It is arguable that this process would have occurred regardless of the film: the growth of the Women's movement in the 1960s had given an enormous impetus to the discussion of feminist topics. Galdós' novel concerns Tristana, a naive idealistic young woman who is entrusted to the care of the elderly womaniser Don Lope Garrido at the age of nineteen after the death of her parents. She forfeits her virginity when he abuses his position as her guardian by seducing her. Despite Don Lope's attempts to bind her more firmly to him by restricting her to the house, she contrives to meet Horacio, a young bohemian artist with whom she falls in love and starts an affair. Stimulated by her powerful imagination she explores the possibilities of achieving emancipation as an independent career woman earning her own living. Her schemes – which do not commend themselves to a lover who turns out to have surprisingly conventional expectations of a subservient partner – are doomed to be thwarted. Horacio feels obliged to leave Madrid for the sake of his devoted aunt's health; before Tristana can join him as is provisionally planned, she develops a cancerous growth which necessitates the amputation of a leg. This removes, literally and metaphorically, her freedom of movement and action. Forced to stay under the protection of Don Lope she steadily withdraws into a life of religious devotion. Ultimately she accepts with indifference an asexual marriage of convenience and a shared life of domesticity with an ageing Don Lope. Such a tale was bound to be of interest to feminists – especially as the story explores the reactions of Don Lope and Horacio to Tristana's various stratagems to emancipate herself. The equivocal tone of the narrative coupled with its ambiguous ending have conspired to make it fertile ground for scholarly investigation. It is not only the feminist angle of *Tristana* that deserves consideration however: other relevant areas of the work include possible historical parallels with the Restoration years and the *turno pacífico*; the intertextual significance of the wealth of allusions, both particular and general, with which the text is studded; and the questioning of the very nature of freedom as a human concept. The overall thematic purpose extends beyond illustration of the obstacles that prevent one woman from achieving physical independence to a consideration of the place and role of spirituality in the contemporary world.

1. Interiorisation

One of the most striking features of *Tristana* is that it is an *internal* novel. There is a pervasive sense of being confined: there are no descriptions of cityscapes; virtually all the action is restricted to interiors. Tristana herself is compared to a doll-like Japanese lady who cannot come and go freely but must serve and give pleasure as if she were a geisha. Even when she flies the coop to begin her relationship with Horacio, discretion demands that the couple spend quite a bit of their time closeted in a coach; and it is not long before the lovers choose to consummate their affair in the intimacy of Horacio's studio. When he goes south to Villajoyosa, Tristana – who is to join him later – has little option but to return to virtual imprisonment at home with Don Lope. Thus the descriptions of nature and the countryside which Horacio gives in his letters represent vicarious experience for Tristana. The epistolary novel device helps to maintain the claustrophobic atmosphere in which she seems fated to exist, and which can only be escaped by flights of fancy and the imagination. The explanations for this spatial limitation range from the obvious general idea of incarceration as a metaphor for Tristana's inability to emancipate herself, through the sophisticated analysis by Farris Anderson of the topography of the book as a correlative to expanding and contracting horizons for Tristana,[5] to the notion of 'better the prison that you know' as a symbol of Tristana's inherent weakness of personality. It could also be claimed that the closed world of the novel anticipates the shift away from the idea of collective social responsibility towards the idea of individual responsibility for actions which is to characterise the writings of the modernist generation at the turn of the century. Whatever the respective merits of these suggestions, it is clear that Galdós consciously builds up a pressure-cooker atmosphere analogous to that created in, say, Lorca's *La casa de Bernarda Alba*. As a result we see *how* Tristana, and for that matter the other characters involved, behave under those extreme conditions. In the process we are invited to ponder the implications of their interactions at the historical, intertextual, and thematic levels.

2. Story and History

There is far less of an overt historical dimension to *Tristana* than many of the earlier *novelas contemporáneas* in which Galdós constructs his fictions against a background of specific real-life events which are known to have taken place. While there are glancing references to political figures and topical issues, Galdós seems to have abandoned the sustained parallelism between the factual record of public life and the fictional evocation of private life that has previously been a hallmark of his work.[6] It could plausibly be argued notwithstanding that the introspective quality of *Tristana*, the shabby expedients to which people will resort to gain their own ends, and the tensions which arise from resistance to attempted domination, reflect the tenor of the Restoration years against which the action of the novel is set. This period, coming in the wake of great unrest in the earlier part of the century, was one characterised by apparent calm on the surface, but with undercurrents bubbling beneath that were to result in far-reaching changes by the end of the century and an era. The novel in a sense is a paradigm for this.

The historical mood in the 1880s was one in which the political chicanery of the *turno pacífico* (an arrangement under which the two main political parties agreed to alternate in power by falsifying election results) dictated a general atmosphere of cynicism and corruption. The system on the ground at local level relied on *caciquismo*, the appointment of town bosses who could deliver votes to order. Because of the lack of scruple among self- interested groups, honourable behaviour and old-fashioned decency were not conspicuous; and as Raymond Carr comments: 'After 1887, in a regime of universal suffrage, it [*caciquismo*] was openly recognised as a means of maintaining "the legitimate interests of property".'[7] The debased general values of the age, especially its worship of *vil metal*, are much in evidence in *Tristana*.

The leading Conservative politician Antonio Cánovas del Castillo alternated with his Liberal counterpart Práxedes Sagasta in power during the last quarter of the nineteenth century. Sagasta was in office as a result of the *Pacto del Pardo* from 1885 to 1890, which covers the period in which the current action of *Tristana* is set. Cánovas, who had made this secret pact to negotiate a necessary strategic change of government with the regent María Cristina, had not really relinquished control of events, but continued to use his authoritative influence to dictate policy. This strong and astute leader who dominated the political scene is circumstantial similarities between his determining role in national affairs and Don Lope's in the management of his household. In Chapter 5 Tristana and Don Lope's servant Saturna, after acknowledging the insidious appeal of many of the ideas of their despotic *amo*, are lamenting the lack of career opportunities for women in a man's world. When Tristana remarks that she has the verbal and cognitive skills to succeed in politics Saturna ripostes: 'Para eso hay que ser hombre, señorita.' The servant then relates that her late husband thought he could be a high-flier 'porque se le ocurrían cosas tan gitanas como las que le echan a usted Castelar y Cánovas en las Cortes, cosas de salvar al país verdaderamente', but he was too tongue-tied ever to speak out in public. Tristana's thoughts return to Don Lope who, by his attitudes and conduct, inhibits her freedom and casts a long shadow over her life. The reader is tacitly invited to identify the household régime with the political régime and to look out for other loose parallels between the *vida privada* and the *vida pública* in Galdós' story.

In the course of the biographical outline of Don Lope's earlier life in Chapters 2 and 3 there is a description of the cycle of his financial peaks and troughs, which charts the decline in his fortunes for supporting others who have mismanaged their affairs. This bears a close resemblance to historians' accounts of the deterioration in the national finances that occurred in Spain under the aegis of Cánovas (and Sagasta) during roughly the same years.[8] As the story unfolds, Don Lope's faltering attempts in the private sphere to manage both Tristana and the domestic economy are seen circumstantially to mirror the efforts of Cánovas to manage the country and the national economy in the public sphere. In both cases the grip of the iron hand is inexorably relaxed with the onset of age and mounting financial problems. Furthermore, Don Lope is eventually forced to relinquish his anti-establishment autocratic stance in favour of a workable compromise within a consensual framework. By marrying Tristana he is complicit in the restoration of a conventional order, not because he approves of it but because he believes that the sacrifice of his principles is the price that has to be paid for ensuring a worthwhile future for Tristana. This reflects the actions of Cánovas in the perceived interest of Spain during the Restoration period in which *Tristana* is set.[9] If the course of Don Lope's domestic affairs broadly corresponds to the trajectory of Cánovas' political rule, likewise the tyrannical mixture of cajolery, hectoring and idiosyncratic ideas which goes to make up his persona has much in common with known character traits of Cánovas, the political wheeler-dealer.[10]

While it might be more difficult to cast Horacio as a Sagasta figure,[11] his temperamental inclination to be a trimmer, coupled with his willingness to collude and conciliate with Don Lope, can be seen as roughly analogous to aspects of the personality of the Liberal leader and his relationship with Cánovas. *Tristana* herself would fit into such a scheme of loose parallels quite well. She goes from Don Lope to Horacio and back to Don Lope again (i.e. *alternates* between them) in much the same way as Spain alternated between Cánovas and Sagasta during the *turno pacífico*. Moreover she finds that despite the superficial differences between the two men, the 'liberal' Horacio places as many restrictions on her freedom of action as the 'conservative' Don Lope. Both men ultimately propose a similar programme for exercising control over her: neither is prepared to let her develop her own capacities in her own way. In the fictional *vida privada* Tristana's energies and creative skills are stunted in turn by two people more interested in subordinating her to a quiet domestic life than in encouraging her to realise her aspirations. In similar fashion Spain's potential was sacrificed to the personal agenda of Cánovas and Sagasta for peaceful national unity in the factual *vida pública*.[12]

3. The Power of Allusion

If the confined and confining atmosphere of *Tristana* approximates to that of the Restoration years, there is also a strong sense of the weight of the cultural past bearing down heavily on the narrative: direct and indirect references to painting, literature and music – both Spanish and non-Spanish – are omnipresent.[13] Although the text is saturated with allusions of various kinds, the pressure exerted by the Arts is far from being an oppressive force. On the contrary not only does it serve as a general source of intertextual enrichment, but for Tristana in particular it functions as a kind of safety-valve which enables her to make an imaginative escape, by displacement as it were, from some of the less palatable elements of her current reality. Tristana's tendency to identify what is happening to her with what might be termed the surrogate experience of art is especially marked in the 'lenguaje de los enamorados' which is such a striking feature of her relationship with Horacio (Chapters 14 - 21);[14] and in her recourse to artistic outlets in the wake of the amputation when she is trying to find new horizons to restore some sort of purpose to her shattered life (Chapters 23 - 27). After the amputation Tristana withdraws, first into the world of painting and then into the world of music as an emollient for the pain of her personal situation. The way in which these arts transcend reality, subsume suffering into a higher, more idealised form, provides her with some solace and acts as a partial shield against the grim reality with which she is confronted whenever she looks into the mirrror. Earlier, the game of literary allusion which the lovers play in their private conversations and correspondence, is based, for the most part, on specific and attributable quotations.[15] At one level this is simply a device by which Tristana and Horacio choose at times to express their emotions through other people's words, because those words are apt, enable them to demonstrate their cleverness, or cloak feelings which they are reluctant to express directly. At another level it is part of a more complex system of authorial reference designed by Galdós to give extra resonances to his novel.

If Tristana's case-history is unique to her, the 'eternal triangle' tale of a woman who suffers as a result of her amorous entanglements with two men has endless past precedents; to that extent reader expectations of a particular kind of outcome to her story, whatever its individual twists and turns, will be raised. Tristana's glancing mentions of the Francesca da Rímini episode in Dante's *Inferno* or her lighthearted use of the opening line of the despairing aria of the doomed Violetta in Verdi's *La Traviata* (*¡Gran Dio, morir si giovine!*) have darker implications for the attuned reader familiar with these works.[16] They provide an intertextual corroborative and foreshadow the disastrous turn of events that is to lead to the amputation of Tristana's leg and the dashing of the original set of hopes she had formed for the future. Many of the *specific* literary allusions made by the characters in the book fall into this category: they generate an additional dimension of thematic meaning which can be inferred by comparison with the themes of the source material they quote.[17] There is also a series of more *general* allusions in the text which serve a rather different purpose.

Galdós felt that the two great archetypes of Spanish literature, Don Quixote and Don Juan, complemented each other and he produces composite characters based on them elsewhere in his work.[18] Throughout *Tristana* Galdós consistently emphasises that Don Lope shares the archetypal qualities of the Don Juan figure: he can be seen as a lineal descendant of the great seducer. In turn this paves the way for Galdós to produce his variation on a great Spanish theme by showing us, in effect, what happens to the archetype when, instead of being consigned to hellfire, he survives into old age.

Doña Ana is the name of the woman the compulsive seducer Don Juan Tenorio is pledged to marry, and whose father he kills, thus setting in motion the process of divine retribution which will result in his death. Don Lope is frequently compared to the Trickster of Seville, and a name that evokes Triste-Ana ('Sad-Ana') has obvious resonance.[19] The *donjuanismo* of Don Lope is apparent in many other ways: not only does he have a long record of seductions behind him, but when he has to dispose of his cherished possessions to meet debts that have accumulated, he hangs on to his collection of 'amorous trophies' in the form of various images of beautiful women to remind him of his past conquests. Both

Don Juan Tenorio and Don Lope share the same sensibility where certain niceties of sexual misconduct are concerned. The two characters have evolved an unconventional personal moral code which possesses its own curious logic and obeys its own set of rules. One of the odd features of the legend (to which Gregorio Marañón and Pérez de Ayala have drawn attention)[20] is that Don Juan Tenorio, for all his amatory exploits, is not credited with having sired any children. Likewise Don Lope does not lay claim to any illegitimate offspring, nor does Tristana become pregnant as a result of his attentions. This strange fact adds to the sense of deliberate parallels with the literary archetype.[21] During Tristana's illness Don Lope somewhat surprisingly calls on the deity to intervene. Given the attitudes he has displayed in the past towards Christian teaching and morals he might have been expected to continue to pin his faith in modern science. This behaviour is consistent, however, with his portrayal as a character who is drawn with the Don Juan figure in mind. Within the Spanish tradition Don Juan Tenorio is a believer who disregards Christian values to suit himself, only to be given a grim reminder of the power of the Almighty. Don Juan figures tend to treat the deity with a similar mixture of defiance and piety.

As the story of *Tristana* progresses, age takes its toll of Don Lope and transforms the callous deceiver into a somewhat cynical sentimentalist with an eye on the future. Not only does he pragmatically acknowledge that this may be his last conquest, he perhaps sees the enslavement of Tristana as insurance in the form of companionship for his old age. Ironically he retains his opposition to marriage – yet is going to be forced later to capitulate where this article of faith is concerned. Galdós is attempting to answer the question: what happens to the Don Juan archetype when age withers him and makes it unrealistic for him to keep up his amorous bravura? The motif of Don Juan in decline is developed significantly with the former devil-may-care gallant reduced to worrying over household accounts and being laughed at. Not only is the Don Lope/ Don Juan figure not yet adapted to domesticity but Saturna – like Benina with some of her employers in *Misericordia* – is able to deceive and defraud him with ease.[22] Interestingly Tristana, like Lope, is not good at housekeeping, but has acquired domestic skills by the end of the book (as indeed he has). Don Lope, who has behaved like the Gran Turco having his pick of women with no fear of competition, becomes sentimentally attached to a nubile female who has other attachments of which he is unreasonably jealous. He starts to resemble a suspicious husband in Golden Age drama, afraid of being cuckolded. The Don Juan archetype has been destroyed and his ego reduced to a simulacrum of what it once was. Tristana performs the same function as Doña Juana in Tirso de Molina's play *Don Gil de las calzas verdes* by *burlando al burlador*.

Eventually Don Lope moves from the role of lover to that of father figure. Not only does his rake's progress reveal an implied Galdosian view of how age and a fall into poverty can diminish the Don Juan archetype, but it is also perhaps a salutary corrective to the entrenched notion within Romanticism of the superfluous hero whose times are not commensurate with the role he should be playing. It also suggests that what happens to the archetype is that Don Juan grown old becomes more of a quixotic figure, a kind of courtly lover paying homage to his lady, a man whose capacity for curiously dignified self-sacrifice may enlist the reader's sympathy. Despite Don Lope having become something of a figure of fun, he never entirely forfeits Tristana's respect. She is mindful of his altruistic qualities, attracted by many of his idiosyncrasies.

Don Lope's affinities with Don Quixote are almost as strongly marked as his resemblances to Don Juan. The opening chapter of *Tristana*, in which Don Lope is introduced, mimics the opening of Cervantes' *Don Quijote de la Mancha*, in providing an uncertain name and lineage for a central character of an age with the Caballero de la Triste Figura (Knight of the Sad Face). In Chapter 2 he is described as practising a 'caballerosidad, o caballería, que bien podemos llamar sedentaria en contraposición a la idea de andante o correntona'. His ideas are a curious admixture of commonsense, logicality and – where matters involving honour are concerned, in which he considers himself an authority – a dogmatic unreasonableness verging on *locura*. A number of the incidents in the plot of *Tristana* are *reprises* of episodes in *El Quijote*, while the general trajectory of Don Lope's story brings him face to face with disillusioning realities.[23] In the course of that story he sheds many of his donjuanesque characteristics while his quixotic qualities become more marked. Don Juan in old age metamorphoses into Don Quixote.

Under the referential system Galdós has adopted, very little is wasted. When Don Lope is likened to one of the soldiers in Velázquez's *Las Lanzas*, the comparison is more than an iconographical corroborative: the subject of the canvas, whose proper title is *La rendición de Breda* is germane to the theme of incarceration running through *Tristana*. The painting commemorates the surrender of the town of Breda in 1635 after a siege. There is an obvious parallel inasmuch as Don Lope resembles one of the besiegers; and this image reinforces the themes of confinement and control in the novel.[24] Elsewhere Galdós mentions, in passing, three Golden Age plays whose great speeches Tristana's mother knew by heart: Calderón de la Barca's *El mágico prodigioso*; Tirso de Molina's *Don Gil de las calzas verdes*; and Ruiz de Alarcón's *La verdad sospechosa*. This casual allusion conceals subtle use of a common thread running through those plays, which, along with references to Santa Cecilia in the closing chapters of the book, is unobtrusively woven into the fabric of the narrative of *Tristana*. Don García, the central character in *La verdad sospechosa*, is an admirable man with one fatal flaw – he instinctively tells lies. As a result he loses Jacinta, the girl he wants to marry, and is obliged to marry someone else, Lucrecia. Don Lope in *Tristana* is likewise an admirable man with a besetting sin – a penchant for seducing anything in skirts. In a real sense he too eventually weds a very different woman from the one he might have expected when he first took advantage of the inexperienced Tristana. Her conversion from feminine acquiescence to feminist assertiveness parallels that of Doña Juana in *Don Gil de las calzas verdes*. In Tirso's play Doña Juana determines to teach Don Martín, a sexual adventurer who has seduced and jilted her, a lesson. In the course of the drama she changes substantially in character to become a *mujer varonil*, who leads Don Martín a merry dance before dragging him, bemused, to the altar. In *El mágico prodigioso* there is a Faustian theme: Cipriano, a pagan who has fallen in love with a Christian woman, Justina, makes a pact with the Devil to deliver her to him. He does not get the real thing but merely a simulacrum, and can only win her by converting to Christianity and dying a martyr's death.[25] The common denominator in these three plays is the theme of getting a partner who is not quite what might have been anticipated. This theme persists in the later allusions to Santa Cecilia, the patron saint of music and musicians, who is invoked when Tristana takes up the harmonium: St. Cecilia not only converts her husband to Christianity, but inspires him to respect her virginity within marriage. There is some additional resonance between the life of the Saint and that of Tristana, who gives up sex at the age of twenty-five, though she must presumably – wooden leg or no – still have normal drives and desires. In the context of common threads in the allusions, the frequent references to Dante's *The Divine Comedy* are interesting. The Francesca da Rímini episode which describes a doomed love again has its starting-point in unsuitable partners, while the Ugolini episode reinforces the tremendous emphasis on confinement in *Tristana*, since it is about imprisonment in a tower which results in death by starvation for Ugolini and his four sons.[26]

Tristana is also compared to Beatrice, who is connected with the wider overall purpose of *The Divine Comedy* as an allegory of the way to God. It would be surprising, given the significant pattern that can be discerned in the network of intertextual allusions in *Tristana*, if the theme of the *camino de perfección* were not also applicable in some way to Galdós' novel. If so *Tristana* will have a religious dimension inasmuch as it describes not a failed project for emancipation but a successful one, in which Tristana comes to transcend her circumstances and realise that freedom is something which ultimately resides within oneself rather than in the external freedom to satisfy one's wishes and aspirations. This raises the whole question of emancipation in the novel and the ongoing debate as to whether Galdós is showing a feminist consciousness in it.

4. Resolution and Independence

Critics have tended to see *Tristana* as a study of the changing roles between men and women, a study which mirrors trends in nineteenth-century social development occurring in the period when the book was written. Certainly the question of female emancipation was in the air; and the nature and extent of male dominance was being discussed. Many people were aware of the peculiar vulnerability of women without the backing of a man as the social system stood; and were making efforts to try and promote the idea of women as independent beings with legitimate claims on the full resources of society. At the same time, others were portraying the realities of the woman's situation in an attempt to bring attention to the kinds of abuses to which she was both subject and subjected. *Tristana* fits easily into this context as a contribution to the contemporary nineteenth-century debate on women's issues, although there has been much discussion of the validity and success of the novel from the feminist point of view.[27]

One of the earliest and most influential critics of the book was Emilia Pardo Bazán, herself a strong advocate of female emancipation.[28] In her review of the novel when it was first published she expressed disappointment, maintaining that *Tristana* could have been a great novel if only Galdós' supposed original concept, promising much in the early chapters, had not vanished in the second half of the novel. She asserted that there were too many plot complications in the story and that 'its internal workings did not need Horacio, or Horacio's absence, or the amputated leg.' She further insisted that 'the substance of *Tristana* ... is the awakening of the consciousness of a woman who rebels against a society that condemns her to everlasting shame, and is incapable of offering her a respectable way of earning her living.'[29] Doña Emilia's view that the triangular love-interest deflects the story from its primary purpose rests on the premise that Galdós was guilty of a misjudgement that vitiated his work, disregarding the possibility that his choice of plot development was a precise indicator of a different sort of thematic intention. Doña Emilia's opinion, palpably coloured by her own thinking on women's issues, has continued to influence argument over the question of feminist consciousness in *Tristana*. This has focussed particularly on the ending of the novel as a negation of all the values Tristana has tried to espouse. The provisional verdict – and the jury is still out – would seem to be that the failure of Tristana's project represents a failure by Galdós to rise adequately to the challenge posed by the theme of the emancipation of women. Not only does he create a character who ultimately lacks the resolution as well as the means and the pragmatic skills to achieve independence, he ensures that she is precluded from pursuing her aspirations at a crucial stage of her development. The *deliberate* crippling of Tristana may provide a clue that, for Galdós, self-sufficiency in a woman is a concept that extends beyond the goals of physical independence from men and equal status with them.[30]

Tristana is undeniably concerned with the subordinate position of women and their lack of opportunity and education in the society of the day.[31] This is seen in the conversation between Saturna and Tristana in Chapter 5. The former observes that men can take up respectable professions whereas women's career options are limited to marriage, the theatre, or the whorehouse. The latter responds that it is difficult for a woman to be both free and honourable. Tristana subsequently makes remarks about careers for which she thinks women are fitted and from which they should not be excluded by gender, as well as expressing a desire to travel, see the world, live a little and be free. All this, and much comment elsewhere in the book, reflects both the contemporary debate over women's rights and constitutes a plea for female emancipation. It is worth noting, however, that analogous views were not unknown in earlier Spanish literature and are represented in many Spanish Golden Age dramas – including *Don Gil de las calzas verdes*.[32] Galdós has subtly blended long-standing literary themes with contemporary issues.

Horacio's stance in regard to Tristana's ambitions of independence underscores the counter-arguments; his position represents society's unease with female emancipation. For all that he poses as the liberated artist living in the bohemian garret, he is in no sense a New Man – nor even someone who can subscribe fully to that amoral viewpoint which is supposed to typify the rebellious artist. In practice the dialogues between the two lovers effectively set out the arguments on both sides in the debate about women's position in society.

The influence of some of Don Lope's ideas about marriage is discernible in the attitudes Tristana strikes. She embellishes them with her own deeply-felt desire for emancipation, justifying her longing for personal freedom in part with a hard-headed appraisal of the marital reproaches she would otherwise have to endure sooner or later as spoiled goods. Although she nominally questions whether as a woman she can make a living by mastering an art, in her imagination she clearly does not rule out the possibility. In his response Horacio resorts to a device by which men frequently try to disarm women when they wish to assert a capability that might become the norm for the gender: Tristana will

succeed because she is an exceptional woman, and by implication the
generality of women who lack her rare gifts will not succeed and will
never become *libres.*
For all his nominal outward acceptance of Tristana's talents, Horacio
clearly cannot inwardly accept that her artistic and intellectual
pretensions are more than a passing phase before she settles down into
the domesticity which is woman's true role:

> Esperaba que su constante cariño y la acción del tiempo rebajarían un
> poco la talla imaginativa y razonante de su ídolo, haciéndola más
> mujer, más doméstica, más corriente y útil.

His reactions subsequently to Tristana's insistence that she will never
learn to manage a household (mainly because she has no particular
interest in learning to do so), show the extent to which her incipient
feminism disconcerts him. Although he laughs this off unconvincingly,
later he cannot stomach Tristana's claim that any children they might
have are more hers than his, and his male chauvinist annoyance emerges
so pointedly that Tristana feels obliged to back down: 'No, por Dios, no
te enfades. Me vuelvo atrás, me desdigo....' It is surely as significant
that Tristana feels the need to sideline the issue and to accommodate
Horacio's dissent by lapsing into coquetry as it is that he remains 'un
poco triste'.
At root Horacio considers women manifestly subordinate and inferior;
he is surprised that Tristana should have both native wit and insights and
untapped talent despite her lack of formal education or artistic
training.[33] His unease and slight irritation at Tristana's tendency to
make quantum leaps of the imagination are apparent. Significantly
Tristana feels the need to play along with this by sidestepping the issue
rather than insisting on her stated position: she realises that Horacio
really shies away from the idea of the emancipated woman, and that
ultimately, like Don Pedro in Moratín's *La comedia nueva*, he believes
in domesticity rather than equality.
Tristana is essentially engaged in a quest for personal self-sufficiency
through the exercise of her talents: she rails against men's control of
most things rather than proposes ways of breaking their stranglehold.
She thinks passively in terms of non-dependence or non-involvement
rather than actively in terms of independence and how she might achieve
specific aims. There is no talk of women's legal rights or the need to
start any crusade to get them established. Tristana is not involved in a
more general struggle for women's emancipation. She never seriously
considers humble occupations, which might help her to stand on her own
feet financially but bring her neither recognition nor attendant glory. If

genuine independence means living in obscurity (and perhaps hardship) she would seem to want the limelight conferred by vicarious artistic achievement in preference. A feature of *Tristana* which has attracted a great deal of scholarly attention is the amputation of Tristana's leg. The image of the beautiful, doll-like young woman going under the surgeon's knife has both great potency and poignancy. For many critics the severing of the limb is synonymous with the moment when Galdós arbitrarily destroys Tristana's dreams of emancipation; it is the main reason why some believe the novel fails. Kay Engler for instance sees this as a defining moment in which Tristana forfeits all possibility of realising herself as a woman and condemns herself to tragic disappointment.[34] If Tristana's project is construed as female emancipation this is a fair inference; if it is not then such a reading is at least questionable. Throughout the text great stress has been laid on Tristana's innate imaginative tendency and her quest for the ideal forms found in art rather than life. She gravitates naturally towards the ineffable in adverse circumstances and a materialistic age, in which there is little scope for the quasi-mystical personality to be expressed or utilised. Tristana therefore has to accept the diminished role that these constraints imply; but because she has developed her inner resources she survives by transcending her physical condition and material circumstances, turning in on herself and finding a spiritual dimension to justify her existence. This is a small triumph rather than an abject failure.

The removal of the leg has also been seen as a kind of symbolic castration for Tristana. John H. Sinnigen points out that Galdós revised his original plot in which Don Lope was to have a leg amputated, thus obliging Tristana to stay with him out of a sense of duty. Instead she loses the leg and is bound to him by inevitable physical dependency. Sinnigen adds that the phallic image of the amputated leg, that 'objeto largo y estrecho envuelto en una sábana' removed by Saturna could not be clearer.[35] A different significance might be inferred from the remarks with which the chapter concludes:

> Poco después, bien ligadas las arterias, cosida la piel del muñón y hecha la cura antiséptica con esmero prolijo, empezó el despertar lento y triste de la señorita de Reluz, su nueva vida, después de aquel simulacro de muerte, su resurrección, dejándose un pie y dos tercios de la pierna en el seno de aquel sepulcro que a manzanas olía.

These observations leave little room for doubt that Galdós intends the reader to identify Tristana's experience figuratively with the crucifixion and resurrection of Christ. Moreover, this moment has been prepared for by earlier mentions of the Passion story.[36] Saturna's removal of the amputated limb recalls the removal of Christ's body by Joseph of Arimathaea to the sepulchre, 'wound in linen clothes with spices as the manner of the Jews is to bury;' (The Gospel according to St John, Chapter 19, verse 40). This is surely made plain in the detail of the closing sentence when Tristana rises from her 'simulacro de la muerte', leaving her severed leg 'en el seno de aquel sepulcro que a manzanas olía'. Tristana is to be symbolically resurrected and will not belong to Don Lope in any meaningful sense. If anything it is Don Lope's own relationship with Tristana that is to be cut off and discarded like the leg, for all that the couple carry on living together and become man and wife. So far from being symbolically castrated, Tristana, when she recovers from the operation, figuratively starts to wear the trousers in her relationship with a Don Lope who dotes on her.

The Nature of Freedom

Tristana's natural spirituality is revealed in the earlier period of her relationship with Horacio. Her instinctive equating of Horacio's life with that of saints and martyrs indicates the extent of her imaginative mind-set: this predilection for exalting the mundane to the level of the ideal anticipates her later preoccupations. This is strongly reinforced in the period immediately before her leg is amputated, where the action is deliberately placed at the end of January (see the opening sentence of Chapter 20). This dating by Galdós to coincide with the period following Epiphany in the Church Calendar is suggestive: the religious festival commemorates the manifestation of the infant Christ to the Magi; and Tristana would seem likewise to be acknowledging and celebrating the appearance of a Christ-figure in her life.

At the beginning of the novel Tristana sees her emancipation purely in terms of *physical* independence. This is still true just prior to the development of the symptoms of her disease. If her swings of mood are a possible sign of her impending illness they are equally indicators of her existential predicament: denied proper outlets for her gifts she has no option but to rely on her inner resources, which at this point are unequal to the task. She knows there is no realistic chance of financial self-sufficiency in her current situation. In consequence, she can achieve neither physical nor psychological independence, because she still sees the former as a pre-requisite of the latter. Knowledge of the illness forces her to reappraise her longings for independence and she intimates that she does not simply perceive this as physical or financial freedom but that she is reaching out for some kind of emotional and spiritual independence as well. This is to become a quest for the ideal later in the work when amputation of her leg prevents her from realising any of her outward ambitions.Tristana is beginning to adjust to the fact that physical freedom cannot be achieved simply through the assertion of one's will and the exercise of one's talents: the accidents of life can make a nonsense of the best-laid plans. If she has been made aware, because of the problems with her leg, that mind and heart are not simply the means to an end, which is physical independence, she is going to learn, as a corollary, that they may be an end in themselves, the key to a higher form of emotional, psychological and spiritual liberation.

If *Tristana* is about emancipation it would seem to be concerned with the limits of freedom rather than with the exercise of freedom. Tristana rebels against the autocratic rule of Don Lope only to find herself threatened by a similar desire on Horacio's part to reduce her to bourgeois subservience. Just as she is beginning to assert her independence (and it should not be forgotten that even through the height of her passionate affair with Horacio she continues to live in Don Lope's house), she develops the growth in her leg which leads to amputation and precludes her from achieving *physical* independence. But she comes to realise that emotional self-sufficiency, psychological security, artistic self-expression and imaginative spirituality are intregral parts of personal freedom. A realisation of full human potential is the *sine qua non* of achieving genuine emancipation. It is fairly clear that Galdós does *not* put a premium on material and physical freedoms as being the key to true emancipation. Thus it is arguable that Tristana, who may seem to lose her freedom as she is on the point of gaining it because of the loss of her leg, does not in fact do so. By the end Don Lope has a greater need of Tristana than she does of him. He wants companionship and someone to look after him in his declining years. To achieve that he is prepared to compromise and sacrifice his strongly-held principles, whereas Tristana is largely indifferent to him by the end. She has gone beyond her feelings of animosity into a state of stoic, or rather spiritual resignation. The centre and focus of her existence is her life within the Church; and she clearly regards her domestic life and duties as a secondary means to an end to enable her to lead the quasi-contemplative life to which, in other circumstances, in another age, she would naturally have gravitated. It is perhaps significant that while Saturna's remarks (in Chapter 5) about the three professions open to a woman do not include the standard Golden Age option of withdrawal into a convent, Tristana herself mentions this possibility: '¡Ay, pues si yo sirviera para monja, ya estaba pidiendo plaza en cualquier convento!' She adds: 'Pero no valgo, no, para encerronas de toda la vida.' If her putative sense of vocation is qualified at this stage by a sense that her inner resources are not adequate to the task, her changed circumstances allied to her personal development later conspire with her isolation

within marriage to fit her for a role not far removed from that of the
cloistered life.

By the end of the novel it is clear that role-reversal has been taking
place stage by subtle stage. Whereas it was stated early on that Tristana
absorbed and plagiarised the ideas of Don Lope, the dominant partner in
the relationship, now he is assimilating her ideas, and she is taking the
initiative and dictating terms to him for all that she appears, on the
surface, to be dependent on him. To the extent that Tristana has bent
Don Lope to her will, she has achieved the independence so long sought.
She is married to him but emancipated from him.

Intimations of Spirituality

At first sight *Tristana* seems somewhat of an oddity among the group of
late novels of Galdós which concentrate squarely on aspects of religion.
Unlike *Nazarín* or its sequel *Halma*, *Tristana* is not overtly a religious
novel. There are obvious religious elements in it, but it does not seem to
work on the basis of any extended parallelism with the Gospels, nor does
it seek to reconstruct the notions of early Christianity in terms of their
possible relevance for the present day.[37] The central characters in
Tristana are secular figures, and Don Lope, for much of the book,
expresses views which are decidedly anti-clerical. He is disdainful both
of the established Church and the underlying philosophy of
contemporary Christianity, especially in the areas of moral and ethical
conduct. Tristana herself is initially rather indifferent to such matters:
insofar as she has views, she seems to absorb many of Don Lope's
attitudes and reflect them.[38] Any religious dimension in the novel is
conveyed as an ironic undercurrent to the main action. Don Lope and
Tristana move from an illicit relationship unacceptable in the sight of
God to an institutionalised formal one, in which they adopt the religious
conventions and standards of the society of the day almost as an
afterthought.

That process of assimilation of *religious* norms is a complementary
part of a more general process of assimilation of *social* norms described
in the story. Even this more general process is not the primary focus of
the novel, which is much more obviously designed to show us the
changing human and psychological relationship between two people
inextricably bound together by a curious set of external circumstances.

It has been known for some time that *Tristana* was not devised by
Galdós simply as an abstract vehicle for conveying ideas on topical
questions, but was partly constructed out of his own experience. During
an active sexual life prolonged into old age Galdós kept several
mistresses.[39] The young actress Concha Ruth-Morell was his mistress at
the time of writing *Tristana*. Her letters to Galdós – whose treatment of

her she reproaches in many ways – have been published and subjected to critical analysis.[40] Scholars have compared much of the detail of the correspondence with episodes of *Tristana*; and there seems little doubt that some aspects of the character of Tristana are based on Concha Ruth-Morell, while both Don Lope and Horacio exhibit features of Galdós himself in his relations with her.[41] In consequence the themes relating to women's liberation in *Tristana* – both at the level of physical freedom and independence and, later in the book, at the level of the realisation of intellectual and spiritual potential – are given an additional dimension by being, to some extent, a biographical case-history. When that case-history is closely scrutinised, two things are immediately striking: the parallels between fact and fiction, though extensive, are by no means complete; and there is an insistent religious undertone introduced into the novel not apparent in the correspondence.[42] The weight of religious reference is sufficient to suggest that Galdós is inviting the reader to consider his topical and personal story in relation to a more conceptual framework.

Tristana is totally inexperienced and sexually ignorant when we first meet her. She is not, like Fortunata, a *mujer del pueblo* with an earthy realistic streak and a great deal of natural resilience, but a sensitive and imaginative ethereal creature with a tendency to romanticise. She readily escapes, following the example of her mother, into another interior world: 'Su alma se desprende de todo lo terreno para mecerse en el seno de la idealidad dulcísima.' She has an extra spiritual dimension and deeper inner reserves on which to draw. She is effectively incarcerated by a Don Lope afflicted with *celos*, and is made to feel a tremendous sense of restriction. As a result and a reaction she progressively nurtures an ever stronger desire to spread her wings and do various things that she dimly perceives she has been prevented from doing by her relationship with Don Lope. Thus we get the fascinating development in *Tristana* of the struggle of the puppet-like Tristana – whose doll-like quality is repeatedly emphasised[43] – to break the strings and assert her own individuality. Indeed her emancipation goes further than this to end with her effectively holding the whip hand in the relationship. Once her ascendancy is established, however, she chooses to retreat into religion rather than assert her authority over Don Lope in the obsessive way that he has previously asserted his authority over her. Possibly this is because of the intervening relationship with Horacio and what it has signified for her.

The main burden of the Horacio story, which gives us a classic love triangle, is to show us a definitive step in Tristana's emancipation. She asserts through it: her physical and bodily independence of Don Lope; her capacity for potential creativity in various fields in her own right;

and her determination, inspired by Don Lope's teaching and example, never again to be subservient but at least a co-equal partner in any relationship. Finally, and significantly, she exercises her imaginative capacity to turn the absent Horacio into a myth and then, when faced with him again in reality and the flesh, to transfer the mythical idea heavenwards, as it were, by revering an abstract ideal, God.[44]

Tristana develops a cancerous growth in one of her legs, and has to have it amputated. The shock to the reader's sensibilities can easily obscure the practical repercussions of this emotive turn of events which profoundly affects the *parameters* of the relationship between Tristana and Don Lope. She is the puppet who has broken her strings: but she has the misfortune to lose a leg and therefore is not ultimately in a position to leave her puppet-master. Thus we are given a continuing relationship in which the balance of power has changed, but which is still, in the final analysis, one of interdependence or mutual dependence. And that would seem to be some sort of Galdosian comment on the nature of freedom and the limits of emancipation.[45]

Don Lope shows an Olympian disdain for the niceties of accepted and acceptable behaviour. He has a pronounced quixotic-cum-donjuanesque dimension which embraces a view of himself as a kind of knight-errant who eschews materialism, social convention, and the bourgeois ethic. He is a freethinker who openly proclaims that the stance of the Church over the sanctity of marriage, and the immorality of the sexual act outside it, flies in the face of human nature. He is a doughty champion of a new open morality. Yet by a paradox he capitulates to the pressures exerted on him to marry Tristana and become a regular churchgoer. He freely acknowledges that his love for Tristana, and his need for her companionship in his old age, as well as the desire to ensure her future security, are sufficient to make him renege on his views on matrimony. He is welcomed back into the religious fold where he does not look unduly out of place.

The male lead in *Tristana* is stridently anti-religious and a crusader for a new permissive morality. He gets his come-uppance from the puppet-like woman who breaks her strings. Eventually he is brought within the religious fold to endorse and embrace principles and bourgeois values he has fought against. This volte-face on the part of Don Lope, who has protested so strongly about the Church, smacks of a lapsed believer reluctantly embracing the faith he finds he cannot do without.[46] However much Don Lope rationalises his actions, they are so inconsistent with his former credo that he does seem – in the narrator's words – another man.

The female lead is innocent, equipped with romantic, imaginative, spiritual qualities, who rebels against the attempt to stunt her development and make her a toy or plaything. She transforms her moral disgrace into a springboard for emancipation and transforms that, in turn, into a launching-pad for her spiritual regeneration. A classic love-triangle situation is added in which Tristana can make up the normal stages of development which Don Lope had denied her. As a result she quickly progresses to a rejection of material and physical values, in tune with Don Lope's attitudes, but for different reasons. She shows no lasting antipathy to the restrictive practices of society – the end of the book finds her settling for the outward life of a bourgeois *beata* – but is living an inward life detached from, and indifferent to, the temporal concerns of this life.[47] In other words she has achieved sublimation through a spiritual dimension, and is no longer absorbed in the affairs of this world.

The image of Tristana at the end of the novel is of a one-legged, prematurely-aged, simply-dressed, intensely devout and spiritual young woman, who bakes pastries at home and plays the organ in church. That this has been seen by some as immensely sad, a tragic outcome with a cruel lack of poetic justice, is to miss the point. Her changed attitude to her appearance signifies more than a lack of concern about her looks because she is mutilated. She dresses simply rather than badly, and is careful to keep her remaining leg well shod – as though to retain a solitary outward symbol of the material values that she has rejected and left behind. Tristana's indifference, or disdain, is the product *not* of any substantive change in her ethical code, but, as is made clear, because she has simply ceased to consider worldly matters anything but an irrelevance. It is not right to construe this as an abandonment of her feminist position or of her desire for emancipation. She has achieved emotional, psychological and spiritual independence, so that her mission is accomplished rather than aborted. Why should she continue to fight battles which she has won? Like Benina at the end of *Misericordia* she is now above and beyond the fray. Her attitude to marriage, which is spelled out subsequently, coincides very much with St Augustine's comment on the temporal versus the spiritual in *The City of God*: what has a pilgrim to do with a king but to acknowledge him and pass on by? Her spirit is free, and her emotions, as well as her aspirations towards intangible higher things, are inviolable. She feels she can turn to baking and domesticity at the end precisely because it is her free choice and not something imposed on her. The question of the crucial difference between roles one has chosen, as opposed to roles that are forced upon one, is a central preoccupation in the novel.

Galdós shows the process of development of Tristana's inner resources in progressive stages. Always imaginative, she learns to resort to her interior ideals, which centre on the notion of perfection in the form of God, through her choices of successive enthusiasms for painting, creative writing, dramatic performance and music. The first three have obvious points of contact with human experience whereas music is a purer, more abstract form whose meaning is less susceptible to cerebral analysis. What music has to offer must be intuited through our emotional centres: in this respect it is analogous to spiritual experience, which is *felt* rather than *rationalised*. Tristana's odyssey through the Arts starts to fall into place as stages in a graded ascent towards the spiritual. The nature of her project, seen from this perspective, has less to do with the specific feminist goal of independence than it has with a yearning for absolutes. Visual art, and the other art forms to which she directs her attention, stand as metaphors which transcend the reality they represent. Tristana works her way through from the most representational form of art, painting, to the least representational and most abstract form of art, music; and music is the art-form that most closely associates with the divine in Renaissance neo-Platonism. She chooses the harmonium rather than another instrument: the organ has special religious overtones, a point which is underlined by the choice of a music teacher concerned with sacred music and choir training. Tristana's switch away from music into religion is a much less impulsive and far more definitive and permanent enthusiasm than any that has gone before: it is stressed that the process of absorption into religion is gradual, that practice of the outward forms has been preceded by inward contemplation. Moreover the interest in other art-forms is in a sense subsumed into this greater more central concern – she is prevailed on to use her musical talents as well as some of her other abilities in the service of the Church. It is stated overtly in the text that Tristana has, to practical intents and purposes, subsumed both her earthly love and her love of music into a quasi-mystical celebration of the Deity:

El ser hermoso y perfecto que amó, construyéndolo ella misma con materiales tomados de la realidad, se había desvanecido, es cierto, con la reaparición de la persona que fue como génesis de aquella creación de la mente; pero el tipo, en su esencial e intachable belleza, subsistía vivo en el pensamiento de la joven inválida. Si algo pudo variar ésta en la manera de amarle, no menos varió en su cerebro aquella cifra de todas las perfecciones. Si antes era un hombre, luego fue Dios, el principio y fin de cuanto existe. Sentía la joven cierto descanso, consuelo inefable, pues la contemplación mental del ídolo érale más fácil en la iglesia que fuera de ella, las formas plásticas del culto la ayudaban a sentirlo. Fue la mudanza del hombre en Dios tan completa al cabo de algún tiempo, que Tristana llegó a olvidarse del primer

aspecto de su ideal, y no vio al fin más que el segundo, que era
seguramente el definitivo.

Tristana has found her ideal, realised her goal, and is assimilated into
the body of the Church: she is no longer an outsider seeking after
something higher and more worthy. If the end of the novel finds her
leading a humdrum life of domesticity coupled with regular churchgoing,
Galdós does not assert that this represents a negation of her project to
emancipate herself or her quest for personal fulfilment. On the contrary,
he asks the reader to ponder the question of whether she and Don Lope
were happy: '¿Eran felices uno y otro?'; and himself provides the laconic
answer: 'Tal vez'.

This wonderfully enigmatic open ending is a masterstroke not because
it creates ambiguity and bedevils interpretation, nor because it invites
multiple thematic interpretations: it obliges us to reflect on the
fundamental nature of human relationships, to ask ourselves if our
conventional notions of what constitutes happiness are adequate. The
stance adopted by Galdós over *felicidad* is reminiscent of St Augustine's
reflections on the subject: we all desire happiness – but it is a debatable
question whether the material satisfactions or the fulfilment through
personal relationships that we seek in this life are enough to satisfy our
deeper longings. There is a sense that true happiness is only to be found
in something more permanent and everlasting – that is, in God rather
than in Mammon.

All the foregoing would seem to indicate that *Tristana* is a book with
a far more religious bias than it has been given credit for. Galdós has
contrived an artful mixture of anti-Church knight-errantry, the spiritual
transcendence of unfavourable circumstances, and ultimately a
triumphant moral regeneration. It is a reasonable inference that what he
is trying to convey by this is something of the problems facing the quasi-
mystical personality in a world with no proper outlet for her kind of
passionate nature. The fact that he called the book *Tristana* is an open
invitation to see Tristana herself as the symbolic and representative
figure at the core of the novel. *Tristana* links with the other books of
Galdós' late period by tackling a conceptual aspect of Christianity –
albeit in a muted and indirect way.

There is a need within us all – a need which Tristana exemplifies – to
worship an ideal. The difficulties of meeting that need in contemporary
nineteenth-century society were enormous. The Church was bound by
dogma: it demanded orthodoxy and obedience to conventions, while
discouraging the kind of fervour displayed in past time by mystics
seeking direct union with God. Levitating after lunch, or setting out
along the *camino de perfección* which had led to the canonisation of

Santa Teresa, was now frowned upon by a Church anxious, in a more sceptical age, to avoid unnecessary charges of charlatanism. The anti-religious element in society both ridiculed mystical pretensions on the one hand, and asserted that Christian theology had been debased on the other. The humanistic values of the Church had been lost as the religious establishment deemed it politic to modify its social and moral teachings to suit the climate of the times. Thus from the one side and the other there was direct and indirect, spoken and unspoken pressure on the choicer spirits seeking imaginative release for their energies, to suppress their tendencies and conform to a more humdrum standard of life than their personality demanded. Surely Tristana is such a person – and the stultifying effect on her of being prevented from releasing her energies through more appropriate religious channels constitutes the main burden of Galdós' novel. Moreover the overarching structure of the book tends to endorse this notion.

Tristana's development is thwarted precisely because she is so young, unformed, and powerless when Don Lope receives her into his custody. And yet despite this enormous disadvantage of her dependence on someone utterly dedicated to ideals very different from her own, she succeeds, as the book progresses, in breaking away from the limits which Don Lope, out of self-interest, has set. So completely does the balance of power change that she comes to hold sway over him. To put it simply, Don Lope finds that instead of the malleable life-companion he expects when he starts to impose his will on the uncomplaining and inexperienced Tristana, he has a quasi-mystical tiger by the tail. If Tristana can, despite the obstacles in her way, by a process of escape from Don Lope and sublimation of her relationship with Horacio into a kind of myth, convert herself into a contemplative religious, what would she not have been able to do in another age where her kind of personality had fuller scope for expansion?

In posing this question as regards a particular character, Tristana, Galdós surely intends us to consider this problem in its more general application. What place is there, in the modern world, for religious fervour, for the enthusiastic embracing of the ideas and ideals that fired the mystics in the Spanish Golden Age into such creative achievements both at a practical and conceptual level? Galdós himself casts doubt on whether there is an effective place for such things by his depiction of the contemporary constraints which bedevil Tristana, and by implication others like her.[48]

Tristana herself is a latter-day mystic with no proper outlet for her spiritual energies. She will remind many readers irresistibly of Dorothea in *Middlemarch*: George Eliot's prelude to her splendid novel captures both the personality-type and the problems facing such an individual. In it she compares their fate to that of the sixteenth-century Spanish mystic Santa Teresa, who was not the last of her kind:

> Many Theresas have been born who found for themselves no epic life wherein there was a constant unfolding of far-resonant action; ... for these later-born Theresas were helped by no coherent social faith and order which could perform the function of knowledge for the ardently willing soul. Their ardour alternated between a vague ideal and the common yearning of womanhood; so that the one was disapproved as extravagance, and the other condemned as a lapse. ... Here and there is born still a Saint Theresa, foundress of nothing, whose loving heart-beats and sobs after an unattained goodness tremble off and are dispersed among hindrances, instead of centering in some long-recognisable deed.

Those observations, though not penned with Tristana in mind, illuminate the dilemmas facing somebody like her in finding a true vocation. They also give an indication of the import of the religious elements included by Galdós in his novel. *Tristana* is as much concerned with the frustrations of suppressed spirituality as with the plight of woman in society.

NOTES TO INTRODUCTION

1. Galdós claims this himself in his *Memorias de un desmemoriado*, in *Obras completas*, vol. 3, pp. 1430-73. His memoirs, though fascinating, are a selective record of salient moments from his life. The most accessible standard biography is Joaquín Casalduero's *Vida y obra de Galdós (1843-1920)*. The *Ateneo* was a club where established and up-and-coming literary figures could meet and exchange views.

2. Particularly crucial in this process were the riots of the Noche de San Daniel on the 10th of April 1865 when a student demonstration on behalf of Castelar (see Notes to the Text note 88) was put down brutally with the loss of lives.

3. This series was to extend eventually to forty-six volumes: the first twenty *episodios* were written between 1873 and 1879. To avoid writing of events less than thirty years in the past Galdós then stopped writing *episodios* for almost twenty years. He resumed in the late 1890s; and the remaining twenty-six volumes appeared between 1898 and 1912.

4. See Introduction, sub-section on Resolution and Independence, pp. xv-xviii. Also *Tristana*, published in January 1892, was virtually eclipsed by the fuss surrounding the première in March 1892 of Galdós' first play, a stage version of the dialogue novel of 1889, *Realidad*.

5. Farris Anderson, 'Ellipsis and Space in *Tristana*', *AG* XX núm. 2 (1985) pp. 61-76.

6. See Peter Bly, *Galdós's Novel of the Historical Imagination*, for a comprehensive survey of the developments in the way in which Galdós made use of history throughout the *novelas contemporáneas*. Bly dismisses *Tristana* in a paragraph as having no historical overtones or resonance.

7. Raymond Carr, *Spain 1808-1939*, p. 369. All subsequent references are to this edition.

8. See for instance Carr's description of the process, op. cit., Chapter IX pp. 366-79.

9. See Carr, op. cit., Chapter IX. Also it should be noted that this has a very similar ring to the sequence in the *Episodio nacional, La de los tristes destinos*, when the sea captain Lagier points out that the Revolution of 1868 has been in name only: it has been irrevocably compromised by the refusal to tackle the institutions such as the Church, *caciquismo* et al. As a result the old hierarchical structures (and *obstáculos tradicionales* – despite the removal of Isabel II from the throne) remain in place and only surface appearances have changed. Galdós makes the analogy with an old building whose façade is crumbling, but which is merely given a fresh coat of paint without any of the fundamental repair work being carried out.

10. Here again historical accounts broadly confirm this: see for instance Carr, op. cit., Chapter IX.

11. Horacio is a man of culture whereas Sagasta was not; any similarities do not include their background or educational attainments. Cánovas considered Sagasta, a former railway engineer, illiterate. For confirmation see Carr, op. cit., p. 358.

12. It should be remembered that Galdós would have had a special personal interest in this process as well as insider information about what was going on. Sagasta had invited him to seek election to the sitting government as a Liberal Member of Parliament. He was elected to *Cortes* as the *diputado* for Puerto Rico in 1886 by a majority in a postal vote that he wryly decribes as incredible in his memoirs.

13. In the course of the relatively short text of *Tristana* specific reference is made in one form or another to the work of: Velázquez, Lope de Sosa, Baltasar de Alcázar, Cervantes, Mozart, Tirso de Molina, José Zorrilla, Dante, el Duque de Rivas, Calderón de la Barca, Juan Ruiz de Alarcón, Quevedo, Leopardi, Verdi, Fray Luis de León, Quintana, Shakespeare, Rodrigo Caro, Macaulay, Garcilaso de la Vega, Leibnitz, Raphael, Alexandre Dumas *fils*, Beethoven, Apeles. Mention is also made of Alcalá Galiano, Castelar, and Cánovas (all of whom published books), along with unattributed echoes of *Lazarillo de Tormes*, the plays of Moreto, the poetry of Góngora, et al. There are also a number of citations from biblical sources, notably in the Gospels and the Song of Songs. The foregoing list – which is roughly in the order of occurrence in *Tristana* and elucidation in the notes to this edition – does not claim to be exhaustive: other allusions remain to be unearthed.

14. The salient features of the lover's language have been admirably described in a pioneering article on *Tristana* by Gonzalo Sobejano 'Galdós y el vocabulario de los amantes', *AG* 1 (1966) pp. 85-100, while other critics, notably Germán Gullón, '*Tristana*: Literaturización y estructura novelesca', *HR* 45 (1977) pp. 13-27, have added significant glosses. The lover's language, in Sobejano's words, 'puede definirse como un intento de evitación del uso normal con arreglo a estas tendencias: aniñamiento, popularismo, comicidad, invención, extranjerismo, literarización.'

15. See Notes to the Text, where most of the sources are identified.

16. Francesca is caught *in flagrante* with her husband's brother. Her husband puts the naked lovers to the sword and kills them. Violetta, a consumptive courtesan kept by an elderly protector, spurns her young lover, Alfredo, at the request of his father, to safeguard the marriage prospects of Alfredo's sister. By the time the lovers are reunited Violetta's illness is terminal, and she expires in tearful circumstances.

17. Detailed discussion of this large and complex area falls outside the scope of the present introduction. The resonances of many of the references are explained in various Notes to the Text. See also articles listed in the bibliography by Bou, Casalduero, Friedman, Gullón, Sobejano, Vilarós, and others on associated aspects of allusion.

18. Don Evaristo Feijóo in *Fortunata y Jacinta* is a forerunner of the type, while Don Wifredo, in the *Episodio nacional, España sin rey*, is a later embodiment openly acknowledged in Galdós' text to be an amalgam of Don Quixote and Don Juan.

19. The name also reminds the reader of Tristan and the medieval Tristan and Isolde legend – a story of cross-grained love on which *Tristana* could be seen to be, in some ways, an ironic gloss and which Wagner had turned into an opera in 1865.

20. See Gregorio Marañón, *Don Juan*, and Ramón Pérez de Ayala, *Las Máscaras* for theories about the sexuality of Don Juan.

21. As it happens these parallels extend to much more specific *reprise* sequences which are directly based on various versions of the Don Juan legend, including Mozart's *Don Giovanni* and Zorrilla's *Don Juan Tenorio*. Since these have been explored in the critical literature on *Tristana* they are not spelled out here. Interested readers can consult the bibliography to this edition.

22. This has a politico-historical resonance as well. Spain's economy likewise deteriorated under Cánovas during the *turno pacífico*, with many hangers-on leeching off the state until Spain became virtually bankrupt. On this point see Introduction pp. 4-6.

23. See William H. Shoemaker, *The Novelistic Art of Galdós*, vol. 3 pp. 83-4 for a succinct summary of the various parallels with Don Quixote.

24. The parallel could be taken further in the light of the historical fact – of which Galdós would have been fully aware – that Breda freed itself of Spanish domination ten years later. Similarly Tristana shakes off the oppressive yoke of Don Lope in the fullness of time.

25. The parallels extend much further in another area: there is talk of pacts with the devil in *Tristana*, and some interesting similarities between the two texts are discernible in the section when the amputation of Tristana's leg is imminent.

26. For further detail on the Ugolini episode see Notes to the Text, note 203.

27. There was a marked raising of consciousness about women's issues in the closing decades of the nineteenth century. Galdós' own comments in *La mujer del filósofo* (*Obras Completas*, vol. 3, pp. 1425-9) are revealing. As early as 1871 Galdós was showing his awareness of such issues; and he mentions suffragettes disparagingly: 'Es cierto que hace poco ha aparecido una excrecencia informe, una aberración que se llama la mujer sufragista...' (p.1425). If he was not then in favour of the Women's Movement he does not seem to have changed his mind by the time he comes to write *Tristana*. There is no mention whatsoever of the formal organised collective attempts by women to secure legal rights.

28. Emilia Pardo Bazán (1851-1921) was a Galician born in La Coruña. A Countess in her own right, she was a distinguished novelist, short story writer, and book reviewer. She was also a polemical social and literary journalist well-known for her feminist views. *La cuestión palpitante,* a series of articles later turned into a book, broached the subject of naturalism in Spain shortly after the first translation of Zola into Spanish had appeared. Doña Emilia's own best-known works, *Los Pazos de Ulloa* and its sequel *La madre Naturaleza,* together with *Insolación,* brought greater realism and elements of naturalism into the Spanish novel.

29. Cited from an English translation of her review in *Galdós,* ed. Jo Labanyi. The original Spanish version of this review appeared in 1892 in *Nuevo Teatro Crítico* 2.17: 77-90.

30. It should be borne in mind that Galdós originally intended that Don Lope should have a leg amputated but revised his plan. This suggests that his plot was scarcely as cruelly arbitrary as some critics have claimed.

31. Tristana is convinced that independence for her (and by extension all women) is intimately bound up with educational opportunity. Ruth Schmidt, '*Tristana* and the Importance of Opportunity', *AG* IX (1974) pp. 135-144 discusses this issue.

32. The *mujer varonil,* an assertive woman who challenged male domination and pressed for greater personal freedom, was an established character type in the theatre. The quick-witted, acerbic female leads of many of Tirso de Molina's dramas are particularly spirited examples of the type.

33. In this Tristana differs sharply from Doña Paquita in Moratín's *El sí de las niñas* who never shows these qualities.

34. Kay Engler, 'The Ghostly Lover: The Portrayal of the Animus in *Tristana*', *AG* XII (1977) pp. 95-109.

35. John H. Sinnigen, '*Tristana*: La tentación del melodrama', *AG* XXV (1990) pp. 56-7. Since castration involves removing the testicles rather than the penis, some readers might take leave to dissent from the view that the symbolism could not be clearer.

36. See Notes to the Text notes 244, 280, 288, 308, 313, 334, 335, 345.

37. A.A. Parker, '*Nazarín,* or the Passion of Our Lord Jesus Christ according to Galdós', *AG* 11 (1967) pp. 83-101, has detailed the significance of gospel parallels in *Nazarín*: I have drawn attention to Augustinian parallels in *Halma.* See '*Halma* and the writings of St. Augustine', *AG* XIII (1978) pp. 73-97. The religious aspects of *Angel Guerra* have been well-documented. It would be my contention that there is a religious intertext in *Misericordia* and *El abuelo* as well.

38. For confirmation that Don Lope's antipathetic stance is evident from the outset, see the narrator's comments in Chapter 2 pp. 4-5. Where

Tristana is concerned it must be borne in mind that she is a naive young woman when Don Lope becomes her guardian; and that she is described as a particularly unformed personality on whom Don Lope's views – the only ones to which she has sustained exposure – rub off. See her conversation with Saturna in Chapter 5.

39. H. Chonon Berkowitz, *Galdós, Spanish Liberal Crusader*, catalogues – somewhat disapprovingly – the details of Galdós' active sex-life.

40. See A. F. Lambert, 'Galdós and Concha-Ruth Morell', *AG* VIII (1973) pp. 33-49; and Gilbert Smith, 'Galdós' *Tristana*, and letters from Concha Ruth-Morell', *AG* X (1975) pp. 91-120.

41. Both the male characters who make up the other sides of the love-triangle in the book, Don Lope and Horacio, have characteristics which include aspects which are partly based on Galdós himself in his relations with her. For details see Lisa Condé, *Stages in the Development of a Feminist Consciousness in Pérez Galdós (1843 - 1920): A Biographical Sketch*, pp. 160-1.

42. The 'religious' aspect of Galdós' relationship with Concha Ruth-Morell was of a different order. She had a number of Jewish friends; and was a valuable source of Sephardic information which Galdós later used in *Misericordia* and his *episodio nacional Aitta Tetuán*.

43. Tristana is compared both to a *dama japonesa* and a *muñeca* at frequent intervals in the text. The idea of her as a Japanese doll-like figure is used particularly at moments when there is a perceived threat to her plans to achieve independence and freedom.

44. The incidents of the plot make this quite clear. When Horacio is parted from her, she imagines him as she would like him to be. Their correspondence shows that while he is reverting to his bourgeois origins, she is idealising him as the archetypal bohemian artist. Eventually he becomes a myth in her mind. No man can live up to his myth, so that when he returns he is a disappointment. Tristana then transfers her allegiance to God. Since He is unknowable, there is no danger that He will ever fall short of the ideal being she sees in Him.

45. Provisionally he would seem to be questioning whether absolute freedom is really attainable for anyone. Had Tristana not lost a leg and had launched out on her own, would she have achieved true independence, or simply, at best, become interdependent with someone else? This question has many ramifications which fall outside the scope of this introduction.

46. Compare comments about Don Juan as a believer in Introduction sub-section on The Power of Allusion pp. 00 - 00.

47. This must be squared with her role as housewife, and especially her interest in baking, as described at the end of the text. An explanation is offered in Introduction, p.xxiv.

48. In so doing he anticipates Unamuno in *En torno al casticismo* by his implied criticism that Spain, in suppressing this mystical tendency, is cutting herself off from her own roots and in the process delaying her own regeneration. (Compare Unamuno, *En torno al casticismo*, on the question of mysticism and the relative merits of the meditative and contemplative traditions).

Selected Bibliography

For a more comprehensive bibliography consult: Theodore A. Sackett, *Pérez Galdós: an annotated bibliography* (University of New Mexico, Albuquerque, 1968); Manuel Hernández Suárez, *Bibliografía de Galdós* (Excmo. Cabildo Insular de Gran Canaria, Las Palmas, 1972 [i.e. 1974]); and Hensley C. Woodbridge, *Benito Pérez Galdós: a selective annotated bibliography* (Scarecrow Press, Metuchen N. J., 1975). More recent bibliography can be found in the cumulative lists published at regular intervals in *Anales Galdosianos* (Ediciones del Exmo. Cabildo Insular de Gran Canaria).

The works of Galdós mentioned in this edition can all be found in the *Obras completas de Galdós* (Aguilar, Madrid, 1971).

1. Editions of *Tristana*

Tristana [1st ed.] (La Guirnalda, Madrid, 1892).

Tristana [2nd ed.] (Librería de los Sucesores de Hernando, Madrid, 1912).

Tristana, Obras completas de Galdós, vol. 3 (Aguilar, Madrid, 1971) pp. 349-419.

Tristana [Bilingual Spanish-French ed.], (Flammarion, Paris, 1972).

Tristana, [11th ed.] (Alianza Editorial, Madrid, 1989).

2. General Works on Galdós

Berkowitz, H. Chonon, *Galdós, Spanish Liberal Crusader* (University of Wisconsin Press, Madison, 1948).

Beyrie, Jacques, *Galdós et son mythe: libéralisme et christianisme en Espagne au XIXème siècle (1843-1873)*, 3 vols. (Université de Lille III, Lille, 1980).

Bly, Peter A., *Galdós's Novel of the Historical Imagination: A Study of the Contemporary Novels* (Francis Cairns, Liverpool, 1983).

Bly, Peter A., *Vision and the Visual Arts in Galdós: A Study of the Novels and Newspaper Articles* (Francis Cairns, Liverpool, 1986).

Bravo-Villasante, Carmen, *Galdós* (Mondadori, Madrid, 1988).

Casalduero, Joaquín, *Vida y obra de Galdós (1843-1920)*, 2a. ed. (Gredos, Madrid, 1961).

Condé, Lisa P., *Stages in the Development of a Feminist Consciousness in Pérez Galdós (1843-1920): A Biographical Sketch* (Mellen Press, New York,1990).

Correa, Gustavo, *El simbolismo religioso en las novelas de Benito Pérez Galdós* (Gredos, Madrid, 1962).

Correa, Gustavo, *Realidad, ficción y símbolo en las novelas de Pérez Galdós* (Instituto Caro y Cuervo, Bogotá, 1967).

Del Río, Angel, *Estudios galdosianos* (Las Americas, New York, 1969).

Dendle, B.J., *Galdós: The Mature Thought* (University Press of Kentucky, Lexington, 1980).

Engler, Kay, *The Structure of Realism: The Novelas Contemporáneas of Benito Pérez Galdós* (North Carolina Studies in the Romance Languages and Literatures, Chapel Hill, 1977).

Eoff, Sherman H., *The Novels Of Pérez Galdós: The Concept of Life as Dynamic Process* (Washington University Press, St Louis, 1954).

Faus Sevilla, Pilar, *La sociedad española del siglo XIX en la obra de Pérez Galdós*, (Estudios galdosianos, Valencia, 1972).

Gilman, Stephen, *Galdós and the Art of the European Novel: 1867-87* (Princeton University Press, Princeton, 1981).

Gullón, Ricardo, *Galdós, novelista moderno* (Gredos, Madrid, 1966).

Gullón, Ricardo, *Técnicas de Galdós* (Taurus, Madrid, 1970).

Hinterhauser, Hans, *Los "Episodios nacionales" de Benito Pérez Galdós* (Gredos, Madrid, 1963).

Labanyi, Jo (ed.), *Galdós* (Modern Literatures in Perspective, Longman, London and New York, 1993).

Montero-Paulson, Daria J., *La jerarquía femenina en la obra de Benito Pérez Galdós* (Editorial Pliegos, Madrid, 1988).

Montesinos, José F., *Galdós*, 3 vols. (Castalia, Madrid, 1968-73).

Nimetz, Michael, *Humor in Galdós: A Study of the 'novelas contemporáneas'* (Yale University Press, New Haven, 1968).

Nuez, Sebastián de la, *Galdós 1843-1920*, Colección Guagua (Mancomunidad de Cabildos, Las Palmas, 1983).

Paolini, Gilberto, *An Aspect Of Spiritualistic Naturalism In The Novels Of B.P. Galdós* (Las Americas, New York, 1969).

Pattison, Walter T., *Benito Pérez Galdós* (Twayne, Boston, 1975).

Peñuel, Arnold M., *Charity In The Novels Of Galdós* (Athens, University of Georgia Press, 1972).

Peñuel, Arnold M., *Psychology, Religion, and Ethics in Galdós' Novels* (University Press of America, Lanham, 1987).

Regalado García, Antonio, *Benito Pérez Galdós y la novela histórica española (1868-1912)* (Ínsula, Madrid, 1966).

Ribbans, Geoffrey, *History and Fiction in Galdós's Narratives* (Clarendon Press, Oxford, 1993).

Ricard, Robert, *Galdós et ses romans* (Centre de Recherches de l'Institut d'Études Hispaniques, Paris, 1961).

Ricard, Robert, *Aspects de Galdós* (Presses Universitaires de France, Paris, 1963).

Rodgers, Eamonn, *From Enlightenment to Realism: The Novels of Galdós, 1870-1887* (Eamonn Rodgers, Dublin, 1987).

Rogers, Douglass M. (ed.), *Benito Pérez Galdós* (Taurus, Madrid, 1973).

Santaló, Joaquín, *The Tragic Import in the Novels of Pérez Galdós* (Playor, Madrid, 1973).

Shoemaker, William H., *The Novelistic Art of Galdós*, 3 vols. (Albatros Hispanófila Ediciones, Valencia, 1980-82).

Shoemaker, W.H., *God's Role And His Religion In Galdos' Novels 1876-1888* (Albatros Hispanófila Ediciones, Valencia, 1988).

Urey, Diane F., *Galdós and the Irony of Language* (Cambridge University Press, Cambridge, 1982).

Urey, Diane F., *The Novel Histories of Galdós* (Princeton University Press, Princeton N.J., 1989).

Walton, L.B., *Pérez Galdós* (Gordian Press, New York, 1970).

3. Studies on *Tristana*

Amorós, Andrés, '*Tristana*, de Galdós a Buñuel', *Actas del Primer Congreso Internacional de Estudios Galdosianos*, (Excmo. Cabildo Insular de Gran Canaria, Las Palmas, 1977) pp. 319-29.

Anderson, Farris, 'Ellipsis and Space in *Tristana*', *AG* XX núm. 2 (1985) pp. 61-76.

Ayala, Francisco, 'Galdós entre el lector y los personajes', *AG* V (1970) pp. 5-13.

Bieder, Maryellen, 'Capitulation: Marriage, Not Freedom. A study of Emilia Pardo Bazán's *Memorias de un solterón* and Galdós' *Tristana*', *Symposium* 30 (1976) pp. 93-109.

Bou, Enric, 'Parodia en *Tristana* : Lecturas de Galdós', *Revista Hispánica Moderna* 12 (1989) pp. 115-26.

Casalduero, Joaquín, '*Tristana*, la dama japonesa entre Dante y Shakespeare', *Actas del Segundo Congreso Internacional de Estudios Galdosianos*, I (Excmo. Cabildo Insular de Gran Canaria, Las Palmas, 1978) pp. 38-48.

Chamberlin, Vernon A., 'The Sonata Form Structure of *Tristana*', *AG* XX, núm. 1 (1985) pp. 83-96.

Dash, Robert W., '*Realidad* y el truncado desenlace de *Tristana*', *Actas del Cuarto Congreso Internacional de Estudios Galdosianos*, I (Excmo. Cabildo Insular de Gran Canaria, Las Palmas, 1990) pp. 631-37.

Engler, Kay, 'The Ghostly Lover: The Portrayal of the Animus in *Tristana*', *AG* XII (1977) pp. 95-109.

Escobar, M. del Prado 'Galdós y la educación de la mujer', *Actas del Segundo Congreso Internacional de Estudios Galdosianos*, II (Excmo. Cabildo Insular de Gran Canaria, Las Palmas, 1980) pp. 165-82.

Friedman, Edward H., '"Folly and a Woman" : Galdós' rhetoric of irony in *Tristana*', *Theory and Practice of Feminist Literary Criticism*, Eds. Gabriela Mora and Karen S. Van Hooft (Bilingual Press, Michigan, 1982) pp. 201-228.

Gold, Hazel, 'Cartas de mujer y la mediación epistolar en *Tristana*', *Actas del Cuarto Congreso Internacional de Estudios Galdosianos*, I (Excmo. Cabildo Insular de Gran Canaria, Las Palmas, 1990) pp. 661-71.

Goldin, David, 'Calderón, Cervantes, and Irony in *Tristana*', *AG* XX, núm. 1 (1985) pp. 97-106.

Gullón, Germán, '*Tristana*: Literaturización y estructura novelesca', *HR* 45 (1977) pp. 13-27.

Lambert, A.F., 'Galdós and Concha-Ruth Morell', *AG* VIII (1973) pp. 33-49.

Livingstone, Leon, 'The Law of Nature and Women's Liberation in *Tristana*', *AG* VII (1972) pp. 93-100.

Lowe, Jennifer, 'Age, Illusion, and Irony in *Tristana*', *AG* XX, núm. 1 (1985) pp. 107-111.

Mayoral, Marina, '*Tristana* y Feíta Neiras, dos visiones de la mujer independiente' *Galdós, Centenario de Fortunata y Jacinta (1887-1987)*. *Actas* (Universidad Complutense, Madrid, 1989) pp. 337-44.

Mayoral, Marina, '*Tristana*, una feminista galdosista', *Ínsula* 320-21 (julio-agosto 1973) p.28.

Miró, Emilio, '*Tristana*, o la imposibilidad del ser', *Cuadernos Hispanoamericanos* 250-52 (1970-71) pp. 505-22.

Raphaël, Suzanne, 'Préface to *Tristana*', (Flammarion, Paris, 1972) pp. 13-26.

Sackett, Theodore A., 'Creation and Destruction of Personality in *Tristana*: Galdós and Buñuel', *AG* XI (1977) pp. 71-90.

Sánchez, Roberto G., 'Galdós' *Tristana*, Anatomy of a "Disappointment"', *AG* XII (1977) pp. 111-127.

Schmidt, Ruth, '*Tristana* and the importance of Opportunity', *AG* IX (1974) pp. 135-144.

Sinnigen, John H., 'Resistance and Rebellion in *Tristana*', *Modern Language Notes* 91 (1977) pp. 277-91.

Sinnigen, John H., '*Tristana*: La tentación del melodrama', *AG* XXV (1990) pp. 53-8.

Smith, Gilbert, 'Galdós' *Tristana*, and letters from Concha Ruth-Morell', *AG* X (1975) pp. 91-120.

Sobejano, Gonzalo, 'Galdós y el vocabulario de los amantes', *AG* 1 (1966) pp. 85-100.

Tsuchiya, A., 'The struggle for Autonomy in Galdós's *Tristana*', *Modern Language Notes* 104 (1989) pp. 330-50.

Valis, N. M., 'Art, Memory and the Human in Galdós' *Tristana*', *Kentucky Romance Quarterly* 31 (1984) pp. 207-20.

Vilarós, Teresa M., 'Invención, simulacro y violencia en *Tristana*', in *A Sesquicentennial Tribute to Galdós 1943-1993*, Ed. Linda M. Willem (Juan de la Cuesta Press, Delaware, 1993) pp. 121 - 137.

Villegas López, M., «*Tristana*» *Revista de Occidente* 89 (Aug 1970) pp. 231-239.

Wright, Chad C., 'The Vision of Corporal Fragmentation in Galdós's *Tristana*', in *A Sesquicentennial Tribute to Galdós 1943-1993*, Ed. Linda M. Willem (Juan de la Cuesta Press, Delaware, 1993) pp. 138-154.

4. Other Works Consulted

Blecua, José M. (ed.), *Floresta de Lírica Española*, 2 vols. (Gredos, Madrid, 1963).

Calderón de la Barca, *El mágico prodigioso* in *Teatro selecto de Calderón, tomo 1* (Luis Navarro, Madrid, 1881).

Carr, Raymond, *Spain, 1808-1939* (Clarendon Press, Oxford, 1966).

Cervantes Saavedra, Miguel de, *Don Quijote de la Mancha* (Austral, Buenos Aires, 1956).

Da Ponte, Lorenzo, *Memorie I Libretti Mozartiani* (Garzanti, Milan, 1976).

Deacon, Philip (ed.), *Moratín, El sí de las niñas* (Bristol Classical Press, Bristol, 1995).

Graves, Robert, *The Greek Myths*, 2 vols. (Penguin Books, Harmondsworth, 1984).

L. L. de R., *Madrid en el bolsillo* (Imprenta de Andrés Orejas, Madrid, 1874).

Marañón, Gregorio, *Don Juan* (Austral, Madrid, 1967).

Minter, Gordon (ed.), *Tirso de Molina, Don Gil de las calzas verdes* (Aris & Phillips, Warminster, 1991).

Miralles, Enrique, *Galdós "esmeradamente corregido"* (Promociones y Publicaciones Universitarias, Barcelona, 1993).

Pérez de Ayala, Ramón, *Las Máscaras* in *Obras completas*, vol. 2 (Aguilar, Madrid, 1963).

Rivas, Ángel de Saavedra, Duque de, *Don Álvaro* (Cátedra, Madrid, 1980).

Ruiz de Alarcón, Juan, *La verdad sospechosa* (Espasa-Calpe, Madrid, 1953).

Russo, Luigi (ed.), *Giacomo Leopardi, I Canti* (Sansoni, Firenze, 1983).

St Augustine, *Confessions* (Penguin Books, Harmondsworth, 1973).

Singleton, Charles H. (ed.), *Dante Alighieri, The Divine Comedy*, 3 vols. (Princeton University Press, Princeton, N.J., 1977).

Tirso de Molina, *El burlador de Sevilla* (Cambridge University Press, Cambridge, 1954).

Verdi, Giuseppe, *La Traviata* (Ricordi, Milan, 1959).

Zorrilla, José, *Don Juan Tenorio* (Austral, Madrid, 1980).

Abbreviations Used

AG   *Anales Galdosianos*
HR   *Hispanic Review*

Hospicio.

TRISTANA

1

En el populoso barrio de Chamberí,[1] más cerca del Depósito de aguas que de Cuatro Caminos, vivía no ha muchos años un hidalgo de buena estampa y nombre peregrino, no aposentado en casa solariega, pues por allí no las hubo nunca, sino en plebeyo cuarto de alquiler de los baratitos, con ruidoso vecindario de taberna, merendero, cabrería[2] y estrecho patio interior de habitaciones numeradas. La primera vez que tuve conocimiento de tal personaje y pude observar su catadura militar de antiguo cuño, algo así como una reminiscencia pictórica de los tercios viejos de Flandes,[3] dijéronme que se llamaba *don Lope de Sosa*, nombre que trasciende al polvo de los teatros o a romance de los que traen los librillos de retórica;[4] y, en efecto, nombrábanle así algunos amigos maleantes; pero él respondía por don Lope Garrido. Andando el tiempo, supe que la partida de bautismo rezaba *don Juan López Garrido*,[5] resultando que aquel sonoro *don Lope* era composición del caballero, como un precioso afeite aplicado a embellecer la personalidad; y tan bien caía en su cara enjuta, de líneas firmes y nobles, tan buen acomodo hacía el nombre con la espigada tiesura del cuerpo, con la nariz de caballete, con su despejada frente y sus ojos vivísimos, con el mostacho entrecano y la perilla corta, tiesa y provocativa, que el sujeto no se podiá llamar de otra manera. O había que matarle o decirle don Lope.

La edad del buen hidalgo, según la cuenta que hacía cuando de esto se trataba, era una cifra tan imposible de averiguar como la hora de un reloj descompuesto, cuyas manecillas se obstinaran en no moverse. Se había plantado en los cuarenta y nueve,[6] como si el terror instintivo de los cincuenta le detuviese en aquel temido lindero del medio siglo; pero ni Dios mismo, con todo su poder, le podía quitar los cincuenta y siete, que no por bien conservados eran menos efectivos. Vestía con toda la pulcritud y esmero que su corta hacienda le permitía, siempre de chistera bien planchada, buena capa en invierno, en todo tiempo guantes oscuros, elegante bastón en verano y trajes más propios de la edad verde que de la madura. Fue don Lope Garrido, dicho sea para hacer boca,[7] gran estratégico en lides de amor, y se preciaba de haber asaltado más torres de virtud y rendido más plazas de honestidad que pelos tenía en la cabeza. Ya gastado y para poco, no podía desmentir la pícara afición, y siempre que tropezaba con mujeres bonitas, o aunque no fueran bonitas, se ponía en facha,[8] y sin mala intención les dirigía miradas expresivas, que más tenían en verdad de paternales que de maliciosas, como si con ellas dijera: «¡De buena habéis escapado, pobrecitas! Agradeced a Dios el no haber nacido veinte años antes. Precaveos contra los que hoy sean

1

lo que yo fui, aunque, si me apuran, me atreveré a decir que no hay en estos tiempos quien me iguale. Ya no salen jóvenes, ni menos galanes, ni hombres que sepan su obligación al lado de una buena moza.»[9] Sin ninguna ocupación profesional, el buen don Lope, que había gozado en mejores tiempos de una regular fortuna, y no poseía ya más que un usufructo en la provincia de Toledo, cobrado a tirones y con mermas lastimosas, se pasaba la vida en ociosas y placenteras tertulias de casino, consagrando también metódicamente algunos ratos a visitas de amigos, a trincas de café y a otros centros, o más bien rincones, de esparcimiento,[10] que no hay para qué nombrar ahora. Vivía en lugar tan excéntrico por la sola razón de la baratura de las casas, que aun con la gabela[11] del tranvía, salen por muy poco en aquella zona, amén del despejo, de la ventilación y de los horizontes risueños que allí se disfrutan. No era ya Garrido trasnochador; se ponía en planta[12] a punto de las ocho, y en afeitarse y acicalarse, pues cuidaba de su persona con esmero y lentitudes de hombre de mundo, se pasaban dos horitas.[13] A la calle hasta la una, hora infalible del almuerzo frugal. Después de éste, calle otra vez, hasta la comida, entre siete y ocho, no menos sobria que el almuerzo, algunos días con escaceces no bien disimuladas por las artes de cocina más elementales. Lo que principalmente debe hacerse constar es que si don Lope era todo afabilidad y cortesanía fuera de casa y en las tertulias cafeteriles o casinescas a que concurría, en su domicilio sabía hermanar las palabras atentas y familiares con la autoridad de amo indiscutible.[14]

Con él vivían dos mujeres, criada la una, señorita en el nombre la otra, confundiéndose ambas en la cocina y en los rudos menesteres de la casa, sin distinción de jerarquías, con perfecto y fraternal compañerismo, determinado más bien por la humillación de la señora que por ínfulas de la criada. Llamábase ésta Saturna, alta y seca, de ojos negros, un poco hombruna, y por su viudez reciente vestía de luto riguroso. Habiendo perdido a su marido, albañil que se cayó del andamio en las obras del Banco,[15] pudo colocar a su hijo en el Hospicio,[16] y se puso a servir, tocándole para estreno la casa de don Lope, que no era ciertamente una provincia de los reinos de Jauja.[17] La otra, que a ciertas horas tomaríais por sirvienta y a otras no, pues se sentaba a la mesa del señor y le tuteaba con familiar llaneza, era joven, bonitilla, esbelta, de una blancura casi inverosímil de puro alabastrina; las mejillas sin color, los negros ojos más notables por lo vivarachos y luminosos que por lo grandes, las cejas increíbles, como indicadas en arco con la punta de finísimo pincel; pequeñuela y roja la boquirrita,[18] de labios un tanto gruesos, orondos, reventando de sangre, cual si contuvieran toda la que en el rostro faltaba; los dientes, menudos, pedacitos de cuajado cristal;[19] castaño el cabello y no muy copioso, brillante como torzales de seda y recogido con gracioso revoltijo en la coronilla. Pero lo más característico en tan singular criatura era que parecía toda ella un puro armiño y el espíritu de la pulcritud, pues ni aun rebajándose a las más groseras faenas domésticas se manchaba. Sus manos, de una forma perfecta —¡qué manos!—, tenían misteriosa virtud, como su cuerpo y ropa, para poder decir a las capas inferiores del mundo físico: *la vostra miseria non me tange*.[20] Llevaba en toda su persona la impresión de un aseo intrínseco, elemental, superior y anterior a cualquier contacto de cosa desaseada o impura. De trapillo, zorro en mano, el polvo y la basura la respetaban; y cuando se acicalaba y se ponía su bata morada con rosetones blancos, el moño arribita, traspasado con horquillas de dorada cabeza, resultaba una fiel imagen de dama japonesa de alto copete. Pero ¿qué más, si toda ella parecía de papel, de ese papel plástico, caliente y vivo en que aquellos inspirados orientales representan lo divino y lo humano, lo cómico tirando a grave, y lo grave que hace reír? De papel nítido era su rostro blanco mate, de papel su vestido, de papel sus finísimas, torneadas, incomparables manos.[21]

Falta explicar el parentesco de Tristana,[22] que por este nombre respondía la mozuela bonita, con el gran don Lope, jefe y señor de aquel cotarro,[23] al cual no será justo dar el nombre de familia. En el vecindario, y entre las contadas personas que allí recalaban de visita,[24] o por fisgonear, versiones había para todos los gustos. Por temporadas dominaban estas o las otras opiniones sobre punto tan importante; en un lapso de dos o tres meses se creyó como el Evangelio que la señorita era sobrina del señorón. Apuntó pronto, generalizándose con rapidez, la tendencia de conceptuarla hija, y orejas hubo en la vecindad que le oyeron decir *papá*, como las muñecas que hablan.[25] Sopló un nuevo vientecillo de opinión, y ya la tenéis legítima y auténtica señora de Garrido. Pasado algún tiempo, ni rastros quedaban de estas vanas conjeturas, y Tristana, en opinión del vulgo circunvecino, no era hija, ni sobrina, ni esposa, ni nada del gran don Lope; no era nada y lo era todo, pues le pertenecía como una petaca, un mueble o una prenda de ropa, sin que nadie se la pudiera disputar; ¡y ella parecía tan resignada a ser petaca, y siempre petaca...!²⁶

2

Resignada en absoluto, no, porque más de una vez, en aquel año que precedió a lo que se va a referir, la linda figurilla de papel sacaba los pies del plato,[27] queriendo mostrar carácter y conciencia de persona libre. Ejercía sobre ella su dueño un despotismo que podremos llamar seductor, imponiéndole su voluntad con firmeza endulzada, a veces con mimos o carantoñas, y destruyendo en ella toda iniciativa que no fuera de cosas accesorias y sin importancia. Veintiún años contaba la joven cuando los anhelos de independencia despertaron en ella con las reflexiones que embargaban su mente acerca de la extrañísima situación social en que vivía. Aún conservaba procederes y hábitos de chiquilla cuando tal situación comenzó; sus ojos no sabían mirar al porvenir, y si lo miraban, no veían nada. Pero un día se fijó en la sombra que el presente proyectaba hacia los espacios futuros, y aquella imagen suya estirada por la distancia, con tan disforme y quebrada silueta, entretuvo largo tiempo su atención, sugiriéndole pensamientos mil que la mortificaban y confundían.

Para la fácil inteligencia de estas inquietudes de Tristana, conviene hacer toda la luz posible en torno del don Lope, para que no se le tenga por mejor ni por más malo de lo que era realmente. Presumía este sujeto de practicar en toda su pureza dogmática la caballerosidad, o caballería, que bien podemos llamar sedentaria en contraposición a la idea de andante o correntona;[28] mas interpretaba las leyes de aquella religión con criterio excesivamente libre, y de todo ello resultaba una moral compleja, que no por ser suya dejaba de ser común, fruto abundante del tiempo en que vivimos; moral que, aunque parecía de su cosecha, era en rigor concreción en su mente de las ideas flotantes en la atmósfera metafísica de su época, cual las invisibles bacterias en la atmósfera física.[29] La caballerosidad de don Lope, como fenómeno externo, bien a la vista estaba de todo el mundo: jamás tomó nada que no fuera suyo, y en cuestiones de intereses llevaba su delicadeza a extremos quijotescos. Sorteaba su penuria con gallardía, y la cubría con dignidad, dando pruebas frecuentes de abnegación y condenando el apetito de cosas materiales con acentos de entereza estoica. Para él, en ningún caso dejaba de ser vil el metal acuñado, ni la alegría que el cobrarlo produce le redime del desprecio de toda persona bien nacida. La facilidad con que de sus manos salía indicaba el tal desprecio mejor que las retóricas con que vituperaba lo que a su juicio era motivo de corrupción y causa de que en la sociedad presente fueran cada día más escasas las cosechas de caballeros.[30] Respecto a decoro personal, era tan nimio y de tan quebradiza susceptibilidad, que no toleraba el agravio más insignificante ni ambigüedades de palabra que pudieran llevar en sí sombra de desconsideración. Lances mil tuvo en su vida, y de tal modo mantenía los fueros de la dignidad, que llegó a ser código viviente para querellas de honor, y, ya se sabía, en todos los casos dudosos del intrincado fuero duelístico era consultado el gran don Lope, que opinaba y sentenciaba con énfasis sacerdotal, como si se tratara de un punto teológico o filosófico de la mayor trascendencia.

El punto de honor era, pues, para Garrido, la cifra y compendio de toda la ciencia del vivir,[31] y ésta se completaba con diferentes negaciones.[32] Si su desinterés podía considerarse como virtud, no lo era ciertamente su desprecio del Estado y de la Justicia, como organismos humanos. La curia[33] le repugnaba; los ínfimos empleados del Fisco, interpuestos entre las instituciones y el contribuyente con la mano extendida, teníalos por chusma digna de remar en galeras. Deploraba que en nuestra edad, de más papel que hierro y de tantas fórmulas hueras, no llevasen los caballeros espada para dar cuenta de tanto gandul impertinente. La sociedad, a su parecer, había creado diversos mecanismos con el solo objeto de mantener holgazanes y de perseguir y desvalijar a la gente hidalga y bien nacida.[34]

Con tales ideas, a don Lope le resultaban muy simpáticos los contrabandistas y matuteros, y si hubiera podido habría salido a su defensa en un aprieto grave. Detestaba la Policía encubierta o uniformada, y cubría de baldón a los carabineros y vigilantes de Consumos, así como a los pasmarotes[35] que llaman de Orden Público, y que, a su parecer, jamás protegen al débil contra el fuerte. Transigía con la Guardia Civil, aunque él, ¡qué demonio!, la hubiera organizado de otra manera, con facultades procesales y ejecutivas, como verdadera religión de caballería justiciera en caminos y despoblados. Sobre el Ejército, las ideas de don Lope picaban en extravagancia. Tal como lo conocía, no era más que un instrumento político, costoso y tonto por añadidura, y él opinaba que se le diera una organización religiosa y militar, como las antiguas órdenes de caballería, con base popular, servicio obligatorio, jefes hereditarios, vinculación del generalato,[36] y, en fin, un sistema tan complejo y enrevesado que ni él mismo lo entendía. Respecto a la Iglesia, teníala por una broma pesada que los pasados siglos vienen dando a los presentes, y que éstos aguantan por timidez y cortedad de genio. Y no se crea que era irreligioso: al contrario, su fe superaba a la de muchos que hocican ante los altares y andan siempre entre curas. A éstos no los podía ver ni escritos el ingenioso don Lope, porque no encontraba sitio para ellos en el sistema seudo-caballeresco que su desocupado magín se había forjado, y solía decir: «Los verdaderos sacerdotes somos nosotros, los que regulamos el honor y la moral, los que combatimos en pro del inocente, los enemigos de la maldad, de la hipocresía, de la injusticia... y del vil metal.»[37]

Casos había en la vida de este sujeto que le enaltecían en sumo grado, y si algún ocioso escribiera su historia,[38] aquellos resplandores de generosidad y abnegación harían olvidar, hasta cierto punto, las oscuridades de su carácter y su conducta. De ellos debe hablarse, como antecedentes o causas que son de lo que luego se referirá. Siempre fue don Lope muy amigo de sus amigos, y hombre que se despepitaba por auxiliar[39] a las personas queridas que se veían en algún compromiso grave. Servicial hasta el heroísmo, no ponía límites a sus generosos arranques. Su caballería llegaba en esto hasta la vanidad; y como toda vanidad se paga, como el lujo de los buenos sentimientos es el más dispendioso que se conoce, Garrido sufrió considerables quebrantos en su fortuna. Su muletilla familiar de *dar la camisa por un amigo* no era una simple afectación retórica. Si no la camisa, varias veces dio la mitad de la capa, como San Martín; y últimamente, la prenda de ropa más útil, como más próxima a la carne, había llegado a correr peligro.[40]

Un amigo de la infancia, a quien amaba entrañablemente, de nombre don Antonio Reluz, compinche de caballerías más o menos correctas, puso a prueba el furor altruista, que no otra cosa era, del buen don Lope. Reluz, al casarse por amor con una joven distinguidísima, apartóse de las ideas y prácticas caballerescas de su amigo, calculando que no constituían oficio ni daban de comer, y se dedicó a manejar en buenos negocios el capitalito de su esposa. No le fue mal en los primeros años. Metióse en la compra y venta de cebada, en contratas de abastecimientos militares, y otros honrados tráficos, que Garrido miraba con altivo desprecio. Hacia 1880, cuando ambos habían pasado la línea de los cincuenta,[41] la estrella de Reluz se eclipsó de súbito, y no puso la mano en negocio que no resultara de perros. Un socio de mala fe, un amigo pérfido, acabaron de perderle, y el batacazo fue de los más gordos, hallándose de la noche a la mañana sin blanca, deshonrado y por añadidura preso...

—¿Lo ves? —le decía a su amigote—. ¿Te convences ahora de que ni tú ni yo servimos para mercachifles? Te lo advertí cuando empezaste, y no quisiste hacerme caso. No pertenecemos a nuestra época, querido Antonio; somos demasiado decentes para andar en estos enjuagues, que allá se quedan para la patulea del siglo.[42]

Como consuelo, no era de los más eficaces. Reluz le oía sin pestañear ni responderle nada, discurriendo cómo y cuándo se pegaría el tirito con que pensaba poner fin a su horrible sufrimiento.

Pero Garrido no se hizo esperar, y al punto salió con el supremo recurso de la camisa.

—Por salvar tu honra soy yo capaz de dar la... En fin, ya sabes que es obligación, no favor, pues somos amigos de veras, y lo que yo hago por ti lo harías tú por mí.

Aunque los descubiertos que ponían por los suelos el nombre comercial de Reluz no eran el oro y el moro,[43] pesaban lo bastante para resquebrajar el edificio no muy seguro de la fortunilla de don Lope, el cual, encastillado en su dogma altruista, hizo la hombrada gorda, y después de liquidar una casita que conservaba en Toledo, se desprendió de su colección de cuadros antiguos, si no de primera, bastante apreciable por los afanes y placeres sin cuento que representaba.

—No te apures —decía a su triste amigo—. Pecho a la desgracia, y no des a esto el valor de un acto extraordinariamente meritorio. En estos tiempos putrefactos se estima como virtud lo que es deber de los más elementales. Lo que se tiene, se tiene, fíjate bien, en tanto que otro no lo necesita. Esta es la ley de las relaciones entre los humanos, y lo demás es fruto del egoísmo y de la metalización de las costumbres. El dinero no deja de ser vil sino cuando se ofrece a quien tiene la desgracia de necesitarlo. Yo no tengo hijos.[44] Toma lo que poseo; que un pedazo de pan no ha de faltarnos.

Que Reluz oía estas cosas con emoción profunda, no hay para qué decirlo. Cierto que no se pegó el tiro ni había para qué; mas lo mismo fue salir de la cárcel y meterse en su casa, que pillar una calentura maligna que lo despachó en siete días. Debió de ser de la fuerza del agradecimiento y de las emociones terribles de aquella temporada. Dejó una viudita inconsolable, que por más que se empeñó en seguirle a la tumba *por muerte natural*, no pudo lograrlo, y una hija de diecinueve abriles, llamada Tristana.[45]

3

La viuda de Reluz había sido linda antes de los disgustos y trapisondas de los últimos tiempos. Pero su envejecer no fue tan rápido y patente que le quitara a don Lope las ganas de cortejarla, pues si el código caballeresco de éste le prohibía galantear a la mujer de un amigo vivo, la muerte del amigo le dejaba en franquía para cumplir a su antojo la ley de amar.[46] Estaba de Dios, no obstante, que por aquella vez no le saliera bien la cuenta, pues a las primeras chinitas[47] que a la inconsolable tiró, hubo de observar que no contestaba con buen acuerdo a nada de lo que se le decía, que aquel cerebro no funcionaba como Dios manda, y, en suma, que a la pobre Josefina Solís[48] le faltaban casi todas las clavijas que regulan el pensar discreto y el obrar acertado[49]. Dos manías, entre otras mil, principalmente la trastornaban: la manía de mudarse de casa y la del aseo.[50] Cada semana, o cada mes por lo menos, avisaba los carros de mudanzas, que aquel año hicieron buen agosto paseándole los trastos por cuantas calles y rondas hay en Madrid. Todas las casas eran magníficas el día de la mudanza, y detestables, inhospitalarias, horribles, ocho días después. En ésta se helaba de frío, en aquélla se achicharraba; en una había vecinas escandalosas; en otra, ratones desvergonzados; en todas, nostalgia de otra vivienda, del carro de mudanza, ansia infinita de lo desconocido.

Quiso don Lope poner mano en este costoso delirio; pero pronto se convenció de que era imposible. El tiempo corto que mediaba entre mudanza y mudanza empleábalo Josefina en lavar y fregotear cuanto cogía por delante, movida de escrúpulos nerviosos y de ascos hondísimos, más potentes que una fuerte impulsión instintiva. No daba la mano a nadie, temerosa de que le pegasen herpetismo o pústulas repugnantes. No comía más que huevos, después de lavarles el cascarón, y recelosa siempre de que la gallina que los puso hubiera picoteado en cosas impuras. Una mosca la ponía fuera de sí. Despedía las criadas cada lunes y cada martes por cualquier inocente contravención de sus extravagantes métodos de limpieza. No le bastaba con deslucir los muebles a fuerza de agua y estropajo; lavaba también las alfombras, los colchones de muelles y hasta el piano, por dentro y por fuera. Rodeábase de desinfectantes y antisépticos, y hasta en la comida se advertían tufos de alcanfor. Con decir que lavaba los relojes está dicho todo. A su hija la zambullía en el baño tres veces al día, y el gato huyó bufando de la casa, por no hallarse con fuerzas para soportar los chapuzones que su ama le imponía.

Con toda el alma lamentaba don Lope la liquidación cerebral de su amiga, y echaba de menos a la simpática Josefina de otros tiempos, dama de trato muy agradable, bastante instruída y hasta con ciertas puntas y ribetes de literata de buena ley. A cencerros tapados[51] compuso algunos versitos, que sólo mostraba a los amigos de confianza, y juzgaba con buen criterio de toda la literatura y literatos contemporáneos. Por temperamento, por educación y por atavismo, pues tuvo dos tíos académicos y otro que fue emigrado en Londres con el duque de Rivas y Alcalá Galiano,[52] detestaba las modernas tendencias realistas; adoraba el ideal y la frase noble y decorosa. Creía firmemente que en el gusto hay aristocracia y pueblo, y no vacilaba en asignarse un lugar de los más oscuros entre los próceres de las letras. Adoraba el teatro antiguo, y se sabía de memoria largos parlamentos de *Don Gil de las calzas verdes*, de *La verdad sospechosa* y de *El mágico prodigioso*. Tuvo un hijo, muerto a los doce años, a quien puso el nombre de Lisardo, como si fuera de la casta de Tirso o Moreto. Su niña debía el nombre de Tristana a la pasión por aquel arte caballeresco y noble, que creó una sociedad ideal para servir constantemente de norma y ejemplo a nuestras realidades groseras y vulgares.[53]

Pues todos aquellos refinados gustos que la embellecían, añadiendo encantos mil a sus gracias naturales. desaparecieron sin dejar rastro en ella. Con la insana manía de las mudanzas y del aseo, Josefina olvidó toda su edad pasada. Su memoria, como espejo que ha perdido el azogue, no conservaba ni una idea, ni un nombre, ni una frase de todo aquel mundo ficticio que tanto amó.[54] Un día quiso don Lope despertar los recuerdos de la infeliz señora, y vio la estupidez pintada en su rostro, como si le hablaran de una existencia anterior a la presente. No comprendía nada, no se acordaba de cosa alguna, ignoraba quién podría ser don Pedro Calderón,[55] y al pronto creyó que era algún casero o el dueño de los carros de mudanzas. Otro día la sorprendió lavando las zapatillas, y a su lado tenía, puestos a secar, los álbumes de retratos. Tristana contemplaba, conteniendo sus lágrimas, aquel cuadro de desolación, y con expresivos ojos suplicaba al amigo de la casa que no contrariase a la pobre enferma. Lo peor era que el buen caballero soportaba con resignación los gastos de aquella familia sin ventura, los cuales, con el sinfín de mudanzas, el frecuente romper de loza y deterioro de muebles, iban subiendo hasta las nubes. Aquel diluvio con jabón los ahogaba a todos. Por fortuna, en uno de los cambios de domicilio, ya fuese por haber caído en casa nueva, cuyas paredes chorreaban de humedad, ya porque Josefina usó zapatos recién sometidos a su sistema de saneamiento, llegó la hora de rendir a Dios el alma. Una fiebre reumática que la entró a saco, espada en mano, acabó sus tristes días. Pero la más negra fue que, para pagar médico, botica y entierro, amén de las cuentas de perfumería y comestibles, tuvo don Lope que dar otro tiento a su esquilmado caudal,[56] sacrificando aquella parte de sus bienes que más amaba, su colección de armas antiguas y modernas, reunida con tantísimo afán y con íntimos goces de rebuscador inteligente. Mosquetes raros y arcabuces roñosos, pistolas, alabardas,[57] espingardas de moros y rifles de cristianos, espadas de cazoleta y también petos y espaldares[58] que adornaban la sala del caballero entre mil vistosos arreos de guerra y caza, formando el conjunto más noble y austero que imaginarse puede, pasaron a precio vil a manos de mercachifles. Cuando don Lope vio salir su precioso arsenal, quedóse atribulado y suspenso, aunque su grande ánimo supo aherrojar la congoja que del fondo del pecho le brotaba, y poner en su rostro la máscara de una estoica y digna serenidad. Ya no le quedaba más que su colección de retratos de hembras hermosas, en los cuales había desde la miniatura delicada hasta la fotografía moderna en que la verdad suple al arte, museo que era para su historia de amorosas lides como los de cañones y banderas que en otro orden pregonan las grandezas de un reinado glorioso. Ya no le restaba más que esto, algunas imágenes elocuentes, aunque mudas, que significaban mucho como trofeo, bien poco, ¡ay!, como especie representativa de vil metal.[59]

En la hora de morir, Josefina recobró, como suele suceder, parte del seso que había perdido, y con el seso le revivió momentáneamente su ser pasado, reconociendo, cual Don Quijote moribundo, los disparates de la época de su viudez y abominando de ellos.[60] Volvió sus ojos a Dios, y aún tuvo tiempo de volverlos también a don Lope, que presente estaba, y le encomendó a su hija huérfana, poniéndola bajo su amparo, y el noble caballero aceptó el encargo con efusión, prometiendo lo que en tan solemnes casos es de rúbrica. Total: que la viuda de Reluz cerró la pestaña, mejorando con su pase a mejor vida la de las personas que acá gemían bajo el despotismo de sus mudanzas y lavatorios; que Tristana se fue a vivir con don Lope, y que éste... (hay que decirlo, por duro y lastimoso que sea), a los dos meses de llevársela aumentó con ella la lista ya larguísima de sus batallas ganadas a la inocencia.[61]

4

La conciencia del guerrero de amor arrojaba de sí, como se ha visto, esplendores de astro incandescente; pero también dejaba ver en ocasiones arideces horribles de astro apagado y muerto. Era que al sentido moral del buen caballero le faltaba una pieza importante, cual órgano que ha sufrido una mutilación y sólo funciona con limitaciones o paradas deplorables. Era que don Lope, por añejo dogma de su caballería sedentaria, no admitía crimen ni falta ni responsabilidad en cuestiones de faldas. Fuera del caso de cortejar a la dama, esposa o manceba de un amigo íntimo, en amor todo lo tenía por lícito.[62] Los hombres como él, hijitos mimados de Adán, habían recibido del Cielo una tácita bula que los dispensaba de toda moral, antes policía del vulgo que ley de caballeros. Su conciencia, tan sensible en otros puntos, en aquél era más dura y más muerta que un guijarro, con la diferencia de que éste, herido por la llanta de una carreta, suele despedir alguna chispa, y la conciencia de don Lope, en casos de amor, aunque la machacaran las herraduras del caballo de Santiago,[63] no echaba lumbres.

Profesaba los principios más erróneos y disolventes, y los reforzaba con apreciaciones históricas, en las cuales lo ingenioso no quitaba lo sacrílego. Sostenía que en las relaciones de hombre y mujer no hay más ley que la anarquía, si la anarquía es ley; que el soberano amor no debe sujetarse más que a su propio canon intrínseco, y que las limitaciones externas de su soberanía no sirven más que para desmedrar la raza, para empobrecer el caudal sanguíneo de la Humanidad. Decía, no sin gracia, que los artículos del Decálogo que tratan de toda la *peccata minuta* fueron un pegote añadido por Moisés a la obra de Dios, obedeciendo a razones puramente políticas; que estas razones de Estado continuaron influyendo en las edades sucesivas, haciendo necesaria la policía de las pasiones; pero que con el curso de la civilización perdieron su fuerza lógica, y sólo a la rutina y a la pereza humanas se debe que aún subsistan los efectos después de haber desaparecido las causas. La derogación de aquellos trasnochados artículos se impone, y los legisladores deben poner la mano en ella sin andarse en chiquitas. Bien demuestra esta necesidad la sociedad misma, derogando de hecho lo que sus directores se empeñan en conservar contra el empuje de las costumbres y las realidades del vivir. ¡Ah! Si el buenazo de Moisés levantara la cabeza, él y no otro corregiría su obra, reconociendo que hay tiempos de tiempos.[64]

Inútil parece advertir que cuantos conocían a Garrido, incluso el que esto escribe,[65] abominaban y abominan de tales ideas, deplorando con toda el alma que la conducta del insensato caballero fuese una fiel aplicación de sus perversas doctrinas. Debe añadirse que a cuantos estimamos en lo que valen los grandes principios sobre que se asienta, etcétera, etcétera..., se nos ponen los pelos de punta sólo de pensar cómo andaría la máquina social si a sus esclarecidas manipulantes les diese la ventolera de apadrinar los disparates de don Lope, y derogaran los articulitos o mandamientos cuya inutilidad éste, de palabra y obra, proclamaba. Si no hubiera infierno, sólo para don Lope habría que crear uno, a fin de que en él eternamente purgase sus burlas de la moral, y sirviese de perenne escarmiento a los muchos que, sin declararse sectarios suyos, vienen a serlo de hecho en toda la redondez de esta tierra pecadora.[66]

Contento estaba el caballero de su adquisición, porque la chica era linda, despabiladilla, de graciosos ademanes, fresca tez y seductora charla. «Dígase lo que se quiera —argüía para su capote,[67] recordando sus sacrificios por sostener a la madre y salvar de la deshonra al papá—, bien me la he ganado. ¿No me pidió Josefina que la amparase? Pues más amparo no cabe. Bien defendida la tengo de todo peligro; que ahora nadie se atreverá a tocarle el pelo de la ropa.» En los primeros tiempos, guardaba el galán su tesoro con precauciones exquisitas y sagaces; temía rebeldías de la niña, sobresaltado por la diferencia de edad, mayor sin duda de lo que el interno canon de amor dispone. Temores y desconfianzas le asaltaban; casi casi sentía en la conciencia algo como un cosquilleo tímido, precursor de remordimiento. Pero esto duraba poco, y el caballero recobraba su bravía entereza. Por fin, la acción devastadora del tiempo amortiguó su entusiasmo hasta suavizar los rigores de su inquieta vigilancia y llegar a una situación semejante a la de los matrimonios que han agotado el capitalazo de las ternezas y empiezan a gastar con prudente economía la rentita del afecto reposado y un tanto desabrido. Conviene advertir que ni por un momento se le ocurrió al caballero desposarse con su víctima, pues aborrecía el matrimonio; teníalo por la más espantosa fórmula de esclavitud que idearon los poderes de la tierra para meter en un puño a la pobrecita Humanidad.[68]

Tristana aceptó aquella manera de vivir, casi sin darse cuenta de su gravedad. Su propia inocencia, al paso que le sugería tímidamente medios defensivos que emplear no supo, le vendaba los ojos, y sólo el tiempo y la continuidad metódica de su deshonra le dieron luz para medir y apreciar su situación triste. La perjudicó grandemente su descuidada educación, y acabaron de perderla las hechicerías y artimañas que sabía emplear el tuno de don Lope, quien compensaba lo que los años le iban quitando con un arte sutilísimo de la palabra y finezas galantes de superior temple, de esas que apenas se usan ya, porque se van muriendo los que usarlas supieron. Ya que no cautivar el corazón de la joven, supo el maduro galán mover con hábil pulso resortes de su fantasía, y producir con ellos un estado de pasión falsificada, que para él, ocasionalmente, a la verdadera se parecía.[69]

Pasó la señorita de Reluz por aquella prueba tempestuosa como quien recorre los períodos de aguda dolencia febril, y en ella tuvo momentos de corta y pálida felicidad, como sospechas de lo que las venturas de amor pueden ser. Don Lope le cautivaba con esmero la imaginación, sembrando en ella ideas que fomentaran la conformidad con semejante vida; estimulaba la fácil disposición de la joven para idealizar las cosas, para verlo todo como no es, o como nos conviene o nos gusta que sea.[70] Lo más particular fue que Tristana, en los primeros tiempos, no dio importancia al hecho monstruoso de que la edad de su tirano casi triplicaba la suya. Para expresarlo con la mayor claridad posible, hay que decir que no vio la desproporción, a causa, sin duda, de las consumadas artes del seductor y de la complicidad pérfida con que la Naturaleza le ayudaba en sus traidoras empresas, concediéndole una conservación casi milagrosa. Eran sus atractivos personales de tan superior calidad, que al tiempo le costaba mucho trabajo destruirlos. A pesar de todo, el artificio, la contrahecha ilusión de amor, no podían durar: un día advirtió don Lope que había terminado la fascinación ejercida por él sobre la muchacha infeliz, y en ésta, al volver en sí, produjo una terrible impresión, de la que había de tardar mucho en recobrarse. Bruscamente vio en don Lope al viejo, y agrandaba con su fantasía la ridícula presunción del anciano que, contraviniendo la ley de la Naturaleza, hace papeles de galán.[71] Y no era don Lope aún tan viejo como Tristana lo sentía, ni había desmerecido hasta el punto de que se le mandara recoger como un trasto inútil. Pero como en la convivencia íntima los fueros de la edad se imponen, y no es tan fácil el disimulo como cuando se gallea fuera de casa, en lugares elegidos y a horas cómodas, surgían a cada instante mil motivos de desilusión, sin que el degenerado galanteador, con todo su arte y todo su talento, pudiera evitarlo.

Este despertar de Tristana no era más que una fase de la crisis profunda que hubo de sufrir a los ocho meses, aproximadamente, de su deshonra, y cuando cumplía los veintidós años.[72] Hasta entonces, la hija de Reluz, atrasadilla en su desarrollo moral, había sido toda irreflexión y pasividad muñequil, sin ideas propias, viviendo de las proyecciones del pensar ajeno, y con una docilidad tal en sus sentimientos, que era muy fácil evocarlos en la forma y con la intención que se quisiera. Pero vinieron días en que su mente floreció de improviso, como planta vivaz a la que le llega un buen día de primavera, y se llenó de ideas, en apretados capullos primero, en espléndidos ramilletes después. Anhelos

indescifrables apuntaron en su alma. Se sentía inquieta, ambiciosa, sin
saber de qué, de algo muy distante, muy alto, que no veían sus ojos por
parte alguna; ansiosos temores la turbaban a veces, a veces risueñas
confianzas; veía con lucidez su situación y la parte de humanidad que
ella representaba con sus desdichas; notó en sí algo que se le había
colado de rondón por las puertas del alma, orgullo, conciencia de no ser
una persona vulgar; sorprendióse de los rebullicios, cada día más fuertes,
de su inteligencia, que le decía: «Aquí estoy. ¿No ves cómo pienso cosas
grandes?» Y a medida que se cambiaba en sangre y medula de mujer la
estopa de la muñeca,[73] iba cobrando aborrecimiento y repugnancia a la
miserable vida que llevaba bajo el poder de don Lope Garrido.[74]

5

Y entre las mil cosas que aprendió Tristana en aquellos días sin que
nadie se las enseñara, aprendió también a disimular, a valerse de las
ductilidades de la palabra, a poner en el mecanismo de la vida esos
muelles que la hacen flexible, esos apagadores que ensordecen el ruido,
esas desviaciones hábiles del movimiento rectilíneo, casi siempre
peligroso. Era que don Lope, sin que ninguno de los dos se diese cuenta
de ello, habíala hecho su discípula, y algunas ideas de las que con toda
lozanía florecieron en la mente de la joven procedían del semillero de su
amante y por fatalidad maestro. Hallábase Tristana en esa edad y sazón
en que las ideas se pegan, en que ocurren los más graves contagios del
vocabulario personal, de las maneras y hasta del carácter.[75]
La señorita y la criada hacían muy buenas migas. Sin la compañía y
los agasajos de Saturna, la vida de Tristana habría sido intolerable.
Charlaban trabajando, y en los descansos charlaban más todavía. Refería
la criada sucesos de su vida, pintándole el mundo y los hombres con
sincero realismo, sin ennegrecer ni poetizar los cuadros; y la señorita,
que apenas tenía pasado que contar, lanzábase a los espacios del suponer
y del presumir, armando castilletes de la vida futura, como los juegos
constructivos de la infancia con cuatro tejuelos y algunos montoncitos de
tierra. Era la historia y la poesía asociadas en feliz maridaje. Saturna
enseñaba, la niña de don Lope creaba, fundando sus atrevidos ideales en
los hechos de la otra.[76]
—Mira, tú —decía Tristana a la que, más que sirvienta, era para ella
una fiel amiga—, no todo lo que este hombre perverso nos enseña es
disparatado, y algo de lo que habla tiene mucho intríngulis...[77] Porque lo que
es talento, no se puede negar que le sobra. ¿No te parece a ti que lo que
dice del matrimonio es la pura razón? Yo..., te lo confieso, aunque me
riñas, creo como él que eso de encadenarse a otra persona por toda la
vida es invención del diablo... ¿No lo crees tú? Te reirás cuando te diga

que no quisiera casarme nunca, que me gustaría vivir siempre libre. Ya,
ya sé lo que estás pensando: que me curo en salud, porque después de lo
que me ha pasado con este hombre, y siendo pobre como soy, nadie
querrá cargar conmigo. ¿No es eso, mujer, no es eso?[78]
—¡Ay, no, señorita, no pensaba tal cosa! —replicó la doméstica
prontamente—. Siempre se encuentran unos pantalones para todo,
inclusive para casarse. Yo me casé una vez, y no me pesó; pero no
volveré por agua a la fuente de la Vicaría.[79] Libertad, tiene razón la
señorita; libertad, aunque esta palabra no suena bien en boca de mujeres.
¿Sabe la señorita cómo llaman a las que sacan los pies del plato? Pues las
llaman, por buen nombre, *libres*.[80] De consiguiente, si ha de haber un
poco de reputación, es preciso que haya dos pocos de esclavitud. Si
tuviéramos oficios y carreras las mujeres, como los tienen esos bergantes
de hombres, anda con Dios. Pero, fíjese, sólo tres carreras pueden seguir
las que visten faldas: o casarse, que carrera es, o el teatro..., vamos, ser
cómica, que es buen modo de vivir, o... no quiero nombrar lo otro.
Figúreselo.[81]

—Pues mira tú, de esas tres carreras únicas de la mujer, la primera
me agrada poco; la tercera, menos; la de en medio la seguiría yo si
tuviera facultades; pero me parece que no las tengo... Ya sé, ya sé que es
difícil eso de ser libre... y honrada. ¿Y de qué vive una mujer no
poseyendo rentas? Si nos hicieran médicas, abogadas, siquiera boticarias
o escribanas, ya que no ministras y senadoras, vamos, podríamos... Pero
cosiendo, cosiendo... Calcula las puntadas que hay que dar para
mantener una casa... Cuando pienso lo que será de mí, me dan ganas de
llorar. ¡Ay, pues si yo sirviera para monja, ya estaba pidiendo plaza en
cualquier convento! Pero no valgo, no, para encerronas de toda la vida.[82]
Yo quiero vivir, ver mundo y enterarme de por qué y para qué nos han
traído a esta tierra en que estamos. Yo quiero vivir y ser libre... Di otra
cosa: ¿y no puede una ser pintora y ganarse el pan pintando cuadros
bonitos? Los cuadros valen muy caros. Por uno que sólo tenía unas
montañas allá lejos, con cuatro árboles secos más acá, y en primer
término un charco y dos patitos, dio mi papá mil pesetas.[83] Conque ya
ves. ¿Y no podría una mujer meterse a escritora y hacer comedias...,
libros de rezo o siquiera fábulas, Señor? Pues a mí me parece que esto es
fácil. Puedes creerme que estas noches últimas, desvelada y no sabiendo
cómo entretener el tiempo, he inventado no sé cuántos dramas de los que
hacen llorar y piezas de las que hacen reír, y novelas de muchísimo
enredo y pasiones tremendas, y qué sé yo. Lo malo es que no sé
escribir..., quiero decir, con buena letra; cometo la mar de faltas de
gramática y hasta de ortografía. Pero ideas, lo que llamamos ideas, creo
que no me faltan.[84]

—¡Ay, señorita —dijo Saturna sonriendo y alzando sus admirables ojos negros de la media que repasaba—, qué engañada vive si piensa que todo eso puede dar de comer a una señora honesta en libertad! Eso es para hombres, y aun ellos..., ¡vaya, lucido pelo echan los que viven de cosas de la leyenda! Echarán plumas, pero lo que es pelo...[85] Pepe Ruiz, el hermano de leche de mi difunto, que es un hombre muy sabido en la materia, como que trabaja en la fundición donde hacen las letras de plomo para imprimir, nos decía que entre los de pluma todo es hambre y necesidad, y que aquí no se gana el pan con el sudor de la frente, sino con el de la lengua; más claro: que sólo sacan tajada los políticos, que se pasan la vida echando discursos. ¿Trabajitos de cabeza?... ¡Quítese usted de ahí! ¿Dramas, cuentos y libros para reírse o llorar? Conversación. Los que los inventaron no sacarían ni para un cocido si no intrigaran con el Gobierno para afanar los destinos. Así anda la *Ministración*.[86]

—Pues yo te digo —con viveza— que hasta para eso del Gobierno y la política me parece a mí que había de servir yo. No te rías. Sé pronunciar discursos. Es cosa muy fácil. Con leer un poquitín de las sesiones de Cortes, en seguida te enjareto lo bastante para llenar medio periódico.[87]

—¡Vaya por Dios! Para eso hay que ser hombre, señorita. La maldita enagua estorba para eso, como para montar a caballo. Decía mi difunto que si él no hubiera sido tan corto de genio, habría llegado a donde llegan pocos, porque se le ocurrían cosas tan gitanas como las que le echan a usted Castelar[88] y Cánovas en las Cortes, cosas de salvar al país verdaderamente; pero el hijo de Dios, siempre que quería desbocarse en el Círculo de Artesanos, o en los *metingues* de los *compañeros*, se sentía un tenazón en el gaznate[89] y no acertaba con la palabra primera, que es la más difícil...; vamos, que no rompía. Claro, no rompiendo, no podía ser orador ni político.

—¡Ay, qué tonto!, pues yo rompería, vaya si rompería —con desaliento—. Es que vivimos sin movimiento, atadas con mil ligaduras... También se me ocurre que yo podría estudiar lenguas. No sé más que las raspaduras de francés que me enseñaron en el colegio, y ya las voy olvidando. ¡Qué gusto hablar inglés, alemán, italiano! Me parece a mí que si me pusiera, lo aprendería pronto. Me noto..., no sé cómo decírtelo...; me noto como si supiera ya un poquitín antes de saberlo, como si en otra vida hubiera sido yo inglesa o alemana y me quedara un dejo...

—Pues eso de las lenguas —afirmó Saturna mirando a la señorita con maternal solicitud— sí que le convenía aprenderlo, porque la que da lecciones lo gana, y además es un gusto poder entender todo lo que parlan los extranjeros. Bien podría el amo ponerle un buen profesor.[90]

—No me nombres a tu amo. No espero nada de él —meditabunda, mirando la luz—. No sé, no sé cuándo ni cómo concluirá esto; pero de alguna manera ha de concluir.

La señorita calló, sumergiéndose en una cavilación sombría. Acosada por la idea de abandonar la morada de don Lope, oyó en su mente el hondo tumulto de Madrid, vio la polvareda de luces que a lo lejos resplandecía y se sintió embelesada por el sentimiento de su independencia. Volviendo de aquella meditación como de un letargo, suspiró fuerte. ¡Cuán sola estaría en el mundo fuera de la casa de su pobre y caduco galán! No tenía parientes, y las dos únicas personas a quienes tal nombre pudiera dar hallábanse muy lejos: su tío materno don Fernando, en Filipinas; el primo Cuesta, en Mallorca, y ninguno de los dos había mostrado nunca malditas ganas de ampararla. Recordó también (y a todas éstas Saturna la observaba con ojos compasivos) que las familias que tuvieron visiteo y amistad con su madre la miraban ya con prevención y despego, efecto de la endiablada sombra de don Lope. Contra esto, no obstante, hallaba Tristana en su orgullo defensa eficaz, y despreciando a quien la ofendía, se daba una de esas satisfacciones ardientes que fortifican por el momento como el alcohol, aunque a la larga destruyan.[91]

—¡Dale! No piense cosas tristes —le dijo Saturna, pasándose la mano por delante de los ojos, como si ahuyentara una mosca.

6

—Pues ¿en qué quieres que piense? ¿En cosas alegres? Dime dónde están, dímelo pronto.

Para amenizar la conversación, Saturna echaba mano prontamente de cualquier asunto jovial, sacando a relucir anécdotas y chismes de la gárrula sociedad que las rodeaba. Algunas noches se entretenían en poner en solfa a don Lope, el cual, al verse en tan gran decadencia, desmintió los hábitos espléndidos de toda su vida, volviéndose algo roñoso. Apremiado por la creciente penuria, regateaba los míseros gastos de la casa, educándose, ¡a buenas horas!, en la administración doméstica, tan disconforme con su caballería. Minucioso y cominero, intervenía en cosas que antes estimaba impropias de su decoro señoril, y gastaba un genio y unos refunfuños que le desfiguraban más que los hondos surcos de la cara y el blanquear del cabello. Pues de estas miserias, de estas prosas trasnochadas de la vida del Don Juan caído, sacaban las dos hembras materia para reírse y pasar el rato. Lo gracioso del caso era que, como don Lope ignoraba en absoluto la economía doméstica, mientras más se las echaba de financiero y de buen mayordomo, más fácilmente le engañaba Saturna, consumada maestra en sisas y otras artimañas de cocinera y compradora.[92] Con Tristana fue siempre el caballero todo lo generoso que su pobreza cada vez mayor le permitía. Iniciada con tristísimos caracteres la escasez, en el costoso renglón de ropa fue donde primero se sintió el doloroso recorte de las economías; pero don Lope sacrificó su presunción a la de su esclava, sacrificio no flojo en hombre tan devoto admirador de sí mismo. Llegó día en que la escasez mostró toda la fealdad seca de su cara de muerte, y ambos quedaron iguales en lo anticuado y raído de la ropa. La pobre niña se quemaba las cejas, haciendo con sus trapitos, ayudada de Saturna, mil refundiciones que eran un primor de habilidad y paciencia. En los fugaces tiempos que bien podríamos llamar felices o dorados, Garrido la llevaba al teatro alguna vez; mas la necesidad, con su cara de hereje, decretó al fin la absoluta supresión de todo espectáculo público. Los horizontes de la vida se cerraban y ennegrecían cada día más delante de la señorita de Reluz, y aquel hogar desapacible, frío de afectos, pobre, vacío en absoluto de ocupaciones gratas, le abrumaba el espíritu.[93] Porque la casa, en la cual lucían restos de instalaciones que fueron lujosas, se iba poniendo de lo más feo y triste que es posible imaginar; todo anunciaba penuria y decaimiento; nada de lo roto o deteriorado se componía ni se reparaba. En la salita desconcertada y glacial sólo quedaba, entre trastos feísimos, un bargueño[94] estropeado por las mudanzas, en el cual tenía don Lope su archivo galante. En las paredes veíanse los clavos de donde pendieron las panoplias.[95] En el gabinete observábase hacinamiento de cosas que debieron de tener hueco en local más grande, y en el comedor no había más mueble que la mesa y unas sillas cojas con el cuero desgarrado y sucio. La cama de don Lope, de madera con columnas y pabellón airoso, imponía por su corpulencia monumental; pero las cortinas de damasco azul no podían ya con más desgarrones. El cuarto de Tristana, inmediato al de su dueño, era lo menos marcado por el sello del desastre, gracias al exquisito esmero con que ella defendía su ajuar de la descomposición y de la miseria.[96]

Y si la casa declaraba, con el expresivo lenguaje de las cosas, la irremediable decadencia de la caballería sedentaria, la persona del galán iba siendo rápidamente imagen lastimosa de lo fugaz y vano de las glorias humanas. El desaliento, la tristeza de su ruina, debían de influir no poco en el *bajón* del menesteroso caballero, ahondando las arrugas de sus sienes más que los años y más que el ajetreo que desde los veinte se traía. Su cabello, que a los cuarenta empezó a blanquear, se había conservado espeso y fuerte; pero ya se le caían mechones que él habría repuesto en su sitio si hubiera alguna alquimia que lo consintiese. La dentadura se le conservaba bien en la parte más visible; pero sus hasta entonces admirables muelas empezaban a insubordinarse, negándose a masticar bien, o rompiéndosele en pedazos, cual si unas a otras se mordieran. El rostro de soldado de Flandes iba perdiendo sus líneas severas y el cuerpo no podía conservar su esbeltez de antaño sin el auxilio de un férrea voluntad. Dentro de casa la voluntad se rendía, reservando sus esfuerzos para la calle, paseos y casino.[97]

Comúnmente, si al entrar de noche encontraba despiertas a las dos mujeres, echaba un parrafito con ellas, corto con Saturna, a quien mandaba que se acostara; largo con Tristana. Pero llegó un tiempo en que casi siempre entraba silencioso y de mal talante, y se metía en su cuarto, donde la cautiva infeliz tenía que oír y soportar sus clamores por la tos persistente, por el dolor reumático o la sofocación del pecho. Renegaba don Lope y ponía el grito en el cielo, cual si creyese que Naturaleza no tenía ningún derecho a hacerle padecer, o si se considerara mortal predilecto, relevado de las miserias que afligen a la Humanidad. Y para colmo de desdichas, veíase precisado a dormir con la cabeza envuelta en un feo pañuelo, y su alcoba apestaba de los menjunjes que usar solía para el reuma o el romadizo.

Pero estas menudencias, que herían a don Lope en lo más vivo de su presunción, no afectaban a Tristana tanto como las fastidiosas mañas[98] que iba sacando el pobre señor, pues al derrumbarse tan lastimosamente en lo físico y en lo moral, dio en la flor de tener celos. El que jamás concedió a ningún nacido los honores de la rivalidad, al sentir en sí la vejez del león se llenaba de inquietudes y veía salteadores y enemigos en su propia sombra. Reconociéndose caduco, el egoísmo le devoraba, como una lepra senil, y la idea de que la pobre joven le comparase, aunque sólo mentalmente, con soñados ejemplares de belleza y juventud, le acibaraba la vida. Su buen juicio, la verdad sea dicha, no le abandonaba enteramente, y en sus ratos lúcidos, que por lo común eran por la mañana, reconocía toda la importunidad y sinrazón de su proceder y procuraba adormecer a la cautiva con palabras de cariño y confianza.

Poco duraban estas paces, porque al llegar la noche, cuando el viejo y la niña se quedaban solos, recobraba el primero su egoísmo semítico, sometiéndola a interrogatorios humillantes, y una vez exaltado por aquel suplicio en que le ponía la desproporción alarmante entre su flaccidez enfermiza y la lozanía de Tristana, llegó a decirle:

—Si te sorprendo en algún mal paso, te mato, cree que te mato. Prefiero terminar trágicamente a ser ridículo en mi decadencia. Encomiéndate a Dios antes de faltarme. Porque yo lo sé, lo sé; para mí no hay secretos; poseo un saber infinito de estas cosas y una experiencia y un olfato..., que no es posible pegármela, no, no es posible.[99]

7

Algo se asustaba Tristana, sin llegar a sentir terror ni a creer al pie de la letra en las fieras amenazas de su dueño, cuyos alardes de olfato y adivinación estimaba como ardid para dominarla. La tranquilidad de su conciencia dábale valor contra el tirano, y ni aun se cuidaba de obedecerle en sus infinitas prohibiciones.[100] Aunque le había ordenado no salir de paseo con Saturna, se escabullía casi todas las tardes; pero no iban a Madrid, sino hacia Cuatro Caminos, al Partidor, al Canalillo o hacia las alturas que dominan el Hipódromo;[101] paseo de campo, con meriendas las más de las veces y esparcimiento saludable. Eran los únicos ratos de su vida en que la pobre esclava podía dar de lado a su tristeza, y gozaba de ellos con abandono pueril, permitiéndose correr y saltar y jugar a las cuatro esquinas[102] con la chica del tabernero, que solía acompañarla, o alguna otra amiguita del vecindario. Los domingos, el paseo era de muy distinto carácter. Saturna tenía a su hijo en el Hospicio,[103] y, según costumbre de todas las madres que se hallan en igual caso, salía a encontrarle en el paseo.

Comúnmente, al llegar la caterva de chiquillos a un lugar convenido en las calles nuevas de Chamberí, les dan el rompan filas y se ponen a jugar. Allí los aguardan ya las madres, abuelas o tías (del que las tiene), con el pañolito de naranjas, cacahuetes, avellanas, bollos o mendrugos de pan. Algunos corretean y brincan jugando a la toña;[104] otros se pegan a los grupos de mujeres. Los hay que piden cuartos al transeúnte, y casi todos rodean a las vendedoras de caramelos largos, avellanas y piñones. Mucho gustaban a Tristana tales escenas, y ningún domingo, como hiciera buen tiempo, dejaba de compartir con su sirvienta la grata ocupación de obsequiar al hospicianillo, el cual se llamaba Saturno, como su madre, y era rechoncho, patizambo, con unos mofletes encendidos y carnosos que venían a ser como certificación viva del buen régimen del establecimiento provincial.[105] La ropa de paño burdo no le consentía ser muy elegante en sus movimientos, y la gorra con galón no ajustaba bien a su cabezota, de cabello duro y cerdoso como los pelos de un cepillo. Su madre y Tristana le encontraban muy salado; pero hay que confesar que de salado no tenía ni pizca; era, sí, dócil, noblote y aplicadillo, con aficiones a la tauromaquia callejera. La señorita le obsequiaba siempre con alguna naranja, y le llevaba además una perra chica para que comprase cualquier chuchería de su agrado; y por más que su madre le incitaba al ahorro, sugiriéndole la idea de ir guardando todo el numerario que obtuviera, jamás pudo conseguir poner diques a su despilfarro,[106] y cuarto adquirido era cuarto lanzado a la circulación. Así prosperaba el comercio de molinitos de papel, de banderillas para torear y de torrados y bellotas.

Tras importunas lluvias trajo el año aquel una apacible quincena de octubre, con sol picón, cielo despejado, aire quieto; y aunque por las mañanas amanecía Madrid enfundado de nieblas y por las noches la radiación enfriaba considerablemente el suelo, las tardes, de dos a cinco, eran deliciosas. Los domingos no quedaba bicho viviente en casa, y todas las vías de Chamberí, los altos de Maudes, las avenidas del Hipódromo y los cerros de Amaniel hormigueaban de gente.[107] Por la carretera no cesaba el presuroso desfile hacia los merenderos de Tetuán. Un domingo de aquel hermoso octubre, Saturna y Tristana fueron a esperar a los hospicianos en la calle de Ríos Rosas, que enlaza los altos de Santa Engracia con la Castellana, y en aquella hermosa vía, bien soleada, ancha y recta, que domina un alegre y extenso campo, fue soltada la doble cuerda de presos. Unos se pegaron a las madres, que los habían venido siguiendo desde lejos; otros armaron al instante la indispensable corrida de novillos de puntas, con presidencia, chiquero, apartado, callejones, barrera, música del Hospicio y demás perfiles.[108] A la sazón pasaron por allí, viniendo de la Castellana, los sordomudos,[109] en grupos de mudo y ciego, con sus gabanes azules y galonada gorra. En cada pareja, los ojos del mudo valían al ciego para poder andar sin tropezones; se entendían por el tacto con tan endiabladas garatusas, que causaba maravilla verlos hablar. Gracias a la precisión de aquel lenguaje enteráronse pronto los ciegos de que allí estaban los hospicianos, mientras los muditos, todo ojos, se deshacían por echar un par de *verónicas*.[110] ¡Como que para eso maldita falta les hacía el don de la palabra! En alguna pareja de sordos, las garatusas eran un movimiento o vibración rapidísima, tan ágil y flexible como la humana voz. Contrastaban las caras picarescas de los mudos, en cuyos ojos resplandecía todo el verbo humano, con las caras aburridas, muertas, de los ciegos, picoteadas atrozmente de viruelas, vacíos los ojos, y cerrados entre cerdosas pestañas, o abiertos, aunque insensibles a la luz, con pupila de cuajado vidrio.

Detuviéronse allí, y por un momento reinó la fraternidad entre unos y otros. Gestos, muecas, cucamonas mil. Los ciegos, no pudiendo tomar parte en ningún juego, se apartaban desconsolados. Algunos se permitían sonreír como si vieran, llegando al conocimiento de las cosas por el velocísimo teclear de los dedos. Tal compasión inspiraban a Tristana aquellos infelices, que casi casi le hacía daño mirarlos. ¡Cuidado que no ver! No acababan de ser personas: faltábales la facultad de enterarse y ¡qué trabajo tener que enterarse de todo pensándolo![111]

Apartóse Saturno de su mamá para unirse a una partida que, apostada en sitio conveniente, desvalijaba a los transeúntes, no de dinero, sino de cerillas. «El fósforo o la vida», era la consigna, y con tal saqueo reunían los muchachos materia bastante para sus ejercicios pirotécnicos o para encender las hogueras de la Inquisición.[112] Fue Tristana en su busca; antes de aproximarse a los incendiarios vio a un hombre que hablaba con el profesor de los sordomudos, y al cruzarse su mirada con la de aquel sujeto, pues en ambos el verse y el mirarse fueron una acción sola, sintió una sacudida interna, como suspensión instantánea del correr de la sangre.[113]

¿Qué hombre era aquél? Habíale visto antes, sin duda; no recordaba cuándo ni dónde, allí o en otra parte; pero aquélla fue la primera vez que al verle sintió sorpresa hondísima, mezclada de turbación, alegría y miedo. Volviéndole la espalda, habló con Saturno para convencerle del peligro de jugar con fuego,[114] y oía la voz del desconocido hablando con picante viveza de cosas que ella no pudo entender. Al mirarle de nuevo, encontró los ojos de él que la buscaban. Sintió vergüenza y se apartó de allí, no sin determinarse a lanzar desde lejos otra miradita, deseando examinar con ojos de mujer al hombre que tan sin motivo absorbía su atención, ver si era rubio o moreno, si vestía con gracia, si tenía aires de persona principal, pues de nada de esto se había enterado aún. El tal se alejaba: era joven, de buena estatura; vestía como persona elegante que no está de humor de vestirse; en la cabeza un livianillo,[115] chafado sin afectación, arrastrando, mal cogido con la mano derecha, un gabán de verano de mucho uso. Lo llevaba como quien no estima en nada las prendas de vestir. El traje era gris, la corbata de lazada hecha a mano con descuido. Todo esto lo observó en un decir Jesús, y la verdad, el caballero aquel, o lo que fuese, *le resultaba* simpático..., muy moreno, con barba corta... Creyó al pronto que llevaba quevedos; pero, no; nada de ojos sobrepuestos; sólo los naturales, que... Tristana no pudo, por la mucha distancia, apreciar cómo eran.

Desapareció el individuo, persistiendo su imagen en el pensamiento de la esclava de don Lope, y al día siguiente, ésta, de paseo con Saturna, le volvió a ver. Iba con el mismo traje; pero llevaba puesto el gabán, y al cuello un pañuelo blanco, porque soplaba un fresco picante. Miróle con descaro inocente, regocijada de verle, y él la miraba también, parándose a discreta distancia. «Parece que quiere hablarme —pensaba la joven—. Y, verdaderamente, no sé por qué no me dice lo que tiene que decirme.» Reíase Saturna de aquel flecheo[116] insípido, y la señorita, poniéndose colorada, hacía como que se burlaba también. Por la noche no tuvo sosiego, y sin atreverse a comunicar a Saturna lo que sentía, se declaraba a sí propia las cosas más graves. «¡Cómo me gusta ese hombre! No sé qué daría por que se atreviera... No sé quién es, y pienso en él noche y día. ¿Qué es esto? ¿Estoy yo loca? ¿Significa esto la desesperación de la prisionera que descubre un agujerito por donde escaparse? Yo no sé lo que es esto; sólo sé que necesito que me hable, aunque sea por telégrafos, como los sordomudos, o que me escriba. No me espanta la idea de

escribirle yo, o de decirle que sí antes que él me pregunte... ¡Qué
desvarío! Pero ¿quién será? Podría ser un pillo, un... No, bien se ve que
es una persona que no se parece a las demás personas. Es solo, único...,
bien claro está. No hay otro. ¡Y encontrar yo el único, y ver que este
único tiene más miedo que yo y no se atreve a decirme que soy su única!
No, no, yo le hablo, le hablo..., me acerco, le pregunto qué hora es,
cualquier cosa..., o le digo, como los hospicianos, que me haga el favor
de una cerillita... ¡Vaya un disparate! ¡Qué pensaría de mí! Tendríame
por una mujer casquivana. No, no, él es el que debe romper...»[117]

A la tarde siguiente, ya casi de noche, viniendo señorita y criada en el
tranvía descubierto, ¡él también! Le vieron subir en la glorieta de
Quevedo;[118] pero como había bastante gente, tuvo que quedarse en pie
en la plataforma delantera. Tristana sentía tal sofocación en su pecho,
que a ratos érale forzoso ponerse en pie para respirar. Un peso enorme
gravitaba sobre sus pulmones, y la idea de que, al bajar del coche, el
desconocido se decidiría a romper el silencio la llenaba de turbación y
ansiedad. ¿Y qué le iba a contestar ella? Pues, señor, no tendría más
remedio que manifestarse muy sorprendida, rechazar, alarmarse,
ofenderse y decir que no y qué sé yo... Esto era lo bonito y decente.
Bajaron, y el caballero incógnito las siguió a honestísima distancia. No
se atrevía la esclava de don Lope a volver la cabeza, pero Saturna se
encargaba de mirar por las dos. Deteníanse con pretextos rebuscados;
retrocedían como para ver el escaparate de una tienda..., y nada. El
galán..., mudo como un cartujo. Las dos mujeres, en su desordenado
andar, tropezaron con unos chicos que jugaban en la acera, y uno de ellos
cayó al suelo chillando, mientras los otros corrían hacia las puertas de las
casas alborotando como demonios. Confusión, tumulto infantil, madres
que acuden airadas... Tantas manos quisieron levantar al muchacho
caído, que se cayó otro, y el barullo aumentó.

Como en esto observara Saturna que su señorita y el galán
desconocido no distaban un palmo el uno del otro, se apartó
solapadamente. «Gracias a Dios —pensó, atisbándolos de lejos—; ya
pica: hablando están.» ¿Qué dijo a Tristana el sujeto aquel? No se sabe.
Sólo consta que Tristana le contestó a todo que sí, ¡sí, sí!, cada vez más
alto, como persona que, avasallada por un sentimiento más fuerte que su
voluntad, pierde en absoluto el sentido de las conveniencias. Fue su
situación semejante a la del que se está ahogando y ve un madero y a él
se agarra, creyendo encontrar en él su salvación... Es absurdo pedir al
náufrago que adopte posturas decorosas al asirse a la tabla. Voces hondas
del instinto de salvación eran las breves y categóricas respuestas de la
niña de don Lope, aquel *sí* pronunciado tres veces con creciente
intensidad de tono, grito de socorro de un alma desesperada... Corta y de

provecho fue la escenita. Cuando Tristana volvió al lado de Saturna, se
llevó una mano a la sien, y temblando le dijo:

—Pero ¡si estoy loca!... Ahora comprendo mi desvarío. No he tenido
tacto, ni malicia, ni dignidad. Me he vendido, Saturna... ¡Qué pensará de
mí! Sin saber lo que hacía..., arrastrada por un vértigo..., a todo cuanto
me dijo le contesté que sí..., pero cómo..., ¡ay!, no sabes..., vaciando mi
alma por los ojos. Los suyos me quemaban. ¡Y yo que creía saber algo de
estas hipocresías que tanto convienen a una mujer! Si me creerá tonta...,
si pensará que no tengo vergüenza... Es que yo no podía disimular ni
hacer papeles de señorita tímida. La verdad se me sale a los labios y el
sentimiento se me desborda..., quiero ahogarlo y me ahoga. ¿Es esto estar
enamorada? Sólo sé que le quiero con toda mi alma, y así se lo he dado a
entender; ¡qué afrenta!, le quiero sin conocerle, sin saber ni quién es ni
cómo se llama. Yo entiendo que los amores no deben empezar así..., al
menos no es eso lo corriente, sino que vayan por grados, entre *síes y noes*
muy habilidosos, con cuquería... Pero yo no puedo ser así, y entrego el
alma cuando ella me dice que quiere entregarse... Saturna, ¿qué crees?
¿Me tendrá por mujer mala? Aconséjame, dirígeme. Yo no sé de estas
cosas... Espera, escucha: mañana, cuando vuelvas de la compra, le
encontrarás en esa esquina donde nos hablamos, y te dará una cartita
para mí. Por lo que más quieras, por la salud de tu hijo querido, Saturna,
no te niegues a hacerme este favor, que te agradeceré toda mi vida.
Tráeme, por Dios, el papelito, tráemelo, si no quieres que me muera
mañana.[119]

8

«Te quise desde que nací...» Esto decía la primera carta..., no, no, la
segunda, que fue precedida de una breve entrevista en la calle, debajito
de un farol, entrevista intervenida con hipócrita severidad por Saturna, y
en la cual los amantes se tutearon sin acuerdo previo, como si no
existiesen, ni existir pudieran, otras formas de tratamiento. Asombrábase
ella del engaño de sus ojos en las primeras apreciaciones de la persona
del desconocido. Cuando se fijó en él, la tarde aquella de los
sordomudos, túvole por un señor, sí, como de treinta o más años. ¡Qué
tonta! ¡Si era un muchacho!... Y su edad no pasaría seguramente de los
veinticinco, sólo que tenía un cierto aire reflexivo y melancólico, más
propio de la edad madura que de la juventud. Ya no dudaba que sus ojos
eran como centellas, su color moreno caldeado de sol, su voz como
blanda música que Tristana no había oído hasta entonces y que más le
halagaba los senos del cerebro después de escuchada. «Te estoy
queriendo, te estoy buscando desde antes de nacer —decía la tercera
carta de ella, empapada de un espiritualismo delirante—.[120] No formes

mala idea de mí si me presento a ti sin ningún velo, pues el del falso decoro con que el mundo ordena que se encapuchen nuestros sentimientos se me deshizo entre las manos cuando quise ponérmelo. Quiéreme como soy; y si llegara a entender que mi sinceridad te parecía desenfado o falta de vergüenza, no vacilaría en quitarme la vida.»

Y él a ella: «El día en que te descubrí fue el último de un largo destierro.»

Ella: «Si algún día encuentras en mí algo que te desagrade, hazme la caridad de ocultarme tu hallazgo. Eres bueno, y si por cualquier motivo dejas de quererme o de estimarme, me engañarás, ¿verdad?, haciéndome creer que soy la misma para ti. Antes de dejar de amarme, dame la muerte mil veces.»[121]

Y después de escribir estas cosas, no se venía el mundo abajo. Al contrario, todo seguía lo mismo en la tierra y en el cielo. Pero ¿quién era él, quién? Horacio Díaz, hijo de español y de austríaca, del país que llaman *Italia irredenta;* nacido en el mar, navegando los padres desde Fiume a la Argelia; criado en Orán hasta los cinco años, en Savannah (Estados Unidos) hasta los nueve, en Shanghai (China) hasta los doce; cuneado por las olas del mar, transportado de un mundo a otro, víctima inocente de la errante y siempre expatriada existencia de un padre cónsul. Con tantas idas y venidas, y el fatigoso pasear por el globo, y la influencia de aquellos endiablados climas, perdió a su madre a los doce años, y a su padre a los trece, yendo a parar después a poder de su abuelo paterno, con quien vivió quince años en Alicante, padeciendo bajo su férreo despotismo más que los infelices galeotes que movían a fuerza de remos las pesadas naves antiguas.[122]

Para más noticias, óiganse las que atropelladamente vomitó la boca de Saturna, más bien secreteadas que dichas:

—Señorita..., ¡qué cosas! Voy a buscarle, pues quedamos en ello, al número 5 de la calle esa de más abajo... y apechugo tan terne con la dichosa escalerita. Me había dicho que a lo último, a lo último, y yo, mientras veía escalones por delante, para arriba siempre. ¡Qué risa! Casa nueva; dentro, un patio de cuartos domingueros,[123] pisos y más pisos, y al fin... Es aquello como un palomar, vecinito de los pararrayos y con vistas a las mismas nubes. Yo creí que no llegaba. Por fin, echando los pulmones, allí me tiene usted. Figúrese un cuarto muy grande, con un ventanón por donde se cuela toda la luz del cielo, las paredes de colorado, y en ellas cuadros, bastidores de lienzo, cabezas sin cuerpo, cuerpos descabezados, talles de mujer con pechos inclusive, hombres peludos, brazos sin personas y fisonomías sin orejas, todo con el mismísimo color de nuestra carne. Créame, tanta cosa desnuda le da a una vergüenza... Divanes, sillas que parecen antiguas, figuras de yeso con los ojos sin niña, manos y pies descalzos..., de yeso también... Un caballete grande, otro más chico, y sobre las sillas o clavadas en la pared, pinturas cortas, enteras o partidas, vamos a decir, sin acabar, algunas con su cielito azul, tan al vivo como el cielo de verdad, y después un pedazo de árbol, un pretil..., tiestos; en otra, naranjas y unos melocotones..., pero muy ricos... En fin, para no cansar, telas preciosas y una vestidura de ferretería,[124] de las que se ponían los guerreros de antes. ¡Qué risa! Y él allí, con la carta ya escrita. Como soy tan curiosa, quise saber si vivía en aquel aposento tan ventilado, y me dijo que no y que sí, pues... Duerme en casa de una tía suya, allá por Monteleón; pero todo el día se lo pasa acá, y come en uno de los merenderos de junto al Depósito.

—Es pintor; ya lo sé —dijo Tristana, sofocada de puro dichosa—. Eso que has visto es su estudio, boba. ¡Ay, qué rebonito será![125]

Además de cartearse a diario con verdadero ensañamiento, se veían todas las tardes. Tristana salía con Saturna, y él las aguardaba un poco más acá de Cuatro Caminos. La criada los dejaba partir solos, con bastante pachorra y discreción bastante para esperarlos todo el tiempo que emplearan ellos en divagar por las verdes márgenes de la acequia del Oeste o por los cerros áridos de Amaniel, costeando el canal del Lozoya.[126] El iba de capa, ella de velito y abrigo corto, de bracete, olvidados del mundo y de sus fatigas y vanidades, viviendo el uno para el otro y ambos para un yo doble, soñando paso a paso o sentaditos en extático grupo. De lo presente hablaban mucho; pero la autobiografía se infiltraba sin saber cómo en sus charlas dulces y confiadas, todas amor, idealismo y arrullo, con alguna queja mimosa o petición formulada de pico a pico por el egoísmo insaciable, que exige promesas de querer más, más, y a su vez ofrece increíbles aumentos de amor, sin ver el límite de las cosas humanas.

En las referencias biográficas era más hablador Horacio que la niña de don Lope. Esta, con muchísimas ganas de lucir su sinceridad, sentíase amordazada por el temor a ciertos puntos negros. El, en cambio, ardía en deseos de contar su vida, la más desgraciada y penosa juventud que cabe imaginar, y por lo mismo que ya era feliz gozaba en revolver aquel fondo de tristeza y martirio. Al perder a sus padres fue recogido por su abuelo paterno, bajo cuyo poder tiránico padeció y gimió los años que median entre la adolescencia y la edad viril. ¡Juventud! Casi casi no sabía él lo que esto significaba. Goces inocentes, travesuras, la frívola inquietud con que el niño ensaya los actos del hombre, todo esto era letra muerta para él. No ha existido fiera que a su abuelo pudiese compararse, ni cárcel más horrenda que aquella pestífera y sucia droguería en que encerrado le tuvo como unos quince años, contrariando con terquedad indocta su innata afición a la pintura, poniéndole los grillos odiosos del cálculo aritmético y metiéndole en el magín, a guisa de tapones para contener las ideas, mil trabajos antipáticos de cuentas, facturas y demonios coronados.[127] Hombre de temple semejante al de los más crueles tiranos de la antigüedad o del moderno Imperio turco, su abuelo había sido y era el terror de toda la familia. A disgustos mató a su mujer, y los hijos varones se expatriaron por no sufrirle. Dos de las hijas se dejaron robar,[128] y las otras se casaron de mala manera por perder de vista la casa paterna.

Pues, señor, aquel tigre cogió al pobre Horacito a los trece años, y como medida preventiva le ataba las piernas a las patas de la mesa-escritorio, para que no saliese a la tienda ni se apartara del trabajo fastidioso que le imponía. Y como le sorprendiera dibujando monigotes con la pluma, los coscorrones[129] no tenían fin. A todo trance anhelaba despertar en su nietecillo la afición al comercio, pues todo aquello de la pintura y el arte y los pinceles no era más, a su juicio, que una manera muy tonta de morirse de hambre. Compañero de Horacio en estos trabajos y martirios era un dependiente de la casa, viejo, más calvo que una vejiga de manteca,[130] el cual, a la calladita, por no atreverse a contrariar al amo, de quien era como un perro fiel, dispensaba cariñosa protección al pequeñuelo, tapándole las faltas y buscando pretextos para llevarle consigo a recados y comisiones, a fin de que estirase las piernas y esparciese el ánimo. El chico era dócil y de muy endebles recursos contra el despotismo. Resignábase a sufrir hasta lo indecible antes que poner a su tirano en el disparadero, y el demonio del hombre se disparaba por la cosa más insignificante. Sometióse la víctima, y ya no le amarraron los pies a la mesa y pudo moverse con cierta libertad en aquel tugurio antipático, pestilente y oscuro, donde había que encender el mechero de gas a las cuatro de la tarde.[131] Adaptábase poco a poco a tan horrible molde, renunciando a ser niño, envejeciéndose a los quince años, remedando involuntariamente la actitud sufrida y los gestos mecánicos de Hermógenes, el amarillo y calvo dependiente, que, por carecer de personalidad, hasta de edad carecía. No era joven ni tampoco viejo.

En aquella espantosa vida, *pasándose*[132] de cuerpo y alma, como las uvas puestas al sol, conservaba Horacio el fuego interior, la pasión artística, y cuando su abuelo le permitió algunas horas de libertad los domingos y le concedió el fuero de persona humana, dándole un real para sus esparcimientos, ¿qué hacía el chico? Procurarse papel y lápices y dibujar cuanto veía. Suplicio grande fue para él que habiendo en la tienda tanta pintura en tubos, pinceles, paletas y todo el material de aquel arte que adoraba, no le fuera permitido utilizarlo. Esperaba y esperaba siempre mejores tiempos, viendo rodar los monótonos días, iguales siempre a sí mismos, como iguales son los granos de arena de una clepsidra.[133] Sostúvole la fe en su destino, y gracias a ella soportaba tan miserable y ruin existencia.[134]

El feroz abuelo era también avaro, de la escuela del licenciado Cabra,[135] y daba de comer a su nieto y a Hermógenes lo preciso absolutamente para vivir, sin refinamientos de cocina, que, a su parecer, sólo servían para ensuciar el estómago. No le permitía juntarse con otros chicos, pues las compañías, aunque no sean enteramente malas, sólo sirven hoy para perderse: están los muchachos tan comidos de vicios como los hombres. ¡Mujeres!... Este ramo del vivir era el que en mayores cuidados al tirano ponía, y de seguro, si llega a sorprender a su nieto en alguna debilidad de amor, aunque de las más inocentes, le rompe el espinazo. No consentía, en suma, que el chico tuviese voluntad, pues la voluntad de los demás le estorbaba a él como sus propios achaques físicos, y al sorprender en alguien síntomas de carácter, padecía como si le doliesen las muelas. Quería que Horacio fuera droguista, que cobrase afición al *género*, a la contabilidad escrupulosa, a la rectitud comercial, al manejo de la tienda; deseaba hacer de él un hombre y enriquecerle; se encargaría de casarle oportunamente, esto es, de proporcionarle una madre para los hijos que debía tener; de labrarle un hogar modesto y ordenado, de reglamentar su existencia hasta la vejez, y la existencia de sus sucesores.[136] Para llegar a este fin, que don Felipe Díaz conceptuaba tan noble como el fin sin fin de salvar el alma, lo primerito era que Horacio se curase de aquella estúpida chiquillada de querer representar los objetos por medio de una pasta que se aplica sobre tabla o tela. ¡Vaya una tontería! ¡Querer reproducir la Naturaleza cuando tenemos ahí la Naturaleza misma delante de los ojos! ¿A quién se le ocurre tal disparate? ¿Qué es un cuadro? Una mentira, como las comedias, una función muda,[137] y por muy bien pintado que un cielo esté, nunca se puede comparar con el cielo mismo. Los artistas eran, según él, unos majaderos, locos y falsificadores de las cosas, y su única utilidad consistía en el gasto que hacían en las tiendas comprando los enseres del oficio. Eran, además, viles usurpadores de la facultad divina, e insultaban a Dios queriendo remedarle, creando fantasmas o figuraciones de cosas, que sólo la acción divina puede y sabe crear, y por tal crimen, el lugar más calentito de los infiernos debía ser para ellos. Igualmente despreciaba don Felipe a los cómicos y a los poetas; como que se preciaba de no haber leído jamás un verso, ni visto una función de teatro; y hacía gala también de no haber viajado nunca, ni en ferrocarril, ni en diligencia, ni en carromato; de no haberse ausentado de su tienda más que para ir a misa o para evacuar algún asunto urgente.

Pues bien: todo su empeño era reacuñar a su nieto con este durísimo troquel,[138] y cuando el chico creció y fue hombre, crecieron en el viejo las ganas de estampar en él sus hábitos y sus rancias manías. Porque debe decirse que le amaba, sí, ¿a qué negarlo?; le había tomado cariño, un cariño extravagante, como todos sus afectos y su manera de ser. La voluntad de Horacio, en tanto, fuera de la siempre viva vocación de la pintura, había llegado a ponerse lacia por la falta de uso. Ultimamente, a escondidas del abuelo, en un cuartucho alto de la casa, que éste le permitió disfrutar, pintaba, y hay algún indicio de que lo sospechaba el feroz viejo y hacía la vista gorda. Fue la primera debilidad de su vida, precursora quizá de acontecimientos graves. Algún cataclismo tenía que sobrevenir, y así fue, en efecto: una mañana, hallándose don Felipe en su escritorio revisando unas facturas inglesas de clorato de potasa y de sulfato de cinc, inclinó la cabeza sobre el papel y quedó muerto sin exhalar un ¡ay! El día antes había cumplido noventa años.[139]

9

Todo esto, y otras cosas que irán saliendo, se lo contaba Horacio a su damita, y ésta lo escuchaba con deleite, confirmándose en la creencia de que el hombre que le había deparado el Cielo era una excepción entre todos los mortales, y su vida lo más peregrino y anómalo que en clase de vidas de jóvenes se pudiera encontrar; como que casi parecía vida de un santo, digna de un huequecito en el martirologio.[140]

—Cogióme aquel suceso —prosiguió Díaz— a los veintiocho años, con hábitos de viejo y de niño, pues por un lado la terrible disciplina de mi abuelo había conservado en mí una inocencia y desconocimiento del mundo impropios de mi edad, y por otro poseía virtudes propiamente seniles, inapetencias de lo que apenas conocía, un cansancio, un tedio que me hicieron tener por hombre entumecido y anquilosado para siempre... Pues, señor, debo decirte que mi abuelo dejó un bonito caudal, amasado cuarto a cuarto en aquella tienda asquerosa y maloliente. A mí me tocaba una quinta parte; diéronme una casa muy linda en Villajoyosa, dos finquitas rústicas y la participación correspondiente en la droguería, que continúa con la razón social de Sobrinos de Felipe Díaz. Al verme libre, tardé en reponerme del estupor que mi independencia me produjo; me sentía tan tímido, que al querer dar algunos pasos por el mundo, me caía, hija de mi alma, me caía, como el que no sabe andar por no haber ejercitado en mucho tiempo las piernas.

Mi vocación artística, ya desatada de aquel freno maldito, me salvó, hízome hombre. Sin cuidarme de intervenir el los asuntos de la testamentaría, levanté el vuelo, y del primer tirón me planté en Italia, mi ilusión, mi sueño. Yo había llegado a pensar que Italia no existía, que tanta belleza era mentira, engaño de la mente. Corrí allá, y... ¡qué había de suceder! Era yo como un seminarista sin vocación a quien sueltan por esos mundos después de quince años de forzosa virtud. Ya comprenderás..., el contacto de la vida despertó en mí deseos locos de cobrar todo lo atrasado, de vivir en meses los años que el tiempo me debía, estafándomelos de una manera indigna, con la complicidad de aquel viejo maniático. ¿No me entiendes?... Pues en Venecia me entregué a la disipación, superando con mi conducta a mis propios instintos, pues no era el niño-viejo tan vicioso como aparentaba serlo por desquite, por venganza de su sosería y ridiculez pasadas. Llegué a creer que si no extremaba el libertinaje no era bastante hombre, y me recreaba mirándome en aquel espejo, inmundo si se quiere, pero en el cual me veía mucho más airoso de lo que fui en la trastienda de mi abuelo...[141] Naturalmente, me cansé; claro. En Florencia y Roma el arte me curó de aquel afán diabólico, y como mis pruebas estaban hechas, y ya no me atormentaba la idea de *doctorarme de hombre*, dediquéme al estudio; copiaba, atacando con brío el natural; pero mientras más aprendía, mayor suplicio me causaba la deficiencia de mi educación artística. En el color íbamos bien: lo manejaba fácilmente; pero en el dibujo, cada día más torpe. ¡Cuánto he padecido, y qué vigilias, qué afanes día y noche, buscando la línea, luchando con ella y concluyendo por declararme vencido, para volver en seguida a la espantosa batalla, con brío, con furor...!

¡Qué rabia!... Pero no podía ser de otra manera. Como de niño no cultivé el dibujo, costábame Dios y ayuda encajar un contorno... Te diré que en mis tiempos de esclavitud, al trazar números sin fin en el escritorio de don Felipe, me entretenía en darles la intención de formas humanas. A los sietes les imprimía cierto aire jaquetón, como si rasguease un escorzo de hombre; con los ochos apuntaba un contorno de seno de mujer, y qué sé yo...; los treses me servían para indicar el perfil de mi abuelo, semejante al pico de una tortuga... Pero este ejercicio pueril no bastaba. Faltábame el hábito de ver seriamente la línea y de reproducirla. Trabajé, sudé, renegué..., y por fin, algo aprendí. Un año pasé en Roma entregado en cuerpo y alma al estudio formal, y aunque tuve también allí mis borracheritas del género de las de Venecia, fueron más reposadas, y ya no era yo el zangolotino que llega tarde al festín de la vida, y se come precipitadamente con atrasado apetito los platos servidos ya, para ponerse al nivel de los que a su debido tiempo empezaron.

De Roma me volví a Alicante, donde mis tíos arreglaron la herencia, asignándome la parte que quisieron, sin ninguna desavenencia ni regateo por mi parte, y di mi último adiós a la droguería, transformada y modernizada, para venirme acá, donde tengo una tía que no me la merezco, más buena que los ángeles, viuda sin hijos, y que me quiere como a tal y me cuida y me agasaja. También ella fue víctima del que tiranizó a toda la familia. Como que sólo le pasaba una peseta diaria, y en todas sus cartas le decía que ahorrase... Apenas llegué a Madrid tomé el estudio y me consagré con alma y vida al trabajo. Tengo ambición, deseo el aplauso, la gloria, un nombre. Ser cero, no valer más que el grano que, con otros iguales, forma la multitud, me entristece. Mientras no me convenzan de lo contrario, creeré que me ha caído dentro una parte, quizá no grande, pero parte al fin, de la esencia divina que Dios ha esparcido sobre el montón, caiga donde cayere.

Te diré algo más. Meses antes de descubrirte padecí en este Madrid unas melancolías... Encontrábame otra vez con mis treinta años echados a perros, pues aunque conocía un poco la vida y los placeres de la mocedad, y saboreaba también el goce estético, faltábame el amor, el sentimiento de nuestra fusión en otro ser. Entreguéme a filosofías abstrusas, y en la soledad de mi estudio, bregando con la forma humana, pensaba que el amor no existe más que en la aspiración de obtenerlo. Volví a mis tristezas amargas de adolescente; en sueños veía siluetas, vaguedades tentadoras que me hacían señas, labios que me siseaban. Comprendía entonces las cosas más sutiles; las psicologías más enrevesadas parecíanme tan claras como las cuatro reglas de la Aritmética... Te vi al fin; me saliste al encuentro.[142] Te pregunté si eras tú...; no sé qué te dije. Estaba tan turbado, que debiste de encontrarme ridículo. Pero Dios quiso que supieras ver lo grave y serio a través de lo tonto. Nuestro romanticismo, nuestra exaltación, no nos parecieron absurdos. Nos sorprendimos con hambre atrasada, el hambre espiritual, noble y pura que mueve el mundo, y por la cual existimos, y existirán miles de generaciones después de nosotros. Te reconocí mía y me declaraste tuyo. Esto es vivir; lo demás, ¿qué es?

Dijo, y Tristana, atontada por aquel espiritualismo, que era como bocanadas de incienso que su amante arrojaba sobre ella con un descomunal *botafumeiro*,[143] no supo responderle. Sentía que dentro del pecho le pataleaba la emoción, como un ser vivo más grande que el seno que lo contiene, y se desahogaba con risas frenéticas, o con repentinos y ardientes chorretazos de lágrimas. Ni era posible decir si aquello era en ambos felicidad o una pena lacerante, porque uno y otro se sentían como heridos por un aguijón que les llegaba al alma, y atormentados por el deseo de un más allá. Tristana, particularmente, era insaciable en el continuo exigir de su pasión. Salía de repente por el registro de una queja amarguísima, lamentándose de que Horacio no la quería bastante, que debía quererla más, mucho más; y él concedía sin esfuerzo el más, siempre más, exigiendo a su vez lo mismo.

Contemplaban al caer de la tarde el grandioso horizonte de la Sierra, de un vivo tono de turquesa, con desiguales toques y transparencias, como si el azul purísimo se derramase sobre cristales de hielo. Las curvas del suelo desnudo, perdiéndose y arrastrándose como líneas que quieren remedar un manso oleaje, les repetían aquel *más, siempre más*, ansia inextinguible de sus corazones sedientos. Algunas tardes, paseando junto al canalillo del Oeste, ondulada tira de oasis que ciñe los áridos contornos del terruño madrileño, se recreaban en la placidez bucólica de aquel vallecito en miniatura. Cantos de gallo, ladridos de perro, casitas de labor; el remolino de las hojas caídas, que el manso viento barría suavemente, amontonándolas junto a los troncos; el asno, que pacía con grave mesura; el ligero temblor de las más altas ramas de los árboles, que se iban quedando desnudos; todo les causaba embeleso y maravilla, y se comunicaban las impresiones, dándoselas y quitándoselas como si fuera una sola impresión que corría de labio a labio y saltaba de ojos a ojos.

Regresaban siempre a hora fija, para que ella no tuviese bronca en su casa, y sin cuidarse de Saturna, que los esperaba, iban del brazo por el camino de Aceiteros, al anochecer más silencioso y solitario que la Mala de Francia. Al lado de Occidente veían el cielo inflamado, rastro espléndido de la puesta del sol. Sobre aquella faja se destacaban, como crestería negra de afiladas puntas, los cipreses del cementerio de San Ildefonso, cortados por tristes pórticos a la griega, que a media luz parecen más elegantes de lo que son. Pocas habitaciones hay por allí, y poca o ninguna gente encontraban a tal hora. Casi siempre veían uno o dos bueyes desuncidos, echados, de esos que por el tamaño parecen elefantes, hermosos animales de raza de Avila, comúnmente negros, con una cornamenta que pone miedo en el ánimo más valeroso; bestias inofensivas a fuerza de cansancio, y que, cuando las sueltan del yugo, no se cuidan más que de reposar, mirando con menosprecio al transeúnte. Tristana se acercaba a ellos hasta poner sus manos en las astas retorcidas, y se hubiera alegrado de tener algo que echarles de comer.

—Desde que te quiero —a su amigo decía—, no tengo miedo a nada, ni a los toros ni a los ladrones. Me siento valiente hasta el heroísmo, y ni la serpiente boa ni el león de la selva me harían pestañear.[144]

Cerca ya del antiguo Depósito de aguas veían los armatostes del tiovivo,[145] rodeados de tenebrosa soledad. Los caballitos de madera, con las patas estiradas en actitud de correr, parecían encantados. Los balancines, la montaña rusa, destacaban en medio de la noche sus formas extravagantes. Como no había nadie por allí, Tristana y Horacio solían apoderarse durante breves momentos de todos los juguetes grandes con que se divierte el niño-pueblo... Ellos también eran niños. No lejos de aquel lugar veían la sombra del Depósito viejo, rodeado de espesas masas de árboles, y hacia la carretera brillaban luces, las del tranvía o coches que pasaban, las de algún merendero en que todavía sonaba rumor pendencioso de parroquianos retrasados. Entre aquellos edificios de humilde arquitectura, rodeados de banquillos paticojos y de rústicas mesas, esperábalos Saturna, y allí era la separación, algunas noches tan dolorosa y patética como si Horacio se marchara para el fin del mundo o Tristana se despidiera para meterse monja. Al fin, al fin, después de

mucho tira y afloja, conseguían despegarse, y cada mitad se iba por su
lado. Aún se miraban de lejos, adivinándose, más que viéndose, entre las
sombras de la noche.

10

Tristana, según su expresión, no temía, después de enamorada, ni al
toro corpulento, ni a la serpiente boa, ni al fiero león del Atlas;[146] pero
tenía miedo de don Lope, viéndole ya cual monstruo que se dejaba
tamañitas a cuantas fieras y animales dañinos existen en la creación.
Analizando su miedo, la señorita de Reluz creía encontrarlo de tal
calidad, que podía, en un momento dado, convertirse en valor temerario
y ciego. La desavenencia entre cautiva y tirano se acentuaba de día en
día. Don Lope llegó al colmo de la impertinencia, y aunque ella le
ocultaba, de acuerdo con Saturna, las saliditas vespertinas, cuando el
anciano galán le decía con semblante fosco: «Tú sales, Tristana, sé que
sales; te lo conozco en la cara», si al principio lo negaba la niña, luego
asentía con un desdeñoso silencio. Un día se atrevió a responderle:

—Bueno, pues salgo, ¿y qué? ¿He de estar encerrada toda mi vida?

Don Lope desahogaba su enojo con amenazas y juramentos, y luego,
entre airado y burlón, le decía:

—Porque nada tendrá de particular que, si sales, te acose algún
mequetrefe, de estos *bacillus virgula*[147] del amor que andan por ahí,
único fruto de esta generación raquítica, y que tú, a fuerza de oír
sandeces, te marees y le hagas caso. Mira, niñita, mira que no te lo
perdono. Si me faltas, que sea con un hombre digno de mí. ¿Y dónde está
ese hombre, digno rival de lo presente? En ninguna parte, ¡vive Dios!
Cree que no ha nacido... ni nacerá. Así y todo, tú misma reconocerás que
no se me desbanca a mí tan fácilmente... Ven acá: basta de moñitos. ¡Si
creerás que no te quiero ya! ¡Cómo me echarías de menos si te fueras de
mí! No encontrarías más que tipos de una insipidez abrumadora... Vaya,
hagamos las paces. Perdóname si dudé de ti. No, no, tú no me engañas.
Eres una mujer superior, que conoce el mérito y...

Con estas cosas, no menos que con sus arranques de mal genio, don
Lope llegó a inspirar a su cautiva un aborrecimiento sordo y profundo,
que a veces se disfrazaba de menosprecio, a veces de repugnancia.
Horriblemente hastiada de su compañía, contaba los minutos esperando
el momento en que solía echarse a la calle. Causábale espanto la idea de
que cayese enfermo, porque entonces no saldría, ¡Dios bendito!, ¿y qué
sería de ella presa, sin poder...? No, no, esto era imposible. Habría
paseíto, aunque don Lope enfermase o se muriera. Por las noches, casi
siempre fingía Tristana dolor de cabeza para retirarse pronto de la vista y
de las odiosas caricias del Don Juan caduco.[148]

—Y lo raro es —decía la niña, a solas con su pasión y su conciencia— que si este hombre comprendiera que no puedo quererle, si borrase la palabra amor de nuestras relaciones, y estableciera entre los dos... otro parentesco, yo le querría, sí, señor, le querría, no sé cómo, como se quiere a un buen amigo, porque él no es malo, fuera de la perversidad monomaníaca de la persecución de mujeres. Hasta le perdonaría yo el mal que me ha hecho, mi deshonra, se lo perdonaría de todo corazón, sí, sí, con tal que me dejase en paz... Dios mío, inspírale que me deje en paz, y yo le perdonaré, y hasta le tendré cariño, y seré como las hijas demasiado humildes que parecen criadas, o como las sirvientas leales, que ven un padre en el amo que les da de comer.

Felizmente para Tristana, no sólo mejoró la salud de Garrido, desvaneciéndose con esto los temores de que se quedara en casa por las tardes, sino que debió de tener algún alivio en sus ahogos pecuniarios, porque cesaron sus murrias impertinentes, y se le vio en el temple sosegado en que vivir solía. Saturna, perro viejo y machucho, comunicó a la señorita sus observaciones sobre este particular.

—Bien se ve que el amo está en fondos, porque ya no se le ocurre que yo pueda ensuciarme por un cuarto de escarola, ni se olvida del respeto que, como caballero, debe a las que llevamos una falda, aunque sea remendadita. Lo malo es que cuando cobra los atrasos se los gasta en una semana, y luego..., adiós caballería, y otra vez ordinario, cominero y métome-en-todo.[149]

Al propio tiempo volvió don Lope a poner en el cuidado de su persona un prolijo esmero señoril, acicalándose como en sus mejores tiempos. Ambas mujeres dieron gracias a Dios por esta feliz restauración de costumbres, y aprovechando las ausencias metódicas del tirano, entregóse la niña con toda libertad al inefable goce de sus paseítos con el hombre que amaba.

El cual, por variar el escenario y la decoración, llevaba un coche las más de las tardes, y metiéndose los dos en él, se daban el gustazo de alejarse de Madrid casi hasta perderlo de vista. Testigos de su dicha fueron el cerro de Chamartín, las dos torres, que parecen pagodas, del colegio de los jesuitas, y el pinar misterioso; hoy el camino de Fuencarral, mañana las sombrías espesuras del Pardo, con su suelo de hojas metálicas erizadas de picos, las fresnedas que bordean el Manzanares, las desnudas eminencias de Amaniel y las hondas cañadas del Abroñigal.[150] Dejando el coche, paseaban a pie largo trecho por los linderos de las tierras labradas, y aspiraban con el aire las delicias de la soledad y plácida quietud, recreándose en cuanto veían, pues todo les resultaba bonito, fresco y nuevo, sin reparar que el encanto de las cosas era una proyección de sí mismos. Retrayendo los ojos hacia la causa de tanta hermosura que en ellos residía, entregábanse al inocente juego de

su discretismo,[151] que a los no enamorados habría parecido empalagoso.
Sutilizaban los porqués de su cariño, querían explicar lo inexplicable,
descrifrar el profundo misterio, y al fin paraban en lo de siempre: en
exigirse y prometerse más amor, en desafiar la eternidad, dándose
garantías de fe inalterable en vidas sucesivas, en los cercos nebulosos de
la inmortalidad, allá donde habita la perfección y se sacuden las almas el
polvo de los mundos en que penaron.[152]

Mirando a lo inmediato y positivo, Horacio la incitaba a subir con él
al estudio, demostrándole la comodidad y reserva que aquel local les
ofrecía para pasar juntos la tarde. ¡Flojitas ganas tenía ella de ver el
estudio! Pero tan grande como su deseo era su temor de encariñarse
demasiado con el nido, y sentirse en él tan bien, que no pudiera
abandonarlo. Barruntaba lo que en la vivienda de su ídolo, vecina de los
pararrayos, según Saturna, podría pasarle; es decir, no lo barruntaba, lo
veía tan claro que más no podía ser. Y le asaltaba el recelo amarguísimo
de ser menos amada después de lo que allí sucediera, como se pierde el
interés del jeroglífico después de descifrado; recelaba también que el
caudal de su propio cariño disminuyera prodigándose en el grado
supremo.[153]

Como el amor había encendido nuevos focos de luz en su inteligencia,
llenándole de ideas el cerebro, dándole asimismo una gran sutileza de
expresión para traducir al lenguaje los más hondos misterios del alma,
pudo exponer a su amante aquellos recelos con frase tan delicada y
tropos tan exquisitos, que decía cuanto en lo humano cabe, sin decir nada
que al pudor pudiera ofender. El la comprendía, y como en todo iban
acordes, devolvíale con espiritual ternura los propios sentimientos. Con
todo, no cejaba en su afán de llevarla al estudio.[154]

—¿Y si nos pesa después? —decía ella—. Temo la felicidad, pues
cuando me siento dichosa, paréceme que el mal me acecha. Créete que
en vez de apurar la felicidad, nos vendría bien ahora algún contratiempo,
una miajita de desgracia. El amor es sacrificio, y para la abnegación y el
dolor debemos estar preparados siempre. Impónme un sacrificio grande,
una obligación penosa, y verás con qué gusto me lanzo a cumplirla.[155]
Suframos un poquitín, seamos buenos...

—No, lo que es a buenos no hay quien nos gane —decía Horacio con
gracejo—. Nos pasamos ya de angelicales, alma mía. Y eso de
imponernos sufrimientos es música, porque bastantes trae la vida sin que
nadie los busque. Yo también soy pesimista; por eso, cuando veo el bien
en puerta, lo llamo y no lo dejo marcharse, no sea que después, cuando lo
necesite, se empeñe en no venir el muy pícaro...

Surgía en ambos, con estas y otras cosas, un entusiasmo ardiente; a
las palabras sucedían las ternezas, hasta que un arranque de dignidad y
cordura los ponía de perfecto acuerdo para enfrenar su inquietud y

revestirse de formalidad, engañosa si se quiere, pero que por el momento los salvaba. Decían cosas graves, pertinentes a la moral; encomiaban las ventajas de la virtud y lo hermoso que es quererse con exquisita y celestial pureza. Como que así es más fino y sutil el amor, y se graba más en el alma. Con estas dulces imposturas iban ganando tiempo, y alimentaban su pasión, hoy con anhelos, mañana con suplicios de Tántalo,[156] exaltándola con lo mismo que parecía destinado a contenerla, humanizándola con lo que divinizarla debiera, ensanchando por la margen del espíritu, así como por la de la materia, el cauce por donde aquel raudal de vida corría.

11

Por sus pasos contados vinieron las confidencias difíciles, abriéronse las páginas biográficas que más se resisten a la revelación, porque afectan a la conciencia y al amor propio. Es ley de amor el inquirir, y lo es también el revelar. La confesión procede del amor, y por él son más dolorosas las apreturas de la conciencia. Tristana deseaba confiar a Horacio los hechos tristes de su vida, y no se conceptuaba dichosa hasta no efectuarlo. Entreveía o más bien adivinaba el artista un misterio grave en la existencia de su amada, y si al principio, por refinada delicadeza, no quiso echar la sonda, llegó día en que los recelos del hombre y la curiosidad del enamorado pudieron más que sus finos miramientos. Al conocer a Tristana, creyóla Horacio, como algunas gentes de Chamberí, hija de don Lope. Pero Saturna, al llevarle la segunda carta, le dijo:

—La señorita es casada, y ese don Lope, que usted cree papá, es su propio marido inclusive.

Estupefacción del joven artista; pero el asombro no impidió la credulidad... Así quedaron las cosas, y por bastantes días persistió en Horacio la costumbre de ver en su conquista la legítima esposa del respetable y gallardo caballero, que parecía figura escapada del *Cuadro de las Lanzas*.[157] Siempre que ante ella le nombraba, decía: «Tu marido acá, tu marido allá...», y ella no se daba maldita prisa en destruir el error. Pero un día, al fin, palabra tras palabra, pregunta sobre pregunta, sintiendo invencible repugnancia de la mentira, y hallándose con fuerzas para cerrar contra ella, Tristana, ahogada de vergüenza y de dolor, se determinó a poner las cosas en su lugar.

—Te estoy engañando, y no debo ni quiero engañarte. La verdad se me sale. No estoy casada con mi marido..., digo, con mi papá..., digo, con ese hombre...[158] Un día y otro pensaba decírtelo; pero no me salía, hijo, no me salía... Ignoraba, ignoro aún, si lo sientes o te alegras, si valgo más o valgo menos a tus ojos... Soy una mujer deshonrada, pero soy libre. ¿Qué prefieres?... ¿Que sea una casada infiel o una soltera que ha perdido su honor? De todas maneras creo que, al decírtelo, me lleno de oprobio..., y no sé..., no sé...

No pudo concluir, y rompiendo en lágrimas amargas, ocultó el rostro en el pecho de su amigo. Largo rato duró aquel espasmo de sensibilidad. Ninguno de los dos decía nada. Por fin, saltó ella con la preguntita de cajón:

—¿Me quieres más o me quieres menos?

—Te quiero lo mismo...; no, más, más, siempre más.

No se hizo de rogar la niña para referir *a grandes rasgos* el cómo y cuándo de su deshonra. Lágrimas sin fin derramó aquella tarde; pero nada omitió su sinceridad, su noble afán de confesión, como medio seguro de purificarse.

—Recogióme cuando me quedé huérfana. El fue, justo es decirlo, muy generoso con mis padres. Yo le respetaba y le quería; no sospechaba lo que me iba a pasar. La sorpresa no me permitió resistir. Era yo entonces un poco más tonta que ahora, y ese hombre maldito me dominaba, haciendo de mí lo que quería. Antes, mucho antes de conocerte, abominaba yo de mi flaqueza de ánimo; cuánto más ahora que te conozco. ¡Lo que he llorado, Dios mío!... ¡Las lágrimas que me ha costado el verme como me veo...! Y cuando te quise, dábanme ganas de matarme, porque no podía ofrecerte lo que tú te mereces... ¿Qué piensas? ¿Me quieres menos o me quieres más? Dime que más, siempre más. En rigor de verdad, debo parecerte ya menos culpable, porque no soy adúltera; no engaño sino a quien no tiene derecho a tiranizarme. Mi infidelidad no es tal infidelidad, ¿qué te parece?, sino castigo de su infamia; y este agravio que de mí recibe se lo tiene merecido.[159]

No pudo menos Horacio de manifestarse más celoso al saber la ilegitimidad de los lazos que unían a Tristana con don Lope.[160]

—No; si no le quiero —dijo ella con énfasis—, ni le he querido nunca. Para expresarlo todo de una vez, añadiré que desde que te conocí empecé a sentir hacia él un terrible desvío... Después... ¡Ay Jesús, me pasan cosas tan raras...! A veces paréceme que le aborrezco, que siento hacia él un odio tan grande como el mal que me hizo; a veces..., todo te lo confieso, todo..., siento hacia él cierto cariño, como de hija, y me parece que si él me tratara como debe, como un padre, yo le querría... Porque no es malo, no vayas a creer que es muy malo, muy malo... No; allí hay de todo: es una combinación monstruosa de cualidades buenas y de defectos horribles; tiene dos conciencias: una muy pura y noble para ciertas cosas, otra que es como un lodazal, y las usa según los casos; se las pone como si fueran camisas. La conciencia negra y sucia la emplea para todo cuanto al amor se refiere. ¡Ah, no creas! Ha sido muy afortunado en amores. Sus conquistas son tantas que no se pueden contar. ¡Si tú supieras...! Aristocracia, clase media, pueblo..., en todas partes dejó memoria triste, como Don Juan Tenorio. En palacios y cabañas se coló, y no respetó nada el muy trasto, ni la virtud, ni la paz doméstica, ni la santísima religión. Hasta con monjas y beatas ha tenido amores el maldito, y sus éxitos parecen obra del demonio. Sus víctimas no tienen número: maridos y padres burlados; esposas que se han ido al Infierno, o se irán cuando mueran; hijos... que no se sabe de quién son hijos. En fin, es hombre muy dañino, porque además tira las armas con gran arte, y a más de cuatro les ha mandado al otro mundo. En su juventud tuvo arrogante figura, y hasta hace poco tiempo todavía daba un chasco.[161] Ya comprenderás que sus conquistas han ido desmereciendo en importancia según le iban pesando los añitos. A mí me ha tocado ser la última. Pertenezco a su decadencia...[162]

Oyó Díaz estas cosas con indignación primero, con asombro después, y lo único que se le ocurrió decir a su amada fue que debía romper cuanto antes aquellas nefandas relaciones, a lo que contestó la niña muy acongojada que era esto más fácil de decir que de practicar, pues el muy ladino, cuando advertía en ella síntomas de hastío y pruritos de separación, se las echaba de padre, mostrándose tiránicamente cariñoso. Con todo, fuerza era dar un gran tirón para arrancarse de tan ignominiosa y antipática vida. Horacio la incitó a proceder con firmeza, y a medida que se agigantaba en su mente la figura de don Lope, más viva era su resolución de burlar al burlador y de arrancarle su víctima, la postrera quizá, y sin duda la más preciosa.[163]

Volvió Tristana a su casa en un estado moral y mental lastimoso, disparada de los nervios, febril, y dispuesta a consumar cualquier desatino. Tocábale aquella noche aborrecer a su tirano, y cuando le vio llegar, risueño y con humor de bromas, entróle tal rabia, que de buena gana le habría tirado a la cabeza el plato de la sopa. Durante la comida, don Lope estuvo decidor, y echaba chafalditas[164] a Saturna, diciéndole, entre otras cosas:

—Ya, ya sé que tienes un novio ahí en Tetuán,[165] ese que llaman *Juan y Medio* por lo largo que es, el herrador..., ya sabes. Me lo ha dicho Pepe, el del tranvía. Por eso, a la caída de la tarde, andas desatinada por esos caminos, buscando los rincones oscuros, y no falta una sombra larga y escueta que se confunda con la tuya.

—Yo no tengo nada con *Juan y Medio*, señor... Que me pretenda él..., no sé; podrá ser. Me hacen la rueda otros que valen más..., hasta señoritos. Pues qué, ¿se cree que sólo él tiene quien le quiera?

Seguía Saturna la broma, mientras Tristana se requemaba interiormente, y lo poco que comió se le volvía veneno. A don Lope no le faltaba apetito aquella noche, y daba cuenta pausadamente de los garbanzos del cocido, como el más pánfilo burgués; del modesto principio, más de carnero que de vaca, y de las uvas de postre, todo acompañado con tragos del vino de la taberna próxima, malísimo, que el buen señor bebía con verdadera resignación, haciendo muecas cada vez que a la boca se lo llevaba. Terminada la comida, retiróse a su cuarto y encendió un puro, llamando a Tristana para que le hiciese compañía; y estirándose en la butaca, le dijo estas palabras, que hicieron temblar a la joven:

—No es sólo Saturna la que tiene un idilio nocturno por ahí. Tú también lo tienes. No, si nadie me ha dicho nada... Pero te lo conozco; hace días que te lo leo... en la cara, en la voz.

Tristana palideció. Su blancura de nácar tomó azuladas tintas a la luz del velón con pantalla que alumbraba el gabinete. Parecía una muerta hermosísima, y se destacaba sobre el sofá con el violento escorzo de una figura japonesa, de esas cuya estabilidad no se comprende, y que parecen cadáveres risueños pegados a un árbol, a una nube, a incomprensibles fajas decorativas.[166] Puso al fin en su cara exangüe una sonrisilla forzada, y sobrecogida contestó:

—Te equivocas..., yo no tengo...

Don Lope se le imponía de tal modo, y la fascinaba con tan misteriosa autoridad, que ante él, aun con tantas razones para rebelarse, no sabía tener ni un respiro de voluntad.[167]

12

—Lo sé —añadió el Don Juan en decadencia, quitándose las botas y poniéndose las zapatillas que Tristana, para disimular la estupefacción en que había quedado, le trajo de la alcoba cercana—. Yo soy muy lince en estas cosas, y no ha nacido todavía la persona que me engañe y se burle de mí. Tristana, tú has encontrado por ahí un idilio; te lo conozco en tus inquietudes de estos días, en tu manera de mirar, en el cerco du tus ojos, en mil detalles que a mí no se me escapan. Soy perro viejo, y sé que toda joven de tu edad, si se echa diariamente a la calle, tropieza con su idilio. Ello será de una manera o de otra. A veces se encuentra lo bueno, a veces lo detestable. Ignoro cómo es tu hallazgo; pero no me lo niegues, por tu vida.

Tristana volvió a negar con ademanes y con palabras; pero tan mal, tan mal, que más le valiera callarse. Los penetrantes ojos de don Lope, clavados en ella, la sobrecogían, la dominaban, causándole terror y una dificultad extraordinaria para mentir. Con gran esfuerzo quiso vencer la fascinación de aquella mirada, y repitió sus denegaciones.

—Bueno, defiéndete como puedas —prosiguió el caballero—, pero yo sigo en mis trece. Soy viejo sastre y conozco el paño. Te aviso con tiempo, Tristana, para que adviertas tu error y retrocedas, porque a mí no me gustan idilios callejeros, que pienso serán hasta ahora chiquilladas y juegos inocentes. Porque si fueran otra cosa...

Echó al decir esto una mirada tan viva y amenazante sobre la pobre joven, que Tristana se retiró un poco, como si en vez de ser una mirada fuera una mano la que sobre su rostro venía.

—Mucho cuidado, niña —dijo el caballero, dando una feroz mordida al cigarro de estanco[168] (por no poder gastar otros) que fumaba—. Y si tú, por ligereza o aturdimiento, me pones en berlina[169] y das alas a cualquier mequetrefe para que me tome a mí por un... No, no dudo que entrarás en razón. A mí, óyelo bien, nadie en el mundo hasta la hora presente me ha puesto en ridículo. Todavía no soy tan viejo para soportar ciertos oprobios, muchacha... Conque no te digo más. En último caso, yo me revisto de autoridad para apartarte de un extravío, y si otra cosa no te gusta, me declaro padre, porque como padre tendré que tratarte si es preciso.[170] Tu mamá te confió a mí para que te amparase, y te amparé, y decidido estoy a protegerte contra toda clase de asechanzas y a defender tu honor...

Al oír esto, la señorita de Reluz no pudo contenerse, y sintiendo que le azotaba el alma una racha de ira, venida quién sabe de dónde, como soplo de huracán, se irguió y le dijo:

—¿Qué hablas ahí de honor? Yo no lo tengo: me lo has quitado tú, me has perdido.

Rompió a llorar tan sin consuelo, que don Lope varió bruscamente de tono y de expresión. Llegóse a ella, soltando el cigarro sobre un velador, y estrechándole las manos se las besó, y en la cabeza la besó también con no afectada ternura.

—Hija mía, me anonadas juzgándome de una manera tan ejecutiva. Verdad que... Sí, tienes razón... Pero bien sabes que no puedo mirarte como a una de tantas, a quienes... No, no es eso. Tristana, sé indulgente conmigo; tú no eres una víctima; yo no puedo abandonarte, no te abandonaré nunca, y mientras este triste viejo tenga un pedazo de pan, será para ti.

—¡Hipócrita, falso, embustero! —exclamó la esclava, sintiéndose fuerte.

—Bueno, hija, desahógate, dime cuantas picardías quieras —volviendo a tomar su cigarro—; pero déjame hacer contigo lo que no he hecho con mujer alguna, mirarte como un ser querido..., esto es bastante nuevo en mí..., como un ser de mi propia sangre... ¿Que no lo crees?[171]

—No, no lo creo.

—Pues ya te irás enterando. Por de pronto, he descubierto que andas en malos pasos. No me lo niegues, por Dios. Dime que es tontería, frivolidad, cosa sin importancia; pero no me lo niegues. Pues ¡si yo quisiera vigilarte!... Pero no, no; el espionaje me parece indigno de ti y de mí. No hago más que darte un toquecito de atención, decirte que te veo, que te adivino, que al fin y a la postre nada podrás ocultarme, porque si me pongo a ello, hasta los pensamientos extraeré de tu magín para verlos y examinarlos; hasta tus impresiones más escondidas te sacaré cuando menos lo pienses. Chiquilla, cuidado, vuelve en ti. No se hablará más de ello si me prometes ser buena y fiel; pero si me engañas, si vendes mi dignidad por un puñado de ternuras que te ofrezca cualquier mocoso insípido..., no te asombres de que yo me defienda. Nadie me ha puesto la ceniza en la frente todavía.[172]

—Todo es infundado, todo cavilación tuya —dijo Tristana por decir algo—; yo no he pensado en...

—Allá veremos —replicó el tirano volviendo a flecharla con su mirada escrutadora—. Con lo hablado basta. Eres libre para salir y entrar cuando gustes; pero te advierto que a mí no se me puede engañar... Te miro como esposa y como hija, según me convenga. Invoco la memoria de tus padres...

—¡Mis padres! —exclamó la niña, reanimándose—. ¡Si resucitaran y vieran lo que has hecho con su hija!...

—Sabe Dios si sola en el mundo o en otras manos que las mías tu suerte habría sido peor —replicó don Lope, defendiéndose como pudo—. Lo bueno, lo perfecto, ¿dónde está? Gracias que Dios nos concede lo menos malo y el bien relativo. Yo no pretendo que me veneres como a un santo; te digo que veas en mí al hombre que te quiere con cuantas clases de cariño pueden existir, al hombre que a todo trance te apartará del mal, y...

—Lo que veo —interrumpió Tristana— es un egoísmo brutal, monstruoso, un egoísmo que...

—El tonillo que tomas —dijo Garrido con acritud— y la energía con que me contestas me confirman en lo mismo, chicuela sin seso. Idilio tenemos, sí. Hay algo fuera de casa que te inspira aborrecimiento de lo de dentro, y al propio tiempo te sugiere ideas de libertad, de emancipación.[173] Abajo la caretita. Pues no te suelto, no. Te estimo demasiado para entregarte a los azares de lo desconocido y a las aventuras peligrosas. Eres una inocentona sin juicio. Yo puedo haber sido para ti un mal padre. Pues mira, ahora se me antoja ser padre bueno.

Y adoptando la actitud de nobleza y dignidad que tan bien cuadraba a su figura, y que con tanto arte usaba cuando le convenía, poniéndosela y haciéndola crujir cual armadura de templado acero, le dijo estas graves palabras:

—Hija mía, yo no te prohibiré que salgas de casa, porque esa prohibición es indigna de mí y contraria a mis hábitos. No quiero hacer el celoso de comedia, ni el tirano doméstico, cuya ridiculez conozco mejor que nadie. Pero si no te prohíbo que salgas, te digo con toda formalidad que no me agrada verte salir. Eres materialmente libre, y las limitaciones que deba tener tu libertad tú misma eres quien debe señalarlas, mirando a mi decoro y al cariño que te tengo.

¡Lástima que no hablara en verso para ser perfecta imagen del *padre noble* de antigua comedia![174] Pero la prosa y las zapatillas, que por la decadencia en que vivía no eran de lo más elegante, destruían en parte aquel efecto. Causaron impresión a la joven las palabras del estropeado galán, y se retiró para llorar a solas, allá en la cocina, sobre el pecho amigo y leal de Saturna; pero no había transcurrido media hora cuando don Lope tiró de la campanilla para llamarla. En la manera de tocar conocía la señorita que la llamaba a ella y no a la criada, y acudió cediendo a una costumbre puramente mecánica. No, no pedía ni la flor de malva, ni las bayetas calientes: lo que pedía era la compañia dulce de la esclava, para entretener su insomnio de libertino averiado, a quien los años atormentan como espectros acusadores.

Encontréle paseándose por el cuarto, con un gabán viejo sobre los hombros, porque su pobreza no le permitía ya el uso de un batín nuevo y elegante; la cabeza descubierta, pues antes que ella entrara se quitó el gorro con que solía cubrirla por las noches. Estaba guapo, sin duda, con varonil y avellanada hermosura de cuadro de *Las Lanzas*.[175]

—Te he llamado, hija mía —le dijo, echándose en una butaca y sentando a la esclava sobre sus rodillas—, porque no quería acostarme sin charlar algo más. Sé que no he de dormir si me acuesto dejándote disgustada... Conque vamos a ver..., cuéntame tu idilio...

—No tengo ninguna historia que contar —replicó Tristana, rechazando sus caricias con buen modo, como haciéndose la distraída.

—Bueno, pues yo lo descubriré. No, no te riño. ¡Si aun portándote mal conmigo tengo mucho que agradecerte! Me has querido en mi vejez, me has dado tu juventud, tu candor; cogí flores en la edad en que no me correspondía tocar más que abrojos. Reconozco que he sido malo para ti y que no debí arrancarte del tallo. Pero no lo puedo remediar; no me puedo convencer de que soy viejo, porque Dios parece que me pone en el alma un sentimiento de eterna juventud... ¿Qué dices a esto? ¿Qué piensas? ¿Te burlas?... Ríete todo lo que quieras; pero no te alejes de mí. Yo sé que no puedo dorar tu cárcel —con amargura vivísima—, porque soy pobre. Es la pobreza también una forma de vejez; pero a ésta me resigno menos que a la otra. El ser pobre me anonada, no por mí, sino por ti, porque me gustaría rodearte de las comodidades, de las galas que te corresponden. Mereces vivir como una princesa, y te tengo aquí como una pobrecita hospiciana... No puedo vestirte como quisiera. Gracias que tú estás bien de cualquier modo, y en esta estrechez, en nuestra miseria mal disimulada, siempre, siempre eres y serás perla.[176]

Con gestos más que con palabras dio a entender Tristana que le importaba un bledo la pobreza.

—¡Ah!... No; estas cosas se dicen, pero rara vez se sienten. Nos resignamos porque no hay más remedio; pero la pobreza es cosa muy mala, hija, y todos, más o menos sinceramente, renegamos de ella. Cree que mi mayor suplicio es no poder dorarte la jaulita. ¡Y qué bien te la doraría yo! Porque lo entiendo, cree que lo entiendo. Fui rico; al menos tenía para vivir solo holgadamente, y hasta con lujo. Tú no te acordarás, porque eras entonces muy niña, de mi cuarto de soltero en la calle de Luzón. Josefina te llevó alguna vez, y tú tenías miedo a las armaduras que adornaban mi sala. ¡Cuántas veces te cogí en brazos y te paseé por toda la casa, mostrándote mis pinturas, mis pieles de león y de tigre, mis panoplias, los retratos de damas hermosas..., y tú sin acabar de perder el miedo! Era un presentimiento, ¿verdad? ¡Quién nos había de decir entonces que andando los años...! Yo, que todo lo preveo, tratándose de amores posibles, no preví esto, no se me ocurría. ¡Ay, cuánto he decaído desde entonces! De escalón en escalón he ido bajando, hasta llegar a esta miseria vergonzosa. Primero tuve que privarme de mis caballos, de mi coche... Dejé el cuarto de la calle de Luzón cuando resultaba demasiado costoso para mí. Tomé otro, y luego, cada pocos años, he ido buscándolos más baratos, hasta tener que refugiarme en este arrabal excéntrico y vulgarote. A cada etapa, a cada escalón, iba perdiendo algo de las cosas buenas y cómodas que me rodeaban. Ya me privaba de mi bodega, bien repuesta de exquisitos vinos; ya de mis tapices flamencos y españoles; después, de mis cuadros; luego, de mis armas preciosísimas, y, por fin, ya no me quedan más que cuatro trastos indecentes... Pero no debo quejarme del rigor de Dios, porque me quedas tú, que vales más que cuantas joyas he perdido.

Afectada por las nobles expresiones del caballero en decadencia, Tristana no supo cómo contestarlas, pues no quería ser esquiva con él, por no parecer ingrata, ni tampoco amable, temerosa de las consecuencias. No se determinó a pronunciar una sola palabra tierna que indicase flaqueza de ánimo, porque no ignoraba el partido que el muy taimado sacaría al instante de tal situación. Por el pensamiento de Garrido cruzó una idea que no quiso expresar. Le amordazaba la delicadeza, en la cual era tan extremado, que ni una sola vez, cuando hablaba de su penuria, sacó a relucir sus sacrificios en pro de la familia de Tristana. Aquella noche sintió cierta comezón de ajustar cuentas de gratitud; pero la frase expiró en sus labios, y sólo con el pensamiento le dijo: «No olvides que casi toda mi fortuna la devoraron tus padres. ¿Y esto no se pesa y se mide también? ¿Ha de ser todo culpa en mí? ¿No se te ocurre que algo hay que echar en el otro platillo? ¿Es esa manera justa de pesar, niña, y de juzgar?»[177]

—Por fin —dijo en alta voz, después de una pausa, en la cual juzgó y pesó la frialdad de su cautiva—, quedamos en que no tienes maldita gana de contarme tu idilio. Eres tonta. Sin hablar, me lo estás contando con la repugnancia que tienes de mí y que no puedes disimular. Entiendo, hija, entiendo —poniéndola en pie y levantándose él también—. No estoy acostumbrado a inspirar asco, francamente, ni soy hombre que gusta de echar tantos memoriales para obtener lo que le corresponde. No me estimo en tan poco. ¿Qué pensabas? ¿Qué te iba a pedir de rodillas?... Guarda tus encantos juveniles para algún monigote de estos de ahora, sí, de estos que no podemos llamar hombres sin acortar la palabra o estirar la persona. Vete a tu cuartito y medita sobre lo que hemos hablado. Bien podría suceder que tu idilio me resultara indiferente... mirándolo yo como un medio fácil de que aprendieras, por demostración experimental, lo que va de hombre a hombre... Pero bien podría suceder también que se me indigestara, y que sin atufarme mucho, porque el caso no lo merece, como quien aplasta hormigas, te enseñara yo...

Indignóse tanto la niña de aquella amenaza, y hubo de encontrarla tan insolente, que sintió resurgir de su pecho el odio que en ocasiones su tirano le inspiraba. Y como las tumultuosas apariciones de aquel sentimiento le quitaban por ensalmo la cobardía, se sintió fuerte ante él, y le soltó redonda una valiente respuesta:

—Pues mejor: no temo nada. Mátame cuando quieras.

Y don Lope, al verla salir en tan decidida y arrogante actitud, se llevó las manos a la cabeza y se dijo: «No me teme ya. Ciertos son los toros.»[178]

En tanto, Tristana corrió a la cocina en busca de Saturna, y entre cuchicheos y lágrimas dio sus órdenes, que, palabra más o menos, eran así:

—Mañana, cuando vayas por la cartita, le dices que no traiga coche, que no salga, que me espere en el estudio, pues allá voy aunque me muera... Oye, adviértele que despida el modelo, si lo tiene mañana, y que no reciba a nadie..., que esté solo, vamos... Si este hombre me mata, máteme con razón.

13

Y desde aquel día ya no pasearon más.

Pasearon, sí, en el breve campo del estudio, desde el polo de lo ideal al de las realidades; recorrieron toda la esfera, desde lo humano a lo divino, sin poder determinar fácilmente la divisoria entre uno y otro, pues lo humano les parecía del Cielo y lo divino revestíase a sus ojos de carne mortal. Cuando su alegre embriaguez permitió a Tristana enterarse del medio en que pasaba tan dulces horas, una nueva aspiración se reveló a su espíritu, el arte, hasta entonces simplemente soñado por ella, ahora visto de cerca y comprendido. Encendieron su fantasía y embelesaron sus ojos las formas humanas o inanimadas que, traducidas de la Naturaleza, llenaban el estudio de su amante; y aunque antes de aquella ocasión había visto cuadros, nunca vio a tan corta distancia el natural del procedimiento. Y tocaba con su dedito la fresca pasta, creyendo apreciar mejor así los secretos de la obra pintada y sorprenderla en su misteriosa gestación. Después de ver trabajar a Díaz, se prendó más de aquel arte delicioso, que le parecía fácil en su procedimiento, y entráronle ganas de probar también su aptitud.[179] Púsole él en la izquierda mano la paleta, el pincel en la derecha, y la incitó a copiar un trozo. Al principio, ¡ay!, entre risotadas y contorsiones, sólo pudo cubrir la tela de informes manchas; pero al segundo día, ¡caramba!, ya consiguió mezclar hábilmente dos o tres colores y ponerlos en su sitio y aun fundirlos con cierta destreza. ¡Qué risa! ¡Si resultaría que también ella era pintora! No le faltaban, no, disposiciones, porque la mano perdía de hora en hora su torpeza, y si la mano no la ayudaba, la mente iba muy altanera por delante, sabiendo *cómo se hacia*, aunque hacerlo no pudiera. Desalentada ante las dificultades del procedimiento, se impacientaba, y Horacio reía, diciéndole:

—Pues ¿qué crees tú? ¿Que esto es cosa de juego? Quejábase amargamente de no haber tenido a su lado, en tanto tiempo, personas que supieran ver en ella una aptitud para algo, aplicándola al estudio de un arte cualquiera.

—Ahora me parece a mí que si de niña me hubiesen enseñado el dibujo, hoy sabría yo pintar y podría ganarme la vida y ser independiente con mi honrado trabajo. Pero mi pobre mamá no pensó más que en darme la educación insustancial de las niñas que aprenden para llevar un buen yerno a casa, a saber: un poco de piano, el indispensable barniz de francés y qué sé yo..., tonterías. ¡Si aun me hubiesen enseñado idiomas, para que, al quedarme sola y pobre, pudiera ser profesora de lenguas...! Luego, este hombre maldito me ha educado para la ociosidad y para su propio recreo, a la turca verdaderamente, hijo... Así es que me encuentro inútil de toda inutilidad.[180] Ya ves, la pintura me encanta; siento vocación, facilidad. ¿Será inmodestia? No, dime que no; dame bombo, anímame... Pues si con voluntad, paciencia y una aplicación continua se vencieran las dificultades, yo las vencería, y sería pintora, y estudiaríamos juntos, y mis cuadros..., ¡muérete de envidia!, dejarían tamañitos a los tuyos... ¡Ah, no, eso no; tú eres el rey de los pintores! No, no te enfades; lo eres, porque yo te lo digo. ¡Tengo un instinto!... Yo no sabré hacer las cosas, pero las sé juzgar.

Estos alientos de artista, estos arranques de mujer superior, encantaban al buen Díaz, el cual, a poco de aquellos íntimos tratos, empezó a notar que la enamorada joven se iba creciendo a los ojos de él y le empequeñecía. En verdad que esto le causaba sorpresa, y casi casi empezaba a contrariarle, porque había soñado en Tristana la mujer subordinada al hombre en inteligencia y en voluntad, la esposa que vive de la savia moral e intelectual del esposo y que con los ojos y con el corazón de él ve y siente. Pero resultaba que la niña discurría por cuenta propia, lanzándose a los espacios libres del pensamiento, y demostraba las aspiraciones más audaces.[181]

—Mira, hijo de mi alma —le decía en aquellas divagaciones deliciosas que los columpiaban desde los transportes del amor a los problemas más graves de la vida—, yo te quiero con toda mi alma; segura estoy de no poder vivir sin ti. Toda mujer aspira a casarse con el hombre que ama; yo, no. Según las reglas de la sociedad, estoy ya imposibilitada de casarme. No podría hacerlo, ni aun contigo, con la frente bien alzada, pues por muy bueno que conmigo fueras, siempre tendría ante ti cierto resquemor de haberte dado menos de lo que mereces, y temería que tarde o temprano, en un momento de mal humor o de cansancio, me dijeras que habías tenido que cerrar los ojos para ser mi marido... No, no. ¿Será esto orgullo, o qué será? Yo te quiero y te querré siempre; pero deseo ser libre. Por eso ambiciono un medio de vivir; cosa difícil, ¿verdad? Saturna me pone en solfa, y dice que no hay más que tres carreras para las mujeres: el matrimonio, el teatro y... Ninguna de las tres me hace gracia. Buscaremos otra. Pero yo pregunto: ¿es locura poseer un arte, cultivarlo y vivir de él? ¿Tan poco entiendo del mundo que tengo por posible lo imposible? Explícamelo tú, que sabes más que yo.

Y Horacio, apuradísimo, después de muchos rodeos, concluía por hacer suya la afirmación de Saturna.

—Pero tú —agregaba— eres una mujer excepcional, y esa regla no va contigo. Tú encontrarás la fórmula, tú resolverás quizá el problema endiablado de la mujer libre...[182]

—Y honrada, se entiende, porque también te digo que no creo faltar a la honradez queriéndote, ya vivamos o no juntos... Vas a decirme que he perdido toda idea de moralidad.

—No, por Dios. Yo creo...

—Soy muy mala yo. ¿No lo habías conocido? Confiésame que te has asustado un poquitín al oírme lo último que te he dicho. Hace tiempo, mucho tiempo, que sueño con esa libertad honrada; y desde que te quiero, como se me ha despertado la inteligencia y me veo sorprendida por rachas de saber que me entran en el magín lo mismo que el viento por una puerta mal cerrada, veo muy claro eso de la honradez libre. Pienso en esto a todas horas, pensando en ti, y no ceso de echar pestes contra los que no supieron enseñarme un arte, siquiera un oficio, porque si me hubieran puesto a ribetear zapatos, a estas horas sería yo una buena oficiala, y quizá maestra. Pero aún soy joven. ¿No te parece a ti que soy joven? Veo que pones carita burlona. Eso quiere decir que soy joven para el amor, pero que tengo los huesos duros para aprender un arte. Pues mira: me rejuveneceré, me quitaré años, volveré a la infancia, y mi aplicación suplirá el tiempo perdido. Una voluntad firme lo vence todo, ¿no lo crees tú así?

Subyugado por tanta firmeza, Horacio se mostraba más amante cada día, reforzando el amor con la admiración. Al contacto de la fantasía exuberante de ella, despertáronse en él poderosas energías de la mente; el ciclo de sus ideas se agrandó, y comunicándose de uno a otro el poderoso estímulo de sentir fuerte y pensar hondo, llegaron a un altísimo grado de tempestuosa embriaguez de los sentidos, con relámpagos de atrevidas utopías eróticas y sociales. Filosofaban con peregrino desenfado entre delirantes ternuras, y, vencidos del cansancio, divagaban lánguidamente hasta perder el aliento. Callaban las bocas y los espíritus seguían aleteando por el espacio.[183]

En tanto, nada digno de referirse ocurría en las relaciones de Tristana con su señor, el cual había tomado una actitud observadora y expectante, mostrándose con ella muy atento, mas no cariñoso. Veíala entrar tarde algunas noches, y atentamente la observaba; mas no la reprendía, adivinando que, al menor choque, la esclava sabría mostrar intenciones de no serlo. Algunas noches charlaron de diversos asuntos, esquivando don Lope, con fría táctica, el tratar del idilio; y tal viveza de espíritu mostraba la niña, de tal modo se transfiguraba su nacarado rostro de dama japonesa al reflejar en sus negros ojos la inteligencia soberana, que don Lope, refrenando sus ganas de comérsela a besos, se llenaba de melancolía, diciendo para su sayo:[184] «*Le ha salido* talento... Sin duda, ama.»

No pocas veces la sorprendió en el comedor, a horas desusadas, bajo el foco luminoso de la lámpara colgante, dibujando el contorno de alguna figura en grabado o copiando cualquier objeto de los que en la estancia había.

—Bien, bien —le dijo a la tercera o cuarta vez que la encontró en semejante afán—. Adelantas, hija, adelantas. De anteanoche acá noto una gran diferencia.

Y encerrándose en su alcoba con sus melancolías, el pobre galán decadente exclamaba, dando un puñetazo sobre la mesa:

—Otro dato. El tal es pintor.

Pero no quería meterse en averiguaciones directas, por creerlas ofensivas a su decoro e impropias de su nunca profanada caballerosidad. Una tarde, no obstante, en la plataforma del tranvía, charlando con uno de los cobradores, que era su amigo, le preguntó:

—Pepe, ¿hay por aquí algún estudio de pintor?

Precisamente en aquel instante pasaban frente a la calle transversal, formada por edificios nuevos de pobretería, destacándose entre ellos una casona de ladrillo al descubierto, grande y de provecho, rematada en una especie de estufa, como taller de fotógrafo o de artista.

—Allí —dijo el cobrador— tenemos al señor de Díaz, retratista al óleo...

—¡Ah! Sí, le conozco —replicó don Lope—. Ese que...

—Ese que va y viene por la mañana y tarde. No duerme aquí. ¡Guapo chico!

—Sí, ya sé... Moreno, chiquitín.

—No, es alto.

—Alto, sí; pero un poco cargado de espaldas.

—No, garboso.

—Justo, con melenas...

—Si lleva el pelo al rape.

—Se lo habrá cortado ahora. Parece de esos italianos que tocan el arpa.

—No sé si toca el arpa. Pero es muy aplicado a los pinceles. A un compañero nuestro le llevó de modelo para apóstol... Crea usted que le sacó hablando.[185]

—Pues yo pensé que pintaba paisajes.

—También..., y caballerías... Flores retrata que parecen vivas; frutas bien maduras, y codornices muertas. De todo propiamente. Y las mujeres en cueros que tiene en el estudio le ponen a uno encandilado.

—¿También niñas desnudas?

—O a medio vestir, con una tela que tapa y no tapa. Suba y véalo todo, don Lope. Es buen chico ese don Horacio y le recibirá bien.

—Yo estoy curado de espanto, Pepe. No sé admirar esas hembras pintadas. Me han gustado siempre más las vivas. Vaya..., con Dios.[186]

14

Justo es decir que la serie borrascosa de turcas de amor cogidas por el espiritual artista en aquella temporada le desviaron de su noble profesión. Pintaba poco, y siempre sin modelo: empezó a sentir los remordimientos del trabajador, esa pena que causan los trozos sin concluir pidiendo hechura y encaje; mas entre el arte y el amor prefería éste, por ser cosa nueva en él, que despertaba las emociones más dulces de su alma; un mundo recién descubierto, florido, exuberante, riquísimo, del cual había que tomar posesión, afianzando sólidamente en él la planta de geógrafo y de conquistador. El arte ya podía esperar; ya volvería cuando las locas ansias se calmasen; y se calmarían, tomando el amor un carácter pacífico, más de colonización reposada que de furibunda conquista. Creía sinceramente el bueno de Horacio que aquél era el amor de toda su vida, que ninguna otra mujer podría agradarle ya, ni sustituir en su corazón a la exaltada y donosa Tristana; y se complacía en suponer que el tiempo iría templando en ella la fiebre de ideación, pues para esposa o querida perpetua tal flujo de pensar temerario le parecía excesivo. Esperaba que su constante cariño y la acción del tiempo rebajarían un poco la talla imaginativa y razonante de su ídolo, haciéndola más mujer, más doméstica, más corriente y útil.[187]

Esto pensaba, mas no lo decía. Una noche que juntos charlaban, mirando la puesta del sol y saboreando la dulcísima melancolía de una tarde brumosa, se asustó Díaz de oírla expresarse en estos términos:

—Es muy particular lo que me pasa: aprendo fácilmente las cosas difíciles; me apropio las ideas y las reglas de un arte..., hasta de una ciencia, si me apuras; pero no puedo enterarme de las menudencias prácticas de la vida. Siempre que compro algo, me engañan; no sé apreciar el valor de las cosas; no tengo ninguna idea de gobierno ni de orden, y si Saturna no se entendiera con todo en mi casa, aquello sería una leonera. Es indudable que cada cual sirve para una cosa; yo podré servir para muchas, pero para ésa está visto que no valgo. Me parezco a los hombres en que ignoro lo que cuesta una arroba de patatas y un quintal de carbón. Me lo ha dicho Saturna mil veces, y por un oído me entra y por otro me sale. ¿Habré nacido para gran señora? Puede que sí. Como quiera que sea, me conviene aplicarme, aprender todo eso, y, sin perjuicio de poseer un arte, he de saber criar gallinas y remendar la ropa. En casa trabajo mucho, pero sin iniciativa. Soy pincha de Saturna,[188] la ayudo, barro, limpio y fregoteo, eso sí; pero ¡desdichada casa si yo mandara en ella! Necesito aprenderlo, ¿verdad? El maldito don Lope ni aun eso se ha cuidado de enseñarme. Nunca he sido para él más que una circasiana[189] comprada para su recreo, y se ha contentado con verme bonita, limpia y amable.

Respondióle el pintor que no se apurara por adquirir el saber doméstico, pues fácilmente se lo enseñaría la práctica.

—Eres una niña —agregó— con muchísimo talento y grandes disposiciones. Te falta sólo el pormenor, el conocimiento menudo que dan la independencia y la necesidad.

—Un recelo tengo —dijo Tristana, echándole al cuello los brazos—: que dejes de quererme por no saber yo lo que se puede comprar con un duro..., porque temas que te convierta la casa en una escuela de danzantes. La verdad es que si pinto como tú o descubro otra profesión en que pueda lucir y trabajar con fe, ¿cómo nos vamos a arreglar, hijo de mi vida? Es cosa que espanta.

Expresó su confusión de una manera tan graciosa, que Horacio no pudo menos de soltar la risa.

—No te apures, hija. Ya veremos. Me pondré yo las faldas. ¡Qué remedio hay!

—No, no —dijo Tristana, alzando un dedito y marcando con él las expresiones de un modo muy salado—. Si encuentro mi manera de vivir, viviré sola. ¡Viva la independencia!..., sin perjuicio de amarte y de ser siempre tuya. Yo me entiendo: tengo acá mis ideítas. Nada de matrimonio, para no andar a la greña por aquello de quién tiene las faldas y quién no. Creo que has de quererme menos si me haces tu esclava; creo que te querré poco si te meto en un puño. Libertad honrada es mi tema..., o si quieres, mi dogma. Ya sé que es difícil, muy difícil, porque la *sociedaz*, como dice Saturna... No acaba de entenderlo... Pero yo me lanzo al ensayo... ¿Que fracaso? Bueno. Y si no fracaso, hijito, si me salgo con la mía, ¿qué dirás tú? ¡Ay! Has de verme en mi casita, sola, queriéndote mucho, eso sí, y trabajando, trabajando en mi arte para ganarme el pan; tú en la tuya, juntos a ratos, separados muchas horas, porque..., ya ves, eso de estar siempre juntos, siempre juntos, noche y día, es así, un poco...

—¡Qué graciosa eres y recuantísimo te quiero! No paso por estar separado de ti parte del día. Seremos dos en uno, los hermanos siameses; y si quieres ponerte pantalones, póntelos; si quieres hacer el marimacho, anda con Dios...[190] Pero ahora se me ocurre una grave dificultad. ¿Te la digo?

—Sí, hombre, dila.

—No, no quiero. Es pronto.

—¿Cómo pronto? Dímela, o te arranco una oreja.

—Pues yo... ¿Te acuerdas de lo que hablábamos anoche?

—Chi.

—Que no te acuerdas.

—Que sí, bobillo. ¡Tengo yo una memoria...! Me dijiste que para completar la ilusión de tu vida deseabas...

—Dilo.

—No, dilo tú.

—Deseaba tener un chiquillín.

—¡Ay! No, no; le querría yo tanto, que me moriría de pena si me le quitaba Dios. Porque se mueren todos —con exaltación—. ¿No ves pasar continuamente los carros fúnebres con las cajitas blancas? ¡Me da una tristeza!... Ni sé para qué permite Dios que vengan al mundo, si tan pronto se los ha de llevar... No, no; niño nacido es niño muerto... y el nuestro se moriría también. Más vale que no lo tengamos. Di que no.[191]

—Digo que sí. Déjalo, tonta. ¿Y por qué se ha de morir? Supón que vive..., y aquí entra el problema. Puesto que hemos de vivir separados, cada uno en su casa, independiente yo, libre y honrada tú, cada cual en su hogar honradísimo y *librísimo...*, digo, libérrimo, ¿en cuál de los hogares vivirá el angelito?

Tristana se quedó absorta, mirando las rayas del entarimado. No se esperaba la temida proposición, y al pronto no encontró manera de resolverla. De súbito, congestionado su pensamiento con un mundo de ideas que en tropel lo asaltaron, echóse a reír, bien segura de poseer la verdad, y la expresó en esta forma:

—Toma, pues conmigo, conmigo... ¿Qué duda puede haber? Si es mío, mío, ¿con quién ha de estar?

—Pero como será mío también, como será de los dos...

—Sí..., pero..., te diré..., tuyo, porque..., vamos, no lo quiero decir... Tuyo sí; pero es más mío que tuyo. Nadie puede dudar que es mío, porque la Naturaleza de mí propia lo arranca. Lo de tuyo es indudable; pero... no consta tanto, para el mundo, se entiende... ¡Ay, no me hagas hablar así ni dar estas explicaciones!

—Al contrario, mejor es explicarlo todo. Nos encontraremos en tal situación, que yo pueda decir: mío, mío.

—Más fuerte lo podré decir yo: mío, mío y eternamente mío.

—Y mío también.

—Convengo; pero...

—No hay pero que valga.

—No me entiendes. Claro que es tuyo... Pero me pertenece más a mí.

—No, por igual.

—Calla, hombre; por igual, nunca. Bien lo comprendes: podría haber otros casos en que... Hablo en general.

—No hablamos sino en particular.

—Pues en particular te digo que es mío y que no lo suelto, ¡ea!

—Es que... veríamos...

—No hay veríamos que valga.

—Mío, mío.

—Tuyo, sí; pero... fíjate bien..., quiero decir que eso de tuyo no es tan claro, en la generalidad de los casos. Luego, la Naturaleza me da más derechos que a ti... Y se llamará como yo, con mi apellido nada más. ¿Para qué tanto ringorrango?[192]

—Tristana, ¿qué dices? —incomodándose.

—Pero qué, ¿te enojas? Hijo, si tú tienes la culpa. ¿Para qué me...? No, por Dios, no te enfades. Me vuelvo atrás, me desdigo...

La nubecilla pasó, y pronto fue todo claridad y luz en el cielo de aquellas dichas, ligeramente empañado. Pero Díaz quedó un poco triste.[193] Con sus dulces carantoñas quiso Tristana disipar aquella fugaz aprensión, y más mona y hechicera que nunca, le dijo:

—¡Vaya, que reñir por una cosa tan remota, por lo que quizá no suceda! Perdóname. No puedo remediarlo. Me salen ideas como me podrían salir granos en la cara. Yo, ¿qué culpa tengo? Cuando menos se piensa, pienso cosas que no debe una pensar... Pero no hagas caso. Otra vez, coges un palito y me pegas. Considera esto como una enfermedad nerviosa o cerebral que se corrige con unturas de vara de fresno. ¡Qué tontería, afanarnos por lo que no existe, por lo que no sabemos si existirá, teniendo un presente tan fácil, tan bonito, para gozar de él!

15

Bonito, realmente bonito a no poder más era el presente, y Horacio se extasiaba en él, como si transportado se viera a un rincón de la eterna Gloria. Mas era hombre de carácter grave, educado en la soledad meditabunda, y por costumbre medía y pesaba todas las cosas previendo el desarrollo posible de los sucesos. No era de estos que fácilmente se embriagan con las alegrías sin ver el reverso de ellas. Su claro entendimiento le permitía analizarse con observación segura, examinando bien su ser inmutable al través de los delirios o tempestades que en él se iban sucediendo. Lo primero que encontró en aquel análisis fue la seducción irresistible que la damita japonesa sobre él ejercía, fenómeno que en él era como una dulce enfermedad, de que no quería en ningún modo curarse. Consideraba imposible vivir sin sus gracias, sin sus monerías inenarrables, sin las mil formas fascinadoras que la divinidad tomaba en ella al humanizarse. Encantábale su modestia cuando humilde se mostraba, y su orgullo cuando se embravecía. Sus entusiasmos locos y sus desalientos o tristezas le enamoraban del mismo modo. Jovial, era deliciosa la niña; enojada, también. Reunía un sinfín de dotes y cualidades, graves las unas, frívolas y mundanas las otras; a veces su inteligencia juzgaba de todo con claro sentido, a veces con desvarío seductor. Sabía ser dulce y amarga, blanda y fresca como el agua, ardiente como el fuego, vaga y rumorosa como el aire. Inventaba travesuras donosas, vistiéndose con los trajes de los modelos e improvisando monólogos o comedias en que ella sola hacía dos o tres personajes; pronunciaba discursos saladísimos; remedaba a su viejo don Lope, y, en suma, tales talentos y donaires iba sacando, que el buen Díaz, enamorado como un salvaje, pensaba que su amiguita compendiaba y resumía todos los dones concedidos a la naturaleza mortal.

Pues en el ramo, si así puede llamarse, de la ternura, era la señorita de Reluz igualmente prodigiosa. Sabía expresar su cariño en términos siempre nuevos; ser dulce sin empalagar, candorosa sin insulsez, atrevidilla sin asomos de corrupción, con la sinceridad siempre por delante, como la primera y más visible de sus infinitas gracias. Y

Horacio, viendo además en ella algo que sintomatizaba el precioso mérito de la constancia,[194] creía que la pasión duraría en ambos tanto como la vida, y aún más; porque, como creyente sincero, no daba por extinguidos sus ideales en la oscuridad del morir.

El arte era el que salía perdiendo con estas pasiones eternas y estos crecientes ardores. Por la mañana se entretenía pintando flores o animales muertos. Llevábanle el almuerzo del merendero del Riojano,[195] y comía con voracidad, abandonando los restos en cualquier mesilla del estudio. Este ofrecía un desorden encantador, y la portera, que intentaba arreglarlo todas las mañanas, aumentaba la confusión y el desarreglo. Sobre el ancho diván veíanse libros revueltos, una manta morellana;[196] en el suelo las cajas de color, tiestos, perdices muertas; sobre las corvas sillas, tablas a medio pintar, más libros, carpetas de estampas; en el cuartito anexo destinado a lavatorio y a guardar trastos, más tablitas, el jarro del agua con ramas de arbustos puestas a refrescar, una bata de Tristana colgaba[197] de la percha, y lindos trajes esparcidos por doquiera; un alquicel árabe[198], un ropón japonés[199], antifaces, quirotecas,[200] chupas y casacas bordadas, pelucas, babuchas de odalisca y delantales de campesina romana. Máscaras griegas de cartón, y telas de casullas[201] decoraban las paredes, entre retratos y fotografías mil de caballos, barcos, perros y toros.

Después de almorzar esperó Díaz una media hora, y como su amada no pareciera, se impacientó, y para entretenerse se puso a leer a Leopardi. Sabía con perfección castiza el italiano, que le enseñó su madre, y aunque en el largo espacio de la tiranía del abuelo se le olvidaron algunos giros, la raíz de aquel conocimiento vivió siempre en él, y en Venecia, Roma y Nápoles se adiestró de tal modo, que fácilmente pasaba por italiano en cualquier parte, aun en la misma Italia. Dante era su única pasión literaria. Repetía, sin olvidar un solo verso, cantos enteros del *Infierno* y el *Purgatorio*.[202] Dicho se está que, casi sin proponérselo, dio a su amiguita lecciones del *bel parlare*. Con su asimilación prodigiosa, Tristana dominó en breves días la pronunciación, y leyendo a ratos como por juego, y oyéndole leer a él, a las dos semanas recitaba con admirable entonación de actriz consumada el pasaje de Francesca, el de Ugolino y otros.[203]

Pues a lo que iba: engañaba Horacio el tiempo leyendo al melancólico poeta de Recanati, y se detenía meditabundo ante aquel profundo pensamiento; *E discoprendo, solo il nulla s'acresce* cuando sintió los pasitos que anhelaba oír; y ya no se acordó de Leopardi ni se cuidó de que *il nulla* creciera o menguara *discoprendo*.[204]

¡Gracias a Dios! Tristana entró con aquella agilidad infantil que no cedía ni al cansancio de la interminable escalera, y se fue derecha a él para abrazarle, cual si hubiera pasado un año sin verle.

—¡Rico, facha, cielo, pintamonas,[205] qué largo el tiempo de ayer a hoy! Me moría de ganas de verte... ¿Te has acordado de mí? ¿A que no has soñado conmigo como yo contigo? Soñé que..., no te lo cuento. Quiero hacerte rabiar.

—Eres más mala que un tabardillo.[206] Dame esos morros,[207] dámelos o te estrangulo ahora mismo.

—¡Sátrapa, corso, gitano! —cayendo fatigada en el diván—. No me engatusas con tu *parlare onesto*... ¡Eh! *Sella el labio... Denantes que del sol la crencha rubia*... ¡Jesús mío, cuantísimo disparate! No hagas caso; estoy loca; tú tienes la culpa. ¡Ay, tengo que contarte muchas cosas, *carino!* ¡Qué hermoso es el italiano y qué dulce, qué grato al alma es decir *mio diletto!* Quiero que me lo enseñes bien y seré profesora. Pero vamos a nuestro asunto. Ante todo, respóndeme: ¿*la jazemos?*[208]

Bien demostraba esta mezcla de lenguaje chocarrero y de palabras italianas, con otras rarezas de estilo que irán saliendo, que se hallaban en posesión de ese vocabulario de los amantes, compuesto de mil formas de lenguaje sugeridas por cualquier anécdota picaresca, por este o por el otro chascarrillo, por la lectura de un pasaje grave o de algún verso célebre. Con tales accidentes se enriquece el diccionario familiar de los que viven en comunidad absoluta de ideas y sentimientos. De un cuento que ella oyó a Saturna salió aquello de ¿*la jazemos?*, manera festiva de expresar sus proyectos de fuga; y de otro cuentecillo chusco que Horacio sabía salió el que Tristana no le llamase nunca por su nombre, sino con el de *señó Juan*, que era un gitano muy bruto y de muy malas pulgas. Sacando la voz más bronca que podía, cogíale Tristana de una oreja, diciéndole:

— Señó Juan, ¿me quieres?

Rara vez la llamaba él por su nombre. Ya era *Beatrice*, ya *Francesca*, o más bien *la Paca de Rímini*; a veces *Crispa* o *seña Restituta.*[209] Estos motes y los terminachos grotescos o expresiones líricas, que eran el saborete de su apasionada conversación, variaban cada pocos días, según las anécdotas que iban saliendo.

—*La jaremos* cuando tú dispongas, querida Restituta —replicó Díaz—. ¡Si no deseo otra cosa!... ¿Crees tú que puede un hombre estar *de amor extático* tanto tiempo?... Vámonos: *para ti la jaca torda, la que, cual dices tú, los campos borda...*[210]

—Al extranjero, al extranjero —palmoteando—. Yo quiero que tú y yo seamos extranjeros en alguna parte, y que salgamos del bracete sin que nadie nos conozca.

—Sí, mi vida. *¡Quién te verá a ti...!*

—Entre los *franceses* —cantando— y entre los *ingleses...* Pues te diré. Ya no puedo resistir más a mi *tirano de Siracusa...*[211] ¿Sabes? Saturna no le llama sino *don Lepe*,[212] y así le llamaré yo también. Ha

tomado una actitud patética. Apenas me habla, de lo que me alegro
mucho. Se hace el interesante, esperando que yo me enternezca. Anoche,
verás, estuvo muy amable conmigo, y me contó algunas de sus aventuras.
Piensa sin duda el muy pillo que con tales ejemplos se engrandece a mis
ojos; pero se equivoca. No puedo verle. Hay días en que me toca mirarle
con lástima; días en que me toca aborrecerle, y anoche le aborrecí,
porque en la narración de sus trapisondas, que son tremendas,
tremendísimas, veía yo un plan depravado para encenderme la
imaginación. Es lo más zorro que hay en el mundo.[213] A mí me dieron
ganitas de decirle que no me interesa más aventura que la de mi *señó
Juan* de mi alma, a quien adoro con todas mis *potencias irracionales,*
como decía el otro.[214]

—Pues te digo la verdad: me gustaría oírle contar a don Lope sus
historias galantes.

—Como bonitas, cree que lo son. ¡Lo de la marquesa del Cabañal es
de lo más chusco!... El marido mismo, más celoso que Otelo, le llevaba...
Pero si me parece que te lo he contado. Pues ¿y cuando robó del convento
de San Pablo, en Toledo, a la monjita?... El mismo año mató en duelo al
general que se decía esposo de la mujer más virtuosa de España, y la tal
se escapó con don Lope a Barcelona. Allí tuvo éste siete aventuras en un
mes, todas muy novelescas. Debía de ser atrevido el hombre, muy bien
plantado, y muy bravo para todo.[215]

—Restituta, no te entusiasmes con tu Tenorio arrumbado.

—Yo no me entusiasmo más que con este pintamonas. ¡Qué mal
gusto tengo! Miren esos ojos..., ¡ay, qué feos y qué sin gracia! Pues ¿y
esa boca? Da asco mirarla; y ese aire tan desgarbado... ¡Uf, no sé cómo te
miro! No; si ya me repugnas, quítate de ahí.

—Y tú, ¡qué horrible!... Con esos dientazos de jabalí y esa nariz de
remolacha, y ese cuerpo de botijo. ¡Ay, tus dedos son tenazas!

—Tenazas, sí, tenazas de *jierro*, para arrancarte tira a tira toda tu piel
de burro. ¿Por qué eres así? *Gran Dio, morir si giovine!*[216]

—Mona, más mona que los Santos Padres, y más hechicera que el
Concilio de Trento y que don Alfonso el Sabio..., oye una cosa que se me
ocurre. ¿Si ahora se abriera esa puerta y apareciera tu don Lope...?

—¡Ay! Tú no conoces a *don Lepe. Don Lepe* no viene aquí, ni por
nada del mundo hace él el celoso de comedia.[217] Creería que su
caballerosidad se llenaba de oprobio. Fuera de la seducción de mujeres
más o menos virtuosas, es todo dignidad.

—¿Y si entrara yo una noche en tu casa y él me sorprendiera allí?

—Entonces, puede que, como medida preventiva, te partiera en dos
pedazos, o convirtiera tu cráneo en hucha para guardar todas las balitas
de su revólver. Con tanta caballerosidad, sabe ser muy bruto cuando le
tocan al punto delicado. Por eso más vale que no vayas. Yo no sé cómo

ha sabido esto; pero ello es que lo sabe. De todo se entera el maldito, con su sagacidad de perro viejo y su experiencia de maestro en picardías. Ayer me dijo con retintín: «¿Conque pintorcitos tenemos?» Yo no le contesté. Ya no le hago caso. El mejor día entra en casa, y el pájaro voló... *Ahi Pisa, vituperio delle genti.* ¿Adónde nos vamos, hijo de mi alma? ¿A *dó* me conducirás? —cantando—. *La ci darem la mano...*[218] Sé que no hay congruencia en nada de lo que digo. Las ideas se me atropellan aquí, disputándose cuál sale primero, como cuando se agolpa el gentío a la puerta de una iglesia y se estrujan y se... Quiéreme, quiéreme mucho, que todo lo demás es música. A veces se me ocurren ideas tristes; por ejemplo, que seré muy desgraciada, que todos mis sueños de felicidad se convertirán en humo. Por eso me aferro más a la idea de conquistar mi independencia y de arreglármelas con mi ingenio como pueda.[219] Si es verdad que tengo algún pesquis, ¿por qué no he de utilizarlo dignamente, como otras explotan la belleza o la gracia?

—Tu deseo no puede ser más noble —díjole Horacio, meditabundo—. Pero no te afanes, no te aferres tanto a esa aspiración, que podría resultar impracticable. Entrégate a mí sin reserva. ¡Ser mi compañera de toda la vida; ayudarme y sostenerme con tu cariño!... ¿Te parece que hay un oficio mejor ni arte más hermoso? Hacer feliz a un hombre que te hará feliz, ¿qué más?

—¡Qué más! —mirando al suelo—. *Diverse lingue, orribile favelle... parole di dolore, accenti d'ira...*[220] Ya, ya; la congruencia es la que no parece... *Señó Juan,* ¿me quieres mucho? Bueno; has dicho: «¿Qué más?» Nada, nada. Me conformo con que no haya más. Te advierto que soy una calamidad como mujer casera. No doy pie con bola, y te ocasionaré mil desazones. Y fuera de casa, en todo menester de compras o negocios menudos de mujer, también soy de oro. ¡Con decirte que no conozco ninguna calle ni sé andar sola sin perderme! El otro día no supe ir de la Puerta del Sol a la calle de Peligros, y recalé allá por la Plaza de la Cebada. No tengo el menor sentido topográfico. El mismo día, al comprar unas horquillas en el bazar, di un duro y no me cuidé de recoger la vuelta. Cuando me acordé, ya estaba en el tranvía...; por cierto que me equivoqué y me metí en el del barrio.[221] De todo esto y de algo más que observo en mí, deduzco... ¿En qué piensas? ¿Verdad que nunca querrás a nadie más que a tu *Paquita de Rímini*?... Pues sigo diciéndote... No, no te lo digo.

—Dime lo que pensabas —incomodándose—. He de quitarte esa pícara costumbre de decir las cosas a medias.

—Pégame, hombre, pega...; rómpeme una costilla. ¡Tienes un geniazo!... *Ni del dorado techo... se admira fabricado..., del sabio moro, en jaspes sustentado.*[222] Tampoco esto tiene congruencia.

—Maldita. ¿Qué ha de tener?

—Pues *diréte, Inés, la cosa...*[223] Oye —abrazándole—. Lo que he pensado de mí, estudiándome mucho, porque yo me estudio, ¿sabes?, es que sirvo, que podré servir para las cosas grandes; pero que decididamente no sirvo para las pequeñas.

Lo que Horacio le contestó perdióse en la oleada de ternezas que vino después, llenando de vagos rumores la plácida soledad del estudio.

16

Como contrapeso moral y físico de la enormísima exaltación de las tardes, Horacio, al retirarse de noche a su casa, se derrumbaba en el seno tenebroso de una melancolía sin ideas, o con ideas vagas, toda languidez y zozobra indefinibles. ¿Qué tenía? No le era fácil contestarse. Desde los tiempos de su lento martirio en poder del abuelo, solía padecer fuertes ataques periódicos de *spleen* que se le renovaban en todas las circunstancias anormales de su vida. Y no era que en aquellas horas de recogimiento se hastiara de Tristana, o tuviese dejos amargos de las dulzuras del día, no; la visión de ella le acosaba; el recuerdo fresquísimo de sus donaires ponía en continuo estremecimiento su naturaleza, y antes que buscar un término a tan abrasadoras emociones, deseaba repetirlas, temeroso de que algún día pudieran faltarle. Al propio tiempo que consideraba su destino inseparable del de aquella singular mujer, un terror sordo le rebullía en el fondo del alma, y por más que procuraba, haciendo trabajar furiosamente a la imaginación, figurarse el porvenir al lado de Tristana, no podía conseguirlo. Las aspiraciones de su ídolo a cosas grandes causábanle asombro; pero al querer seguirla por los caminos que ella con tenacidad graciosa señalaba, la hechicera figura se le perdía en un término nebuloso.[224]

No causaron inquietud a doña Trinidad (que así se llamaba la señora con quien Horacio vivía) las murrias de su sobrino, hasta que pasado algún tiempo advirtió en él un aplanamiento sospechoso. Entrábale como un sopor, conservando los ojos abiertos, y no había medio de sacarle del cuerpo una palabra. Veíasele inmóvil en un sillón del comedor, sin prestar la menor atención a la tertulia de dos o tres personas que amenizaban las tristes noches de doña Trini. Era ésta de dulcísimo carácter, achacosa, aunque no muy vieja, y derrumbada por los pesares que habían gravitado sobre ella, pues no tuvo tranquilidad hasta que se quedó sin padre y sin marido. Bendecía la soledad, y debía mucha gratitud a la muerte.

De su vida de afanes quedóle una debilidad nerviosa, relajación de los músculos de los párpados. No abría los ojos sino a medias, y esto con dificultad en ciertos días o cuando reinaban determinados aires, llegando a veces al sensible extremo de tener que levantarse el párpado con los dedos si quería ver bien a una persona. Por añadidura, estaba muy delicadita del pecho, y en cuanto entraba el invierno se ponía fatal, ahogada de tos, con horribles frialdades en pies y manos, y todo se le volvía imaginar defensas contra el frío, en la casa como en su persona. Adoraba a su sobrino, y por nada del mundo se separaría de él.[225] Una noche, después de comer, y antes que llegaran los tertulios, doña Trini se sentó, hecha un ovillo, frente a la butaca en que Horacio fumaba, y le dijo:

—Si no fuera por ti, yo no aguantaría las crudezas de este frío maldito que me está matando. ¡Y pensar que con irme a tu casa de Villajoyosa resucitaría! Pero ¿cómo me voy y te dejo aquí solo? Imposible, imposible.

Replicóle el sobrino que bien podría irse y dejarle, pues nadie se lo comería.

—¡Quién sabe, quién sabe si te comerán...! Tú andas también delicadillo. No me voy, no me separo de ti por nada de este mundo.

Desde aquella noche empezó una lucha tenaz entre los deseos de emigración de la señora y la pasividad sedentaria del señorito. Anhelaba doña Trini largarse; él también quería que se fuera, porque el clima de Madrid la minaba rápidamente. Habría tenido gusto en acompañarla; pero ¿cómo, ¡santo Dios!, si no veía forma humana de romper su amorosa cadena, ni siquiera de aflojarla?

—Iré a llevarla a usted —dijo a su tía, buscando una transacción— y me volveré en seguida.

—No, no.

—Iré después a buscarla a usted a la entrada de la primavera.

—Tampoco.

La tenacidad de doña Trini no se fundaba sólo en su horror al invierno, que aquel año vino con espada en mano. Nada sabía concretamente de los devaneos de Horacio; pero sospechaba que algo anormal y peligroso ocurría en la vida del joven, y con feliz instinto estimó conveniente llevársele de Madrid.[226] Alzando la cabeza para mirarle bien, pues aquella noche funcionaban muy mal los párpados, y abrir no podía más que un tercio de ojos, le dijo:

—Pues me parece que en Villajoyosa pintarías como aquí, y aun mejor. En todas partes hay Naturaleza y natural... Y, sobre todo, tontín, allí te librarás de tanto quebradero de cabeza y de las angustias que estás pasando. Te lo dice quien bien te quiere, quien sabe algo de este mundo traicionero. No hay cosa peor que apegarse a un vicio de querer... Despréndete de un tirón. Pon tierra por medio.

Dicho esto, doña Trini dejó caer el párpado, como tronera que se cierra después de salir el tiro. Horacio nada contestó; pero las ideas de su tía quedaron en su mente como semillas dispuestas a germinar. Repitió sus sabias exhortaciones a la siguiente noche la simpática viuda, y a los dos días ya no le pareció al pintor muy disparatada la idea de partir, ni vio, como antes, en la separación de su amada, un suceso tan grave como la rotura del planeta en pedazos mil. De improviso sintió que del fondo de su naturaleza salía un prurito, una reclamación de descanso. Su existencia toda pedía tregua, uno de esos paréntesis que la guerra y el amor suelen solicitar con necesidad imprescindible para poder seguir peleando y viviendo. La primera vez que comunicó a Tristana los deseos de doña Trini, aquélla puso el grito en el cielo. El también se indignó; protestaron ambos contra el importuno viaje, y... *antes morir que consentir tiranos.*[227] Mas otro día, tratando de lo mismo, Tristana pareció conformarse. Sentía lástima de la pobre viuda. ¡Era tan natural que no quisiera ir sola...! Horacio afirmó que doña Trini no resistiría en Madrid los rigores del invierno, ni se determinaba a separarse de su sobrino. Mostróse la de Reluz más compasiva, y por fin... ¿Sería que también a ella le pedían el cuerpo y el alma tregua, paréntesis, solución de continuidad? Ni uno ni otro cedían en su amoroso anhelo; pero la separación no los asustaba; al contrario, querían probar el desconocido encanto de alejarse, sabiendo que era por tiempo breve; probar el sabor de la ausencia, con sus inquietudes, el esperar y recibir cartas, el desearse recíprocamente, y el contar lo que faltaba para tenerse de nuevo.[228]

En resumidas cuentas, que Horacio tomó las de Villadiego. Tierna fue la despedida: se equivocaron, creyéndose con serenidad bastante para soportarla, y al fin se hallaban como condenados al patíbulo. Horacio, la verdad, no se sintió muy pesaroso por el camino; respiraba con desahogo, como jornalero en sábado por la tarde, después de una semana de destajo; saboreaba el descanso moral, el placer pálido de no sentir emociones fuertes. El primer día de Villajoyosa, ninguna novedad ocurrió. Tan conforme el hombre y muy bien hallado con su destierro. Pero al segundo día, aquel mar tranquilo de su espíritu empezó a moverse y picarse con leve ondulación, y luego fue el crecer, el encresparse. A los cuatro días el hombre no podía vivir de soledad, de tristeza, de privación. Todo le aburría: la casa, doña Trini, la parentela. Pidió auxilio al arte, y el arte no le proporcionó más que desaliento y rabia. El paisaje hermosísimo, el mar azul, las pintorescas rocas, los silvestres pinos, todo le ponía cara fosca. La primera carta le consoló en su soledad; no podían faltar en ella ausencias dulcísimas ni aquello tan sobado de *nessun maggior dolore...,*[229] ni los términos del vocabulario formado en las continuas charlas de amor. Habían convenido en escribirse dos cartitas por semana, y resultaba carta *todos los días diariamente,* según decía Tristana. Si las de él ardían, las de ella quemaban. Véase la clase:

«He pasado un día cruel y una noche de todos los perros de la jauría de Satanás. ¿Por qué te fuiste?... Hoy estoy más tranquila; oí misa, recé mucho. He comprendido que no debo quejarme, que hay que poner frenos al egoísmo. Demasiado bien me ha dado Dios, y no debo ser exigente. Merezco que me riñas y me pegues, y aun que me quieras un poco menos (¡no, por Dios!), cuando me aflijo por una ausencia breve y necesaria... Me mandas que esté tranquila, y lo estoy. *Tu duca, tu maestro, tu signore.* Sé que mi *señó Juan* volverá pronto, que ha de quererme siempre, y *Paquita de Rímini* espera confiada y se resigna con su *soleá.*»[230]

De él a ella:

«Hijita, ¡qué días paso! Hoy quise pintar un burro, y me salió... algo así como un pellejo de vino con orejas. Estoy de remate[231]; no veo el color, no veo la línea, no veo más que a mi *Restituta*, que me encandila los ojos con sus monerías. Día y noche me persigue la imagen de mi *monstrua* serrana, con todo el pesquis del Espíritu Santo y toda la sal del *botiquín.*»

(*Nota del colector:* Llamaban *botiquín* al mar, por aquel cuento andaluz del médico de a bordo, que todo lo curaba con agua salada.)[232]

«... Mi tía no está bien. No puedo abandonarla. Si tal barbaridad hiciera, tú misma no me la perdonarías. Mi aburrimiento es una terrible tortura que se le quedó en el tintero a nuestro amigo Alighieri...

»He vuelto a leer tu carta del jueves, la de las pajaritas, la de los éxtasis..., *intelligenti pauca.*[233] Cuando Dios te echó al mundo, llevóse las manos a la cabeza augusta, arrepentido y pesaroso de haber gastado en ti todo el ingenio que tenía dispuesto para fabricar cien generaciones. Haz el favor de no decirme que tú no vales, que eres un cero. ¡Ceritos a mí! Pues yo te digo, aunque la modestia te salga a la cara como una aurora boreal, yo te digo, ¡oh *Restituta*!, que todos los bienes del mundo son una *perra chica* comparados con lo que tú vales; y que todas las glorias humanas, soñadas por la ambición y perseguidas por la fortuna, son un *zapato viejo* comparadas con la gloria de ser tu dueño... No me cambio por nadie... No, no, digo mal: quisiera ser Bismarck para crear un Imperio,[234] y hacerte a ti emperatriz. Chiquilla, yo seré tu vasallo humilde; pisotéame, escúpeme, y manda que me azoten.»

De ella a él:

«... Ni en broma me digas que puede mi *señó Juan* dejar de quererme. No conoces tú bien a tu *Panchita de Rímini*, que no se asusta de la muerte, y se siente con valor para *suicidarse a sí misma* con la mayor sal del mundo. Yo me mato como quien se bebe un vaso de agua. ¡Qué gusto, qué dulcísimo estímulo de curiosidad! ¡Enterarse de todo lo que hay por allá, y verle la cara al *pusuntra!...* ¡Curarse radicalmente de aquella dudita fastidiosa de *ser o no ser,* como dijo *Chispeerís...*! En fin, que no me vuelvas a decir eso de quererme un poquito menos, porque mira tú..., ¡si vieras qué bonita colección de revólveres tiene mi *don Lepe!*[235] Y te advierto que los sé manejar, y que si me atufo, ¡pim!, me voy a dormir la siesta con el Espíritu Santo...»

¡Y cuando el tren traía y llevaba todo este cargamento de sentimentalismo, no se inflamaban los ejes del coche-correo ni se disparaba la locomotora, como corcel en cuyos ijares aplicaran espuelas calentadas al rojo! Tantos ardores permanecían latentes en el papelito en que estaban escritos.[236]

17

Tan voluble y extremosa era en sus impresiones la señorita de Reluz, que fácilmente pasaba del júbilo desenfrenado y epiléptico a una desesperación lúgubre. He aquí la muestra:

«*Caro bene, mio diletto,*[237] ¿es verdad que me quieres tanto y que en tanto me estimas? Pues a mí me da por dudar que sea verdad tanta belleza. Dime: ¿existes tú, o no eres más que un fantasma vano, obra de la fiebre, de esta ilusión de lo hermoso y de lo grande que me trastorna? Hazme el favor de echar para acá una carta *fuera de abono,*[238] o un telegrama que diga: *Existo. Firmado, seño Juan...* Soy tan feliz, que a veces paréceme que vivo suspendida en el aire, que mis pies no tocan la tierra, que huelo la eternidad y respiro el airecillo que sopla más allá del sol.[239] No duermo. ¡Ni qué falta me hace dormir!... Más quiero pasarme toda la noche pensando que te gusto, y contando los minutos que faltan para ver tu jeta preciosa. No son tan felices como yo los justos que están en éxtasis a la *verita* de la Santísima Trinidad; no lo son, no pueden serlo... Sólo un recelo chiquito y fastidioso, como el grano de tierra que en un ojo se nos mete y nos hace sufrir tanto, me estorba para la felicidad absoluta. Y es la sospecha de que todavía no me quieres bastante, que no has llegado al supremo límite del querer, ¿qué digo límite, si no lo hay?, al principio del último cielo, pues yo no puedo hartarme de pedir más, más, siempre más; y no quiero, no quiero sino cosas infinitas, entérate..., todo infinito, infinitísimo, o nada... ¿Cuántos abrazos crees que te voy a dar cuando llegues? Ve contando. Pues tantos como segundos tarde una hormiga en dar la vuelta al globo terráqueo. No; más, muchos más. Tantos como segundos tarde la hormiga en partir en dos, con sus patas,

la esferita terrestre, dándole vueltas siempre por una misma línea...
Conque saca esa cuenta, tonto.»

Y otro día:

«No sé lo que me pasa, no vivo en mí, no puedo vivir de ansiedad, de temor. Desde ayer no hago más que imaginar desgracias, suponer cosas tristes: o que tú te mueres, y viene a contármelo don Lope con cara de regocijo, o que me muero yo y me meten en aquella caja horrible, y me echan tierra encima. No, no, no quiero morirme, no me da la gana. No deseo saber lo de allá, no me interesa. Que me resuciten, que me vuelvan a la vidita querida. Me espanta mi propia calavera. Que me devuelvan mi carne fresca y bonita, con todos los besos que tú me has dado en ella. No quiero ser sólo huesos fríos y después polvo. No, esto es un engaño. Ni me gusta que mi espíritu ande pidiendo hospitalidad de estrella en estrella, ni que San Pedro, calvo y con cara de malas pulgas, me dé con la puerta en los hocicos... Pues aunque supiera que había de entrar allí, no me hablen de muerte; venga mi vidita mortal, y la tierra en que padecí y gocé, en que está mi pícaro *señó Juan*. No quiero yo alas ni alones, ni andar entre ángeles sosos que tocan el arpa. Déjenme a mí de arpas y acordeones y de fulgores celestes. Venga mi vida mortal, y salud y amor, y todo lo que deseo.[240]

»El problema de mi vida me anonada más cuanto más pienso en él. Quiero ser algo en el mundo, cultivar un arte, vivir de mí misma. El desaliento me abruma. ¿Será verdad, Dios mío, que pretendo un imposible? Quiero tener una profesión, y no sirvo para nada, ni sé nada de cosa alguna. Esto es horrendo.

»Aspiro a no depender de nadie, ni del hombre que adoro. No quiero ser su manceba, tipo innoble, la hembra que mantienen algunos individuos para que les divierta, como un perro de caza; ni tampoco que el hombre de mis ilusiones se me convierta en marido. No veo la felicidad en el matrimonio. Quiero, para expresarlo a mi manera, estar casada conmigo misma, y ser mi propia cabeza de familia. No sabré amar por obligación; sólo en la libertad comprendo mi fe constante y mi adhesión sin límites. Protesto, me da la gana de protestar contra los hombres, que se han cogido todo el mundo por suyo, y no nos han dejado a nosotras más que las veredas estrechitas por donde ellos no saben andar...[241]

»Estoy cargante, ¿verdad? No hagas caso de mí. ¡Qué locuras! No sé lo que pienso ni lo que escribo; mi cabeza es un nidal de disparates. ¡Pobre de mí! Compadéceme; hazme burla... Manda que me pongan la camisa de fuerza y que me encierren en una jaula. Hoy no puedo escribirte ninguna broma, no está la masa para rosquillas.[242] No sé más que llorar, y este papel te lleva un *botiquín* de lágrimas. Dime tú: ¿por qué he nacido? ¿Por qué no me quedé allá, en el regazo de la señora nada, tan hermosa, tan tranquila, tan dormilona, tan...? No sé acabar.»

En tanto que estas ráfagas tempestuosas cruzaban el largo espacio entre la villa mediterránea y Madrid, en el espíritu de Horacio se iniciaba una crisis, obra de la inexorable ley de adaptación, que hubo de encontrar adecuadas condiciones locales para cumplirse. La suavidad del clima le embelesaba, y los encantos del paisaje se abrieron paso al fin, si así puede decirse, por entre las brumas que envolvían su alma. El Arte se confabuló con la Naturaleza para conquistarle, y habiendo pintado un día, después de mil tentativas infructuosas, una marina soberbia, quedó para siempre prendado del mar azul, de las playas luminosas y del risueño contorno de tierra. Los términos próximos y lejanos, el pintoresco anfiteatro de la villa, los almendros, los tipos de labradores y mareantes le inspiraban deseos vivísimos de transportarlo todo al lienzo; entróle la fiebre del trabajo, y por fin, el tiempo, antes tan estirado y enojoso, hízosele breve y fugaz; de tal modo que, al mes de residir en Villajoyosa, las tardes se comían las mañanas y las noches se merendaban las tardes, sin que el artista se acordara de merendar ni de comer.[243]

Fuera de esto, empezó a sentir las querencias del propietario, esas atracciones vagas que sujetan al suelo la planta, y el espíritu a las pequeñeces domésticas. Suya era la hermosa casa en que vivía con doña Trini; un mes tardó en hacerse cargo de su comodidad y de su encantadora situación. La huerta, poblada de añosos frutales, algunos de especies rarísimas, todos en buena conservación, suya era también, y el fresal espeso, la esparraguera y los plantíos de lozanas hortalizas; suya la acequia que atravesaba cuadalosa la huerta y terrenos colindantes. No lejos de la casa podía mirar asimismo con ojos de propietario un grupo de palmeras gallardas, de bíblica hermosura, y un olivar de austero color, con ejemplares viejos, retorcidos y verrugosos como los de Getsemaní.[244]

Cuando no pintaba, echábase a pasear de largo, en compañía de gentes sencillas del pueblo, y sus ojos no se cansaban de contemplar la extensión cerúlea, el siempre admirable *botiquín*, que a cada instante cambiaba de tono, como inmenso ser vivo, dotado de infinita impresionabilidad. Las velas latinas que lo moteaban, blancas a veces, a veces resplandecientes como tejuelos de oro bruñido, añadían toques picantes a la majestad del grandioso elemento, que algunas tardes parecía lechoso y dormilón, otras rizado y transparente, dejando ver, en sus márgenes quietas, cristalinos bancos de esmeraldas.

Lo que observaba Horacio dicho se está que al punto era comunicado a Tristana.

Del mismo a la misma:

«¡Ay niña mía, no sabes cuán hermoso es esto! Pero ¿cómo has de comprenderlo tú, si yo mismo he vivido hasta hace poco ciego a tanta belleza y poesía? Admiro y amo este rincón del planeta, pensando que algún día hemos de amarlo y admirarlo juntos. Pero ¡si estás conmigo aquí, si en mí te llevo, y no dudo que tus ojos ven dentro de los míos lo que los míos ven!... ¡Ay *Restitutilla*, cuánto te gustaría mi casa, *nuestra* casa, si en ella te vieras! No me satisface, no, tenerte aquí en espíritu. ¡En espíritu! Retóricas, hija, que llenan los labios y dejan vacío el corazón. Ven, y verás. Resuélvete a dejar a ese viejo absurdo, y casémonos ante este altar incomparable, o ante cualquier otro altarito que el mundo nos designe, y que aceptaremos para estar bien con él... ¿No sabes? Me he franqueado con mi ilustre tía. Imposible guardar más tiempo el secreto. Pásmate, chiquilla; no puso mala cara. Pero aunque la pusiera..., ¿y qué? Le he dicho que te tengo ley, que no puedo vivir sin ti, y ha soltado la risa.[245] ¡Vaya que tomar a broma una cosa tan seria! Pero más vale así... Dime que te alegra lo que te cuento hoy, y que al leerme te entran ganas de echar a correr para acá. Dime que has hecho el hatillo y me lanzo a buscarte. No sé lo que pensará mi tía de una resolución tan *súpita*.[246] Que piense lo que quiera. Dime que te gustará esta vida oscura y deliciosa; que amarás esta paz campestre; que aquí te curarás de las locas efervescencias que turban tu espíritu, y que anhelas ser una feliz y robusta villana, ricachona en medio de la sencillez y la abundancia, teniendo por maridillo al más chiflado de los artistas, al más espiritual habitante de esta tierra de luz, fecundidad y poesía.

»*Nota bene*. —Tengo un palomar que da la hora, con treinta o más pares. Me levanto al alba, y mi primera ocupación es abrirles la puerta. Salen mis amiguitas adoradas, y para saludar al nuevo día, dan unas cuantas vueltas por el aire, trazando espirales graciosas; después vienen a comer a mi mano, o en derredor de mí, hablándome con sus arrullos un lenguaje que siento no poder transmitirte. Convendría que tú lo oyeras y te enteraras por ti misma.»[247]

18

De Tristana a Horacio:

«¡Qué entusiasmadito y qué tonto está el *señó Juan*! ¡Y cómo con las glorias de este terruño se le van las memorias de este páramo en que yo vivo! Hasta te olvidas de nuestro vocabulario, y ya no soy la *Frasquita de Rímini*. Bueno, bueno. Bien quisiera entusiasmarme con tu *rustiquidad* (ya sabes que yo invento palabras), *que del oro y del cetro pone olvido*.[248] Hago lo que me mandas, y te obedezco... hasta donde pueda. *Bello país debe ser...*[249] ¡Yo de villana, criando gallinitas, poniéndome cada día más gorda, hecha un animal, y con un dije que llaman *maridillo* colgado de la punta de la nariz! ¡Qué guapota estaré, y tú qué salado, con tus tomates tempranos y tus naranjas tardías, saliendo a coger langostinos, y pintando burros con zaragüelles,[250] o personas racionales con albarda..., digo, al revés. Oigo desde aquí las palomitas, y entiendo sus arrullos.

Pregúntales por qué tengo yo esta ambición loca que no me deja vivir; por qué aspiro a lo imposible y aspiraré siempre, hasta que el imposible mismo se me plante enfrente y me diga: «Pero ¿no me ve usted, so...?» Pregúntales por qué sueño despierta con mi propio ser transportado a otro mundo, en el cual me veo libre y honrada, queriéndote más que a las señoritas de mis ojos, y... Basta, basta, *per pietà*. Estoy borracha hoy. Me he bebido tus cartas de los días anteriores y las encuentro horriblemente cargadas de *amílico*.[251] ¡Mixtificador!

»Noticia fresca. Don Lope, el gran don Lope, *ante quien muda se postró la tierra*,[252] anda malucho. El reuma se está encargando de vengar al sinnúmero de maridillos que burló, y a las vírgenes honestas o esposas frágiles que inmoló en el ara nefanda de su liviandad. ¡Vaya una figurilla!... Pues esto no quita que yo le tenga lástima al pobre Don Juan caído, porque fuera de su poquísima vergüenza en el ramo de mujeres, es bueno y caballeroso. Ahora que renquea y no sirve para nada, ha dado en la flor de entenderme, de estimar en algo este afán mío de aprender una profesión. ¡Pobre *don Lepe*! Antes se reía de mí; ahora me aplaude, y se arranca los pelos que le quedan, rabioso por no haber comprendido antes lo razonable de mi anhelo.[253]

»Pues verás: haciendo un gran sacrificio, me ha puesto profesor de inglés, digo, profesora, aunque más bien la creerías del género masculino o del neutro; una señora alta, huesuda, andariega, con feísima cara de rosas y leche, y un sombrero que parece una jaula de pájaros. Llámase doña Malvina, y estuvo en la capilla evangélica, ejerciendo de *sacerdota protestanta*, hasta que le cortaron los víveres, y se dedicó a dar lecciones... Pues espérate ahora y sabrás lo más gordo: dice mi maestra que tengo unas disposiciones terribles, y se pasma de ver que apenas me ha enseñado las cosas, ya yo me las sé. Asegura que en seis meses sabré tanto inglés como *Chaskaperas* o el propio *Lord Mascaole*.[254] Y al paso que me enseña inglés, me hace recordar el franchute,[255] y luego le metemos el diente al alemán. *Give me a kiss*, pedazo de bruto. Parece mentira que seas tan *iznorante*, que no entiendas esto.

»Bonito es el inglés, casi tan bonito como tú, que eres una fresca rosa de mayo..., si las rosas de mayo fueran negras como mis zapatos. Pues digo que estoy metida en unos afanes espantosos. Estudio a todas horas y devoro los temas. Perdona mi inmodestia; pero no puedo contenerme: soy un prodigio. Me admiro de encontrarme que sé las cosas cuando intento saberlas. Y a propósito, *señó Juan* naranjero y con zaragüelles, sácame de esta duda: «¿*Has comprado la pluma de acero del hijo de la jardinera de tu vecino?*» Tonto, no; lo que has comprado es *la palmatoria de marfil de la suegra del...* sultán de Marruecos. »Te muerdo una oreja. Expresiones a las palomitas. *To be or not to be... All the world a stage.*»[256]

De *señó Juan a señá Restituta*: «Cielín mío, miquina,[257] no te hagas tan sabia. Me asustas. De mí sé decirte que en esta *rustiquidad* (admitida la nueva palabra) casi me dan ganas de olvidar lo poquito que sé. ¡Viva la naturaleza! ¡Abajo la ciencia! Quisiera acompañarte en tu aborrecimiento de la vida oscura: *ma non posso.*[258] Mis naranjos están cargados de azahares, para que lo sepas, ¡rabia, rabiña!, y de frutas de oro. Da gozo verlos. Tengo unas gallinas que cada vez que ponen huevo, preguntan al cielo, cacareando, qué razón hay para que no vengas tú a comértelos. Son tan grandes que parecen tener dentro un elefantito. Las palomas dicen que no quieren nada con ingleses, ni aun con los que son émulos del gran *Sáspirr*. Por lo demás, comprenden y practican la libertad honrada o la honradez libre. Se me olvidó decirte que tengo tres cabras con cada ubre como el bombo grande de la lotería. No me compares esta leche con la que venden en la cabrería de tu casa, con aquellos *lácteos virgíneos candores*[259] que tanto asco nos daban. Las cabritas te esperan, inglesilla de tres al cuarto, para ofrecerte sus *senos turgentes*. Dime otra cosa... ¿Has comido turrón estas Navidades? Yo tengo aquí almendra y avellana bastantes para empacharte a ti y a toda tu casta. Ven y te enseñaré cómo se hace lo de Jijona, lo de Alicante y el sabrosísimo de yema, menos dulce que tu alma gitana. ¿Te gusta a ti el cabrito asado? Dígolo porque si probaras lo de mi tierra te chuparías el dedo; no, el *deíto* ese de San Juan te lo chuparía yo.[260] Ya ves que me acuerdo del vocabulario. Hoy está revuelto el *botiquín*, porque el Poniente le hace muchas cosquillas, poniéndole nervioso...

»Si no te enfadas ni me llamas prosaico, te diré que como por siete. Me gustan extraordinariamente las sopas de ajo tostaditas, el bacalao y el arroz *en sus múltiples aspectos*, los pavipollos y los salmonetes con piñones. Bebo sin tasa del riquísimo *licor de Engadi*, digo, de Aspe, y me estoy poniendo gordo y guapo inclusive, para que te enamores de mí cuando me veas y te *extasíes* delante de mis encantos o *appas*,[261] como dicen los franceses y nosotros. ¡Ay, qué *appases* los míos! Pues ¿y tú? Haz el favor de no encanijarte con tanto estudio. Temo que la *señá* Malvina te contagie de su fealdad seca y hombruna. No te me vuelvas muy filósofa, no te encarames a las estrellas, porque a mí me están pesando mucho las carnazas y no puedo subir a cogerte, como cogería un limón de mis limoneros... Pero ¿no te da envidia de mi manera de vivir?

¿A qué esperas? Si no *la jazemos* ahora, ¿cuándo, *per Baco*? Vente, vente. Ya estoy arreglando tu habitación, que será *manífica*, digno estuche de tal joya. Dime que sí, y parto, parto... (no el de los montes), quiero decir que corro a traerte. *Oh donna di virtù!*[262] Aunque te vuelvas más marisabidilla que Minerva, y me hables en griego para mayor claridad; aunque te sepas de memoria las Falsas Decretales y la Tabla de logaritmos, te adoraré con toda la fuerza de mi supina barbarie.»

De la señorita de Reluz:

«¡Qué pena, qué ansiedad, qué miedo! No pienso más que cosas malas. No hago más que bendecir este fuerte constipado que me sirve de pretexto para poder limpiarme los ojos a cada instante. El llanto me consuela. Si me preguntas por qué lloro, no sabré responderte. ¡Ah! Sí, sí, ya sé: lloro porque no te veo, porque no sé cuándo te veré. Esta ausencia me mata. Tengo celos del mar azul, los barquitos, las naranjas, las palomas, y pienso que todas esas cosas tan bonitas serán Galeotos de la infidelidad de mi *señó Juan*... Donde hay tanto bueno, ¿no ha de haber también buenas mozas? Porque con todo mi *marisabidillismo*[263] (ve apuntando las palabras que invento), yo me mato si tú me abandonas. Eres responsable de la tragedia que puede ocurrir, y...

»Acabo de recibir tu carta. ¡Cuánto me consuela! Me he reído de veras. Ya se me pasaron los *esplines*; ya no lloro; ya soy feliz, tan feliz que no *sabo* expresarlo. Pero no me engatusas, no, con tus limoneros y tus acequias de *undosa corriente*. Yo libre y honrada, te acepto así, aldeanote y criador de pollos. Tú como eres, yo como *ero*. Eso de que dos que se aman han de volverse iguales y han de pensar lo mismo, no me cabe a mí en la cabeza. ¡El uno para el otro! ¡Dos en uno! ¡Qué bobadas inventa el egoísmo! ¿A qué esa confusión de los caracteres? Sea cada cual como Dios le ha hecho, y siendo distintos, se amarán más. Déjame suelta, no me amarres, no borres mi..., ¿lo digo? Estas palabras tan sabias se me atragantan; pero, en fin, la soltaré..., mi *doisingracia*.[264]

»A propósito. Mi maestra dice que pronto sabré más que ella. La pronunciación es el caballo de batalla[265]; pero ya me soltaré, no te apures, que esta lengüecita mía hace todo lo que quiero. Y ahora, allá van los golpes de incensario que me echo a mí misma. ¡Qué modesta es la nena! Pues, señor, sabrás que domino la Gramática, que me bebo el Diccionario, que mi memoria es prodigiosa, lo mismo que mi entendimiento (no, si no lo digo yo; lo dice la *señá* Malvina). Esta no se anda en bromas, y sostiene que conmigo hay que empezar por el fin. De manos a boca nos hemos *ponido* a leer a *Don Guillermo*, al inmenso poeta, *el que más ha creado después de Dios*, como dijo Séneca..., no, no, Alejandro Dumas. Doña Malvina se sabe de memoria el Glosario, y conoce al dedillo el texto de todos los dramas y comedias. Me dio a escoger, y elegí el *Macbeth*, porque aquella señora de Macbeth me ha sido siempre muy simpática. Es mi amiga... En fin, que le metimos el diente a la tragedia. Las brujitas me han *dicido* que seré reina..., y yo me lo creo. Pero, en fin, ello es que estamos traduciendo. ¡Ay hijo, aquella exclamación de la *señá* Macbeth, cuando grita al Cielo con toda su alma: *Unsex me here*, me hace estremecer y despierta no sé qué terribles emociones en lo más profundo de mi naturaleza! Como no perteneces a las *clases ilustradas*, no entenderás lo que aquello quiere decir, ni yo te lo explico, porque sería como echar margaritas a...²⁶⁶ No, eres mi cielo, mi infierno, mi polo *maznético*, y hacia ti marca siempre tu brújula, tu chacha²⁶⁷ querida, tu... *Lady Restitute*.»

Jueves 14:

«¡Ay! No te había dicho nada. El gran don Lope, *terror de las familias*,²⁶⁸ está conmigo como un merengue. El reuma sigue mortificándole, pero siempre tiene para mí palabras de cariño y dulzura. Ahora le da por llamarme su hija, por recrear su espíritu (así lo dice) llamándose mi papá, y por figurarse que lo es. *E se non piangi, de che pianger suoli?*²⁶⁹ Se arrepiente de no haberme comprendido, de no haber cultivado mi inteligencia. Maldice su abandono... Pero aún es tiempo; aún podremos ganar el terreno perdido. Porque yo tenga una profesión que me permita ser honradamente libre, venderá él la camisa, si necesario fuese. Ha empezado por traerme un carro de libros, pues en casa jamás los hubo. Son de la biblioteca de su amigo el marqués de Cicero.²⁷⁰ Excuso decirte que he caído sobre ellos como lobo hambriento, y a éste quiero, a éste no quiero, heme dado unos atracones que ya, ya... ¡Dios mío, cuánto *sabo*! En ocho días he tragado más páginas que lentejas dan por mil duros. Si vieras mi cerebrito por dentro, te asustarías. Allí andan las ideas a bofetada limpia unas con otras... Me sobran muchas, y no sé con *cuálas* quedarme... Y lo mismo le hinco el diente a un tomo de Historia que a un tratado de Filosofía. ¿A que no sabes tú lo que son las mónadas del señor de Leibniz? Tonto, ¿crees que digo *monadas*?²⁷¹ Para monadas, las tuyas, dirás, y con razón. Pues si tropiezo con un libro de Medicina, no creas que le hago *fu*. Yo con todo apenco. Quiero saber, saber, saber. Por cierto que... No, no te lo digo. Otro día será. Es muy tarde: he velado por escribirte; la *pálida antorcha* se extingue, bien mío. Oigo el canto del gallo, *nuncio* del nuevo día, y ya el plácido beleño por mis venas se derrama...²⁷² Vamos, palurdo, confiesa que te ha hecho gracia lo del beleño... En fin, que estoy rendida y me voy al almo lecho..., sí, señor, no me vuelvo atrás: almo, almo.»

19

De la misma al mismo:

«Monigote, ¿en qué consiste que cuanto más sé, y ya sé mucho, más te idolatro?... Ahora que estoy malita y triste, pienso más en ti... Curiosón, todo lo quieres saber. Lo que tengo no es nada, nada; pero me molesta. No hablemos de eso... Hay en mi cabeza un barullo tal, que no sé si esto es cabeza o el manicomio donde están encerrados los grillos que han perdido la razón grillesca... ¡Un aturdimiento, un pensar y pensar siempre cosas mil, millones más bien de cosas bonitas y feas, grandes y chicas! Lo más raro de cuanto me pasa es que se me ha borrado tu imagen: no veo claro tu lindo rostro; lo veo así como envuelto en una niebla, y no puedo precisar las facciones, ni hacerme cargo de la expresión, de la mirada. ¡Qué rabia!... A veces me parece que la neblina se despeja..., abro mucho los ojitos de la imaginación, y me digo: «Ahora, ahora le voy a ver.» Pero resulta que veo menos, que te oscureces más, que te borras completamente, y abur mi *señó Juan*. Te me vuelves espíritu puro, un ser intangible, un... no sé cómo decirlo. Cuando considero la pobreza de palabras, me dan ganas de inventar muchas, a fin de que todo pueda decirse. ¿Serás tú *mi-mito*?[273]

»Pienso que todo eso que me dices de que estás hecho un ganso es por burlarte de mí. No, niño, eres un gran artista, y tienes en la mollera la divina luz; tú darás que hacer a la fama y asombrarás al mundo con tu genio maravilloso. Quiero que se diga que Velázquez y Rafael eran unos pintapuertas[274] comparados contigo. Lo tienen que decir. Tú me engañas: echándotelas de patán y de huevero y de *naranjista*, trabajas en silencio y me preparas la gran sorpresa. ¡No son malos huevos los que tú empollas! Estás preparando con estudios parciales el gran cuadro que era tu ilusión y la mía, el *Embarque de los moriscos expulsados*,[275] para el cual apuntaste ya algunas figuras. Hazlo, por Dios, trabaja en eso. ¡Asunto histórico profundamente humano y patético! No vaciles y déjate de gallinas y vulgaridades estúpidas. ¡El arte! ¡La gloria, *señó Juanico*! Es la única rival de quien no tengo celos.[276] Súbete a los cuernos de la luna, pues bien puedes hacerlo. Si hay otros que regarán las hortalizas mejor que tú, ¿por qué no intentas lo que nadie como tú hará? ¿No debe cada cual estar en lo suyo? Pues lo tuyo es eso: el divino arte, en que tan poco te falta para ser maestro. He dicho.»

¿Te lo digo? No, no te lo digo. Te vas a asustar, creyendo que es más de lo que es. No, permíteme que no te diga nada. Ya estoy viendo los morros que me pones por este sistema mío de apuntar y no hacer fuego, diciendo las cosas con misterio y callándolas sin dejar de decirlas. Pues entérate, aguza el oído y escucha. ¡Ay, ay, ay! ¿No oyes cómo se queja tu *Beatricita*? ¿Crees que se queja de amor, que se arrulla como tus palomas? No; quéjase de dolor físico. ¿Pensarás que estoy tísica pasada, como la *Dama de las camelias*?[277] No, hijo mío. Es que don Lope me ha pegado su reuma. Hombre, no te asustes; don Lope no puede pegarme nada, porque..., ya sabes... No hay caso. Pero se dan contagios intencionales. Quiero decir que mi tirano se ha vengado de mis desdenes comunicándome por arte gitanesco o de mal de ojo la endiablada enfermedad que padece. Hace dos días, al levantarme de la cama, sentí un dolor tan agudo, pero tan agudo, hijo... No quiero decirte dónde: ya sabes que una señorita, inglesa por añadidura, *miss Restitute*, no puede nombrar decorosamente, delante de un hombre, otras partes del cuerpo que la cara y las manos. Pero, en fin, grandísimo poca vergüenza, yo tengo confianza contigo y quiero decírtelo claro: me duele una pierna. ¡Ay, ay, ay! ¿Sabes dónde? Junto a la rodilla, *do*[278] existe aquel lunar... ¡Vamos, que si esto no es confianza!... ¿No te parece cruel lo que hace Dios conmigo? ¡Que a ese perdulario le cargue de achaques en su vejez, como castigo de una juventud de crímenes contra la moral, muy santo y muy bueno; pero que a mí, jovenzuela que empiezo a pecar, que apenas..., y esto con circunstancias atenuantes; que a mí me aflija, a las primeras de cambio,[279] con tan fiero castigo...! Ello será todo lo justo que se quiera, pero no lo entiendo. Verdad que somos unos papanatas. ¡No faltaba más sino que entendiéramos los designios, etcétera...! En fin, que los decretos del Altísimo me traen muy apenada. ¿Qué será esto? ¿No se me quitará pronto? Me desespero a ratos, y creo que no es Dios, que no es el Altísimo, sino el *Bajísimo*,[280] quien me ha traído este alifafe. El demonio es mala persona, y quiere vengarse de mí por lo que le hice rabiar. Poco antes de conocerte, mi desesperación anduvo en tratos con él; pero te conocí y le mandé a freír espárragos. Me salvaste de caer en sus uñas. El maldito juró vengarse, y ya lo ves. ¡Ay, ay, ay! Tu *Restituta*, tu *Curra de Rímini* está cojita. No creas que es broma: no puedo andar... Me causa terror la idea de que, si estuvieras aquí, no podría yo ir a tu estudio. Aunque sí, iría, vaya si iría, arrastrándome. ¿Y tú me querrás cojitranca? ¿No te burlarás de mí? ¿No perderás la ilusión? Dime que no; dime que esta cojerilla es cosa pasajera. Vente para acá; quiero verte; me mortifica horriblemente esto de haber perdido la memoria de tu carátula. Me paso largos ratos de la noche figurándome

cómo eres, sin poder conseguirlo. ¿Y qué hace la niña? Reconstruirte a
su manera, crearte, con violencias de la imaginación. Ven pronto, y por
el camino pídele a Dios como yo se lo pido, que cuando llegues no cojee
ya tu *fenómena*.»[281]

Martes.

«¡Albricias, *señó Juan*, hombre rústico y pedestre, destripaterrones,
moro de los dátiles,[282] albricias! Ya no me duele. Hoy no cojeo. ¡Qué
alivio, qué alegrón! Don Lope celebra mi mejoría; pero se me figura a mí
que en su fuero interno (un fuero de muchas esquinas)[283] siente que la
esclava no claudique, porque la cojera es como un grillete que la sujeta
más a su malditísima persona... Tu carta me ha hecho reír mucho. Eso de
no ver en mi enfermedad más que una luxación, por los brincos que doy
para escalar *de la inmortalidad el alto asiento*,[284] tiene mucha sal. Lo
que me aflige es que persistas en ser tan rebrutísimo y en apegarte a esas
cominerías ramplonas.[285] ¡Que la vida es corta y hay que gozar de ella!
¡Que el arte y la gloria no valen dos ochavos! No decías eso cuando nos
conocimos, grandísimo tuno. ¡Que en vez de brincar debo sentarme con
muchísima pachorra en las losas calentitas de la vida doméstica! Hijo, si
no puedo; si cada vez soy menos doméstica. Mientras más lecciones le da
Saturna, más torpe es la niña. Si esto es una falta grave, ten lástima de
mí.

»¡Qué feliz soy! Primero: me dices tú que vendrás pronto.[286]
Segundo: ya no cojeo. Tercero..., no, lo tercero no te lo digo. Vamos,
para que no te devanes los sesos, allá va. Anoche estuve muy desvelada,
y una idea mariposeaba en torno de mí, hasta que se me metió en la
mollera y allí se quedó; y hecho su nido, ya me tienes con mi plaga de
ideítas que me están atormentando y que te comunicaré incontinenti.
Sabrás que ya he resuelto el temido problema. La esfinge de mi destino
desplegó los marmóreos labios y me dijo que para ser libre y honrada,
para gozar de independencia y vivir de mí misma, debo ser actriz. Y yo
he dicho que sí; lo apruebo, me siento actriz. Hasta ahora dudé de poseer
las facultades del arte escénico; pero ya estoy segura de poseerlas. Me lo
dicen ellas mismas gritando dentro de mí. ¡Representar los afectos, las
pasiones, fingir la vida! ¡Jesús, qué cosa más fácil! ¡Si yo sé sentir no
sólo lo que siento, sino lo que sentiría en los varios casos de la vida que
puedan ocurrir! Con esto, y buena voz, y una figura que..., vamos, no es
maleja, tengo todo lo que me basta.

»Ya, ya veo lo que me dices: que me faltará presencia de ánimo para
soportar la mirada de un público, que me cortaré... Quítate, hombre, ¡qué
he de turbarme yo! No tengo vergüenza, dicho sea en el mejor sentido.
Te juro que en este instante me encuentro con alientos para representar

los más difíciles dramas de pasión, las más delicadas comedias de gracia y coquetería. ¿Qué? ¿Te burlas? ¿No me crees? Pues a probarlo. Que me saquen a la escena y verás quién es tu *Restituta*. Nada, hombre, que ya te convencerás, ya te irás convenciendo. A ti, ¿qué te parece? Ya me figuro que no te gustará, que tendrás celos del teatro. Eso de que un galán me abrace, eso de que a un actorcillo cualquiera tenga yo que hacerle mimos y decirle mil ternezas, te desagrada, ¿verdad? Ni tiene maldita gracia que veinte mil majaderos se prenden de mí, y me lleven ramos, y se crean autorizados para declararme la mar de pasiones volcánicas. No, no seas tonto. Yo te quiero más que a mi vida. Pero hazme el favor de concederme que el arte escénico es un arte noble, de los pocos que puede cultivar honradamente una mujer. Concédemelo, bruto, y también que esa profesión me dará independencia, y que en ella sabré y podré quererte más, siempre más, sobre todo si te decides a ser grande hombre. Hazme el favor de serlo, niño, y no te vea yo convertido en un terrateniente vulgar y oscuro. No me hables a mí de dulces tinieblas. Quiero luz, más luz, siempre más luz.»[287]

Sábado

«¡Ay, ay, ay! Mi gozo en un pozo. Estarás en ascuas, sin carta mía desde el martes. Pero ¿no sabes lo que me pasa? Me muero de pena... ¡Coja otra vez, con dolores horribles! He pasado tres días crueles.[288] La mejoría traidora del martes me engañó. El miércoles, después de una noche infernal, amanecí en un grito. Don Lope trajo al médico, un tal Miquis,[289] joven y agradable. ¡Qué vergüenza! No tuve más remedio que enseñarle mi pierna. Vio el lunarcito, ¡ay, ay, ay!, y me dijo no sé qué bromas para hacerme reír. Creo que su pronóstico no es muy tranquilizador, aunque *don Lepe* asegura lo contrario, sin duda para animarme. Dios mío, ¿cómo voy a ser actriz con esta cojera maldita? No puede ser, no puede ser. Estoy loca; no pienso más que horrores. Y todo ello, ¿qué es? Nada; alrededor del lunarcito, una dureza..., y si me toco, veo las estrellas, lo mismo que si ando. Ese Miquis, que parta un rayo, me ha mandado no sé qué ungüentos, y una venda sin fin, que Saturna me arrolla con muchísimo cuidado... ¡Estoy bien, vive Dios! Tienes a tu *Beatrice* hecha una cataplasma. Debo de estar feísima, ¡y qué facha!... Te escribo en el sillón, del cual no puedo moverme. Saturna mantiene el tintero... ¿Y cómo te veo ahora, si vienes? No, no vengas hasta que esto se me quite. Yo les pido a Dios y a la Virgen que me curen pronto. No he sido tan mala que este castigo merezca. ¿Qué crimen he cometido? ¿Quererte? ¡Vaya un crimen! Como tengo esta maldita costumbre de buscar siempre el *perché delle cose*,[290] cavilo que Dios se ha equivocado con respecto a mí. ¡Jesús, qué blasfemia! ¡No, cuando El lo hace...!

Sufriremos; venga paciencia, aunque, francamente, esto de no poder ser actriz me vuelve loca y me hace tirar a un lado toda la paciencia que había podido reunir... Pero ¿y si me curo?... Porque esto se curará, y no cojearé, o cojearé tan poquito que lo pueda disimular.

»Vamos, que si ahora no tienes lástima de mí, no sé para cuándo la guardas.²⁹¹ Y si ahora no me quieres más, más, más, mereces que el *Bajísimo* te coja por su cuenta y te saque los ojos. ¡Soy tan desgraciada!... No sé si por la congoja que siento, o efecto de la enfermedad, ello es que todas las ideas se me han escapado, como si se echaran a volar. Volverán, ¿no crees tú que volverán? Y me pongo a pensar y digo: Pero, Señor, todo lo que leí, todo lo que aprendí en tantos librotes, ¿dónde está? Debe de andar revoloteando en torno de mi cabeza, como revolotean los pajaritos alrededor del árbol antes de acostarse, y ya entrarán, ya entrará todo otra vez. Es que estoy muy triste, muy desalentada, y la idea de andar con muletas me abruma. No, yo no quiero ser coja. Antes...

»Malvina, por distraerme, me propone que la emprendamos con el alemán. La he mandado a paseo. No quiero alemán, no quiero lenguas, no quiero más que salud, aunque sea más tonta que un cerrojo. ¿Me querrás tú cojita? No, si me curaré... ¡Pues no faltaba más! Si no, sería una injusticia muy grande, una barbaridad de la Providencia, del Altísimo, del... no sé qué decir. Me vuelvo loca. Necesito llorar, pasarme todo el día llorando...; pero estoy rabiosa, y con rabia no puedo llorar. Tengo odio a todo el género humano, menos a ti. Quisiera que ahorcaran a doña Malvina, que fusilaran a Saturna, que a don Lope le azotaran públicamente, paseándole en un burro, y después le quemaran vivo. Estoy atroz, no sé lo que pienso, no sé lo que digo...»²⁹²

20

Al caer de la tarde en uno de los últimos días de enero, entró en su casa don Lope Garrido melancólico y taciturno, como hombre sobre cuyo ánimo pesan gravísimas tristezas y cuidados. En pocos meses la vejez había ganado a su persona el terreno que supieron defender la presunción y el animoso espíritu de sus años maduros; inclinábase hacia la tierra; su noble semblante tomaba un color terroso y sombrío; las canas iban prosperando en su cabeza, y para completar la estampa del decaimiento, hasta en el vestir se marcaba cierta negligencia, más lastimosa que el *bajón* de la persona. Y las costumbres no se quedaban atrás en este cambiazo, porque don Lope apenas salía de noche, y el día se lo pasaba casi enteramente en casa. Bien se comprendía el motivo de tanto estrago, porque habrá que repetirlo, fuera de su absoluta ceguera moral en cosas de amor, el libertino inservible era hombre de buenos sentimientos y no podía ver padecer a las personas de su intimidad. Cierto que él había deshonrado a Tristana, matándola para la sociedad y el matrimonio, hollando su fresca juventud; pero lo cortés no quitaba lo valiente; la quería con entrañable afecto y se acongojaba de verla enferma y con pocas esperanzas de pronto remedio. Era cosa larga, ¡ay!, según dijo Miquis en la primera visita, sin asegurar que quedase bien, es decir, libre de cojera.

Entró, pues, don Lope, y soltando la capa en el recibimiento, se fue derechito al cuarto de su esclava.[293] ¡Cuán desmejorada la pobrecita con la inacción, con la pena moral y física de su dolorosa enfermedad! Encajada y quieta en un sillón de resortes que su viejo le compró, y que se extendía para dormir cuando la necesidad de sueño la agobiaba; envuelta en un mantón de cuadros,[294] las manos en cruz y la cabeza al aire, Tristana no era ya ni sombra de sí misma. Su palidez a nada puede compararse; la pasta de papel de que su lindo rostro parecía formado era ya de una diafanidad y de una blancura increíbles; sus labios se habían vuelto morados; la tristeza y el continuo llorar rodeaban sus ojos de un cerco de transparencias opalinas.[295]

—¿Qué tal, mona? —le dijo don Lope, acariciándole la barbilla y sentándose a su lado—. Mejor, ¿verdad? Me ha dicho Miquis que ahora vas bien, y que el mucho dolor es señal de mejoría. Claro, ya no tienes aquel dolor sordo, profundo, ¿verdad? Ahora te duele, te duele de firme; pero como una desolladura..., eso es. Precisamente es lo que se quiere: que te duela. La hinchazón va cediendo. Ahora.., niña —sacando una cajita de farmacia—, vas a tomar esto. No sabe mal: dos pildoritas cada tres horas. En cuanto al medicamento externo, dice don Augusto que sigamos con lo mismo. Conque anímate, que dentro de un mes ya podrás brincar y hasta bailar unas malagueñas.

—¡Dentro de un mes! ¡Ay! Yo apuesto a que no. Dices eso por consolarme. Lo agradezco; pero, ¡ay!... Ya no brincaré más.

El tono de hondísima tristeza con que lo dijo enterneció a don Lope, hombre valiente y de mucho corazón para otras cosas, pero que no servía para nada delante de un enfermo. El dolor físico en persona de su intimidad le ponía corazón de niño.

—Ea, no hay que acobardarse. Yo tengo confianza; tenla tú también. ¿Quieres más libros para distraerte? ¿Quieres dibujar? Pide por esa boca. ¿Tráigote comedias para que vayas estudiando tus papeles? —Tristana hacía signos negativos de cabeza—. Bueno, pues te traeré novelas bonitas o libros de Historia. Ya que has empezado a llenar tu cabeza de sabiduría, no te quedes a la mitad. A mí me da el corazón que has de ser una mujer extraordinaria. ¡Y yo tan bruto, que no comprendí desde el principio tus grandes facultades! No me lo perdonaré nunca.

—Todo perdonado —murmuró Tristana, con señales de profundo aburrimiento.

—Y ahora, ¿comemos? ¿Tienes ganita? ¿Que no? Pues, hija, hay que hacer un esfuerzo. Ya que no otra cosa, el caldo y la copita de jerez. ¿Te chuparías una patita de gallina? ¿Que no? Pues no insisto... Ahora, si la egregia Saturna quiere darme algún alimento, se lo agradeceré. No tengo muchas ganas; pero me siento desfallecido, y algo hay que echar al cuerpo miserable.

Fuése al comedor, y sin enterarse del contenido de los platos, pues sus pensamientos le abstraían completamente de todo lo externo, despachó sopa, un poco de carne y algo más. Con el último bocado entre los dientes volvió al lado de Tristana.

—¿Qué tal?... ¿Has tomado el caldito? Bien; me gusta que no hagas ascos a la comida. Ahora te daré tertulia hasta que te entre sueño. No salgo, por acompañarte... No, no te lo digo para que me lo agradezcas. Ya sé que en otros tiempos debí hacerlo y no lo hice. Es tarde, es tarde ya, y estos mimos resultan algo trasnochados. Pero no hablemos de eso; no me abochornes... Si te incomodo, me lo dices; si gustas de estar sola, me voy a mi cuarto.

—No, no. Estáte aquí. Cuando me quedo sola pienso cosas malas.

—¿Cosas malas, vida mía? No desbarres. Tú no te has hecho cargo de lo mucho bueno y grande que te reserva tu destino. Un poquillo tarde he comprendido tu mérito; pero lo comprendo al fin. Reconozco que no soy digno ni del honor de darte mis consejos; pero te los doy , y tú los tomas o los dejas, según te acomode.

No era la primera vez que don Lope le hablaba en este tono; y la señorita de Reluz, dicha sea la verdad, le oía gozosa, porque el marrullero galán sabía herirla en lo más sensible de su ser, adulando sus gustos y estimulando su soñadora fantasía.[296] Hay que advertir, además, que algunos días antes de la escena que se refiere, el tirano dio a su víctima pruebas de increíble tolerancia. Escribía ella su carta sin moverse del sillón, sobre una tabla que para el caso le había preparado convenientemente Saturna. Una mañana, hallándose la joven en lo más recio de su ocupación epistolar, entró inesperadamente don Lope, y como la viese esconder con precipitación papel y tintero, díjole con bondad risueña:

—No, no, mocosa, no te prives de escribir tus cartitas. Me voy para no estorbarte.

Pasmada oyó Tristana las gallardas expresiones que desmentían en un punto el carácter receloso y egoísta del viejo galán, y continuó escribiendo tan tranquila. En tanto, *don Lepe,* metido en su cuarto y a solas con su conciencia, se despachó a su gusto consigo mismo en esta forma: «No, no puedo hacerla más desgraciada de lo que es... ¡Me da

mucha pena, pero mucha pena..., pobrecilla! Que en esta última
temporada, hallándose sola, aburrida, encontrara por ahí a un mequetrefe
y que éste me la trastornara con cuatro palabras amorosas... Vamos...,
pase... No quiero hacer a ese danzante el honor de preocuparme de él...
Bueno, bueno; que se aman, que se han hecho mil promesas estúpidas...
Los jóvenes de hoy no saben enamorar; pero fácilmente le llenan la
cabeza de viento a muchacha tan soñadora y exaltada como ésta. De fijo
que se le ha ofrecido casarse, y ella se lo cree... Bien claro está que van y
vienen cartitas... ¡Dios mío, las tonterías que se dirán!... Como si las
leyera. Y matrimonio por arriba, matrimonio por abajo, el estribillo de
siempre. Tanta imbecilidad me movería a risa si no se tratara de esta
niña hechicera, mi último trofeo, y como el último, el más caro a mi
corazón. ¡Vive Dios que si estúpidamente me la dejé quitar, ha de volver
a mí; no para nada malo, bien lo sabe Dios, pues ya estoy mandado
recoger,[297] sino para tener el gusto de arrancársela al chisgarabís,
quienquiera que sea, que me la birló, y probar que cuando el gran don
Lope se atufa, nadie puede con él! La querré como hija, la defenderé
contra todos, contra las formas y especies varias de amor, ya sea con
matrimonio, ya sin él... Y ahora, ¡por vida de...!, ahora me de la gana de
ser su padre, y de guardarla para mí solo, para mí solo, pues aún pienso
vivir muchos años, y si no me cuadra retenerla como mujer, la retendré
como hija querida; pero que nadie la toque, ¡vive Dios!, nadie la mire
siquiera.»[298]
   El profundo egoísmo que estas ideas entrañaban fue expresado por el
viejo galán con un resoplido de león, accidente muy suyo en los casos
críticos de su vida. Fuése luego junto a Tristana, y con mansedumbre que
parecía surgir de su ánimo sin singún esfuerzo, le acarició las mejillas,
diciéndole:
   —Pobre alma mía, cálmate. Ha llegado la hora de la suprema
indulgencia. Necesitas un padre amoroso, y lo tendrás en mí... Sé que
has claudicado moralmente, antes de cojear con tu piernecita... No, no te
apures, no te riño... Mía es la culpa; sí, a mí, sólo a mí, debo echarme los
tiempos[299] por ese devaneo tuyo, resultado de mi abandono, del olvido...
Eres joven, bonita. ¿Qué extraño es que cuantos monigotes te ven en la
calle te galanteen? ¿Qué extraño que entre tantos haya saltado uno,
menos malo que los demás, y que te haya caído en gracia... y que creas
en sus promesas tontas y te lances con él a proyectillos de felicidad que
pronto se te vuelven humo?... Ea, no hablemos más de eso. Te lo
perdono... Absolución total. Ya ves..., quiero ser tu padre, y empiezo
por...
   Trémula, recelosa de que tales declaraciones fueran astuto ardid para
reducirla a confesar su secreto, y sintiendo más que nunca el misterioso
despotismo que don Lope ejercía sobre ella, la cautiva negó, balbuciendo

excusas; pero el tirano, con increíble condescendencia, redobló sus
ternuras y mimos paternales en estos términos:

—Es inútil que niegues lo que declara tu turbación. No sé nada y lo sé
todo. Ignoro y adivino. El corazón de la mujer no tiene secretos para mí.
He visto mucho mundo. No te pregunto quién es el caballerito, ni me
importa saberlo. Conozco la historia, que es de las más viejas, de las más
adocenadas y vulgares del humano repertorio. El tal te habrá vuelto
tarumba con esa ilusión cursi del matrimonio, buena para horteras y
gente menuda. Te habrá hablado del altarito, de las bendiciones y de la
vida chabacana y oscura, con sopa boba, criaturitas, ovillito de algodón,
brasero, camilla y demás imbecilidades. Y si tú te tragas semejante
anzuelo, haz cuenta que te pierdes, que echas a rodar tu porvenir y le das
una bofetada a tu destino...

—¡Mi destino! —exclamó Tristana, reanimándose, y sus ojos se
llenaron de luz.

—Tu destino, sí. Has nacido para algo muy grande, que no podemos
precisar aún. El matrimonio te zambulliría en la vulgaridad. Tú no
puedes ni debes ser de nadie, sino de ti misma. Esa idea tuya de la
honradez libre, consagrada a una profesión noble; esa idea que yo no
supe apreciar antes y que al fin me ha conquistado, demuestra la
profunda lógica de tu vocación, de tu ambición diré, si quieres.
Ambicionas porque vales. Si tu voluntad se dilata, es porque tu
entendimiento no cabe en ti... ¡Si esto no tiene vuelta de hoja, niña
querida! —adoptando un tonillo zumbón—. ¡Vaya, que a una mujer de
tu temple salirle con las monsergas de las tijeras y el dedalito, de la
echadura de huevos, del amor de la lumbre y del contigo pan y cebolla!
Mucho cuidado, hija mía, mucho cuidado con esas seducciones para
costureras y señoritas de medio pelo... Porque te pondrás buena de la
pierna y serás una actriz tan extraordinaria, que no haya otra en el
mundo. Y si no te cuadra ser comedianta, serás otra cosa, lo que quieras,
lo que se te antoje... Yo no lo sé..., tú misma lo ignoras aún; no sabemos
más sino que tienes alas. ¿Hacia dónde volarás? ¡Ah!... Si lo supiéramos,
penetraríamos los misteros del destino, y eso no puede ser.[300]

21

«¡Ay Dios mío —decía Tristana para sí, cruzando las manos y
mirando fijamente a su viejo—, cuánto sabe este maldito! Él es un
pillastre redomado, sin conciencia; pero como saber..., ¡vaya si sabe!...»

—¿Estás conforme con lo que te digo, pichona? —le preguntó *don
Lepe*, besando sus manos, sin disimular la alegría que le causaba el
sentimiento íntimo de su victoria.[301]

—Te diré..., sí... Yo creo que no sirvo para lo doméstico; vamos, que no puedo entender... Pero no sé, no sé si las cosas que sueño se realizarán...

—¡Ay, yo lo veo tan claro como ésta es luz! —replicó Garrido con el acento de honrada convicción que sabía tomar en sus fórmulas de perjurio—. Créeme a mí... Un padre no engaña, y yo, arrepentido del daño que te hice, quiero ser padre para ti y nada más que padre.

Siguieron hablando de lo mismo, y don Lope, con suma habilidad estratégica, evolucionó para ganarle al enemigo sus posiciones, y allí fue el ridiculizar la vida boba, la unión eterna con un ser vulgar y las prosas de la intimidad matrimoñesca.

Al propio tiempo que estas ideas lisonjeaban a la señorita, servíanle de lenitivo en su grave dolencia.[302] Se sintió mejor aquella tarde, y al quedarse sola con Saturna, antes de que ésta la acostara, tuvo momentos de ideal alborozo, con las ambiciones más despiertas que nunca y gozándose en la idea de verlas realizadas.

—Sí, sí ¿por qué no he de ser actriz? Si no, seré lo que quiera... Viviré con holgura decorosa, sin ligarme eternamente a nadie, ni al hombre que amo y amaré siempre. Le querré más cuanto más libre sea.[303]

Ayudada de Saturna, se acostó, después que ésta le hubo curado con esmero exquisito la rodilla enferma, renovándole los vendajes. Intranquila pasó la noche; pero se consolaba con los efluvios de su imaginación ardorosa y con la idea de pronto restablecimiento. Aguardaba con ansia el día para escribir a Horacio, y al amanecer, antes que se levantara don Lope, enjaretó una larga y nerviosa epístola.

«Amor mío, paletito mío, *mio diletto*,[304] sigo mal; pero estoy contenta. Mira tú qué cosa tan rara... ¡Ay, quién me entendiera a mí, si yo misma no me entiendo! Estoy alegre, sí, y llena de esperanzas, que se me cuelan en el alma cuando menos las llamo. Dios es bueno y me manda estas alegrías, sin duda porque me las merezco. Se me antoja que me curaré, aunque no mejore; pero se me antoja, y basta. Me da por pensar que se cumplirán mis deseos, que seré actriz del género trágico, que podré adorarte desde el castillo de mi independencia comiquil.[305] Nos querremos de castillo a castillo, dueños absolutos de nuestras respectivas voluntades, tú libre, libre yo, y tan señora como la que más, con dominios propios, y sin vida común ni sagrado vínculo, ni sopas de ajo, ni nada de eso.

»No me hables a mí del altarito, porque te me empequeñeces tanto que no te veo de tan chiquitín como te vuelves. Esto será un delirio; pero nací para delirante crónica, y soy... como la carne de oveja; se me toma o se me deja. No, dejarme, no; te retengo, te amarro, pues mis locuras

necesitan de tu amor para convertirse en razón. Sin ti me volvería tonta, que es lo peor que podría pasar.
»Y yo no quiero ser tonta, ni que lo seas tú. Yo te engrandezco con mi imaginación cuando quieres achicarte, y te vuelvo bonito cuando te empeñas en ponerte feo, abandonando tu arte sublime para cultivar rábanos y calabazas. No te opongas a mi deseo, no desvanezcas mi ilusión; te quiero grande hombre y me saldré con la mía. Lo siento, lo veo..., no puede ser de otra manera. Mi voz interior se entretiene describiéndome las perfecciones de tu ser... No me niegues que eres como te sueño. Déjame a mí que te fabrique...; no, no es ésa la palabra: que te componga...; tampoco...: que te reconstruya...; tampoco... Déjame que te piense conforme a mi real gana. Soy feliz así; déjame, déjame.»³⁰⁶

Siguieron a esta carta otras, en que la imaginación de la pobre enferma se lanzaba sin freno a los espacios de lo ideal, recorriéndolos como corcel desbocado, buscando el imposible fin de lo infinito, sin sentir fatiga en su loca y gallarda carrera.
Véase el género:

«Mi señor, ¿cómo eres? Mientras más te adoro, más olvido tu fisonomía; pero te invento otra a mi gusto, según mis ideas, según las perfecciones de que quiero ver adornada tu sublime persona. ¿Quieres que te hable un poquito de mí? ¡Ay, padezco mucho! Creí que mejoraba; pero no, no quiere Dios. El sabrá por qué. Tu bello ideal, tu Tristanita, podrá ser, andando el tiempo, una celebridad; pero yo te aseguro que no será bailarina... ¡Lo que es eso...! Mi piernecita se opondría. Y también voy creyendo que no será actriz, por la misma razón. Estoy furiosa..., cada día peor, con sufrimientos horribles. ¡Qué médicos estos! No entienden una palabra del arte de curar... Nunca creí que en el destino de las personas influyera tanto cosa tan insignificante como es una pierna, una triste pierna, que sólo sirve para andar. El cerebro, el corazón, creí yo que mandarían siempre;³⁰⁷ pero ahora una estúpida rodilla se ha erigido en tirana, y aquellos nobles órganos la obedecen... Quiero decir, no la obedecen ni le hacen maldito caso; pero sufren un absurdo despotismo, que confío será pasajero. Es como si se sublevara la soldadesca... Al fin, al fin, la canalla tendrá que someterse.
»Y tú, mi rey querido, ¿qué dices? Si no fuera porque tu amor me sostiene, ya habría yo sucumbido ante la sedición de esta pata que se me quiere subir a la cabeza. Pero no, no me acobardo, y pienso las cosas atrevidas que he pensado siempre...; no, que pienso más y mucho más, y subo, subo siempre. Mis aspiraciones son ahora más acentuadas que nunca; mi ambición, si así quieres llamarla, se desata y brinca como una loca. Créelo: tú y yo hemos de hacer algo grande en el mundo. ¿No

aciertas cómo? Pues yo no puedo explicártelo; pero lo sé. Me lo dice mi corazón, que todo lo sabe, que no me ha engañado nunca ni puede engañarme. Tú mismo no te formas una idea clara de lo que eres y de lo que vales. ¿Será preciso que yo te descubra a ti mismo? Mírate en mí, que soy tu espejo, y te verás en el supremo Tabor[308] de la glorificación artística. Estoy segura de que no te ríes de lo que digo, como segura estoy de que eres tal y como te pienso: la suma perfección moral y física. En ti no hay defectos, ni puede haberlos, aunque los ojos del vulgo los vean.[309] Conócete; haz caso de mí; entrégate sin recelo a quien te conoce mejor que tú mismo... No puedo seguir... Me duele horriblemente... ¡Qué un hueso, un miserable hueso, nos...!»

Jueves.

«¡Qué día ayer, y qué noche! Pero no me acobardo. El espíritu se me crece con los sufrimientos. ¿Creerás una cosa? Anoche, cuando el pícaro dolor me daba algunos ratitos de descanso, me volvía todo el saber que leyendo adquirí, y que se me había como desvanecido y evaporado. Entraban las ideas unas tras otras, atropellándose, y la memoria, una vez que las cogía dentro, ¡zas!, cerraba la puerta para no dejarlas salir. No te asombres; no sólo sé todo lo que sabía, sino que sé más, muchísimo más. Con las ideas de casa han entrado otras nuevas, desconocidas. Debo yo de tener un *ideón*,[310] palomo ladrón, que al salir por esos aires seduce cuantas ideítas encuentre y me las trae. Sé más, mucho más que antes. Lo sé todo...; no; esto es mucho decir... Hoy me he sentido muy aliviada, y me dedico a pensar en ti. ¡Qué bueno eres! Tu inteligencia no conoce igual; para tu genio artístico no hay dificultades. Te quiero con más alma que nunca, porque respetas mi libertad, porque no me amarras a la pata de una silla ni a la pata de una mesa con el cordel del matrimonio. Mi pasión reclama libertad. Sin ese campo no podría vivir. Necesito comerme libremente la hierba, que crecerá más arrancada del suelo por mis dientes. No se hizo para mí el establo. Necesito la pradera sin término.»

En sus últimas cartas, ya Tristana olvidaba el vocabulario de que solían ambos hacer alarde ingenioso en sus íntimas expansiones hablando o escritas. Ya no volvió a usar el *señó Juan* ni la *Paca de Rímini,* ni los terminachos y licencias gramaticales que eran la sal de su picante estilo. Todo ello se borró de su memoria, como se fue desvaneciendo la persona misma de Horacio, sustituída por un ser ideal, obra temeraria de su pensamiento, ser en quien se cifraban todas las bellezas visibles e invisibles. Su corazón se inflamó en un cariñazo que bien podría llamarse místico, por lo incorpóreo y puramente soñado del ser que tales afectos movía. El Horacio nuevo e intangible parecíase un poco al verdadero, pero nada más que un poco. De aquel bonito fantasma iba haciendo Tristana la verdad elemental de su existencia, pues sólo vivía para él, sin caer en la cuenta de que tributaba culto a un Dios de su propia cosecha. Y este culto se expresaba en cartas centelleantes, trazadas con trémula mano, entre las alteradas excitaciones del insomnio y la fiebre, y que sólo por mecánica costumbre eran dirigidas a Villajoyosa, pues en realidad debían expedirse por la estafeta del ensueño hacia la estación de los espacios imaginarios.[311]

Miércoles.

«Maestro y señor, mis dolores me llevan a ti, como me llevarían mis alegrías si alguna tuviera. Dolor y gozo son un mismo impulso para volar... cuando se tienen alas. En medio de las desgracias con que me aflige, Dios me hace el inmenso bien de concederme tu amor. ¿Qué importa el dolor físico? Nada. Lo soportaré con resignación, siempre que tú... no me duelas. ¡Y no me digan que estás lejos! Yo te traigo a mi lado, te siento junto a mí, y te veo y te toco; tengo bastante poder de imaginación para suprimir la distancia y contraer el tiempo conforme se me antoja.»[312]

Jueves.

«Aunque no me lo digas, sé que eres como debes ser. Lo siento en mí. Tu inteligencia sin par, tu genio artístico, lanzan sus chispazos dentro de mi propio cerebro. Tu sentimiento elevadísimo del bien, en mi propio corazón parece que ha hecho su nido... ¡Ay, para que veas la virtud del espíritu! Cuando pienso mucho en ti, se me quita el dolor. Eres mi medicina, o al menos un anestésico que mi doctor no entiende. ¡Si vieras...! Miquis se pasma de mi serenidad. Sabe que te adoro; pero no conoce lo que vales, ni que eres el pedacito más selecto de la divinidad. Si lo supiera, sería parco en recetar calmantes, menos activos que la idea de ti... He metido en un puño el dolor, porque necesitaba reposo para escribirte. Con mi fuerza de voluntad, que es enorme, y con el poder del pensamiento, consigo algunas treguas. Llévese el demonio la pierna. Que me la corten. Para nada la necesito. Tan espiritualmente amaré con una pierna, como con dos..., como sin ninguna.»

Viernes.

«No me hace falta ver los primores de tu arte maravilloso. Me los figuro como si delante de mis ojos los tuviera. La Naturaleza no tiene secretos para ti. Más que tu maestra es tu amiga. De sopetón se introduce en tus obras, sin que tú lo solicites, y tus miradas la clavan en el lienzo antes que los pinceles. Cuando yo me ponga buena, haré lo mismo. Me rebulle aquí dentro la seguridad de que lo he de hacer. Trabajaremos juntos, porque ya no podré ser actriz; voy viendo que es imposible...; ¡pero lo que es pintora...! No hay quien me lo quite de la cabeza. Tres o cuatro lecciones tuyas me bastarán para seguir tus huellas, siempre a distancia, se entiende... ¿Me enseñarás? Sí, porque tu grandeza de alma corre parejas con tu entendimiento, y eres el sumo bien, la absoluta bondad, como eres..., aunque no quieras confesarlo, la suprema belleza.»[313]

22

El efecto que estas deshilvanadas y sutiles razones hacían en Horacio, fácilmente se comprenderá. Vióse convertido en ser ideal, y a cada carta que recibía entrábanle dudas acerca de su propia personalidad, llegando al extremo increíble de preguntarse si era él como era, o como le pintaba con su indómita pluma la visionaria niña de *don Lepe*. Pero su inquietud y confusión no le impidieron ver el peligro tras ellas oculto, y empezó a creer que *Paquita de Rímini* más padecía de la cabeza que de las extremidades. Asaltado de ideas pesimistas y lleno de zozobra y cavilaciones, resolvió marchar a Madrid, y ya tenía dispuesto todo para el viaje, a últimos de febrero, cuando un repentino ataque de hemoptisis[314] de doña Trinidad le encadenó a Villajoyosa en tan mala ocasión.

En los mismos días de esta ocurrencia pasaban en Madrid y en la casa de don Lope cosas de extraordinaria gravedad, que deben ser puntualmente referidas. Tristana empeoró tanto, que nada pudo su fuerza de voluntad contra el dolor intensísimo, acompañado de fiebre, vómitos y malestar general. Desesperado y aturdido, sin la presencia de ánimo que requería el caso, don Lope creía conjurar el peligro clamando al Cielo, ya con acento de piedad, ya con amenazas y blasfemias.[315] Su irreflexivo temor le hacía ver la salvación de la enferma en los cambios de tratamiento: despedido Miquis, hubo de llamarle otra vez, porque su sucesor era de los que todo lo curan con sanguijuelas, y esta medicación, si al principio determinó algún alivio, luego aniquiló las cortas fuerzas de la paciente.

Alegróse Tristana de la vuelta de Miquis, porque le inspiraba simpatía y confianza, levantándole el espíritu con el poder terapéutico de su afabilidad. Los calmantes enérgicos le devolvieron por algunas horas cada día la virtud preciosa de consolarse con su propia imaginación, de olvidar el peligro, pensando en bienes imaginarios y en glorias remotísimas.[316] Aprovechó los momentos de sedación para escribir algunas cartas breves, compendiosas, que el mismo don Lope, sin hacer ya misterio de su indulgencia, se encargaba de echar al correo.

—Basta de tapujos, niña mía, —le dijo con alardes de confianza paterna—. Para mí no hay secretos. Y si tus cartitas te consuelan, yo no te riño ni me opongo a que las escribas. Nadie te comprende como yo, y el mismo que tiene la dicha de leer tus garabatos no está a la altura de ellos, ni merece tanto honor. En fin, ya te irás convenciendo... Entre tanto, muñeca de mi vida,[317] escribe todo lo que quieras, y si algún día no tuvieras ganas de manejar la pluma, díctame, y seré tu secretario. Ya ves la importancia que doy a ese juego infantil... ¡Cosas de chiquillos, que comprendo perfectamente, porque yo también he tenido veinte años, yo también he sido tonto, y a cuanta niña me caía por delante la llamaba *mi bello ideal* y le ofrecía mi blanquísima mano!

Terminaba estas bromas con una risita no muy sincera, que inútilmente quería comunicar a Tristana, y al fin él solo reía sus propios chistes, disimulando la terrible procesión que por dentro le andaba.

Augusto Miquis iba tres veces al día, y aún no estaba contento don Lope, decidido a emplear todos los recursos de la ciencia médica para sanar a su muñeca infeliz. En aquel caso no se contentaba con dar la camisa, pues la piel misma le hubiera parecido corto sacrificio para objeto tan grande.

—Si mis recursos se acaban por completo —decía—, lo que no es imposible al paso que vamos, haré lo que siempre me repugnó y me repugna: daré sablazos, me rebajaré a pedir auxilio a mis parientes de Jaén, que es para mí el colmo de la humillación y de la vergüenza. Mi dignidad no vale un pito ante la tremenda desgracia que me desgarra el corazón, este corazón que era de bronce y ahora es pura manteca. ¡Quién me lo había de decir! Nada me afectaba, y los sentimientos de toda la Humanidad me importaban un ardite... Pues ahora, la piernecita de esta pobre mujer me parece a mí que nos va a traer el desequilibrio del Universo. Creo que hasta el momento presente no he conocido cuánto le quiero, ¡pobrecilla! Es el amor de mi vida, y no consiento perderla por nada de este mundo. A Dios mismo, a la muerte se la disputaré. Reconozco en mí un egoísmo capaz de mover las montañas, un egoísmo que no vacilo en llamar santo, porque me lleva a la reforma de mi carácter y de todo mi ser. Por él abomino de mis aventuras, de mis escándalos; por él me consagraré, si Dios me concede lo que le pido, al bien y a la dicha de esta sin par mujer, que no es mujer, sino un ángel de sabiduría y de gracia. ¡Y yo la tuve en mis manos y no supe entenderla! Confiesa y declara, Lope amigo, que eres un zote, que sólo la vida instruye, y que la ciencia verdadera no crece sino en los eriales de la vejez...»[318]

En su trastorno insano, tan pronto volvía los ojos a la Medicina como al charlatanismo. Una mañana le llevó Saturna el cuento de que cierta curandera, establecida en Tetuán, y cuya fama y prestigio llegaban por acá hasta Cuatro Caminos, y por allá hasta los mismos muros de Fuencarral, curaba los tumores blancos con la aplicación de las llamadas *hierbas calleras.*[319] Oírlo don Lope y mandar que viniera la que tales prodigios hacía fue todo uno, y poco le importaba que don Augusto pusiese mala cara. Descolgóse la comadre con un pronóstico muy risueño, y aseguró que aquello era cosa de días. Revivió en *don Lepe* la esperanza; hízose cuanto la vieja dispuso; enteróse Miquis aquella misma tarde y no se enojó, dando a entender que el emplasto de la profesora libre de Tetuán no produciría daño ni provecho a la enferma. Maldijo don Lope a todas las charlatanas habidas y por haber, mandándolas que se fueran con cien mil pares de demonios, y se restablecieron los planes y estilos de la ciencia.

Pasó Tristana una noche infernal, con violentos accesos de fiebre, entrecortados de intensísimo frío en la espalda. Garrido, a quien se podía ahorcar con un cabello, no tuvo más que ver la cara del doctor, en su visita matutina, para comprender que el mal entraba en un período de gravedad crítica, pues aunque el bueno de Augusto sabía disfrazar ante los enfermos su impresión diagnóstica, aquel día pudo más la pena que el disimulo. La misma Tristana se le adelantó, diciendo con aparente serenidad:

—Comprendido, doctor... Esta... no la cuento. No me importa. La muerte me gusta; se me está haciendo simpática. Tanto padecer va consumiendo las ganas de vivir... Hasta anoche, figurábaseme que el vivir es algo bonito..., a veces... Pero ya me encariño con la idea de que lo más gracioso es morirse..., no sentir dolor..., ¡qué delicia, qué gusto![320]

Echóse a llorar, y el bravo *don Lepe* necesitó evocar todo su coraje para no hacer pucheros.

Después de consolar a la enferma con cuatro mentiras muy bien tramadas, encerróse Miquis con don Lope en el cuarto de éste, dejándose en la puerta sus bromas y la máscara de amabilidad caritativa, y le habló con la solemnidad propia del caso.

—Amigo don Lope —dijo, poniendo sus dos manos sobre los hombros del caballero, que parecía más muerto que vivo—, hemos llegado a lo que yo me temía. Tristanita está muy grave. A un hombre como usted, valiente y de espíritu sereno, capaz de atemperarse a las circunstancias más angustiosas de la vida, se le debe hablar con claridad.

—Sí —murmuró el caballero, haciéndose el valiente, y creyendo que el cielo se le venía encima, por lo cual, con movimiento instintivo, alzó las manos como para sostenerlo.

—Pues sí... La fiebre altísima, el frío en la médula, ¿sabe usted lo que es? Pues el síntoma infalible de la reabsorción...

—Ya, ya comprendo...

—La reabsorción..., el envenenamiento de la sangre..., la...

—Sí..., y...

—Nada, amigo mío. Animo. No hay más remedio que operar...

—¡Operar! —exclamó Garrido en el colmo del aturdimiento—. Cortar..., ¿no es eso? ¿Y usted cree...?

—Puede salvarse, aunque no lo aseguro.

—¿Y cuándo...?

—Hoy mismo. No hay que perder tiempo... Una hora que perdamos nos haría llegar tarde.

Don Lope fue asaltado de una especie de demencia al oír esto, y dando saltos como fiera herida, tropezando con los muebles, y golpeándose el cráneo, pronunció estas incongruentes y desatentadas expresiones:

—¡Pobre niña!... Cortarle la... ¡Oh! Mutilarla horriblemente... ¡Y qué pierna, doctor!... Una obra maestra de la Naturaleza... Fidias mismo la querría para modelar sus estatuas inmortales... Pero ¿qué ciencia es esa que no sabe curar sino cortando? ¡Ah! No saben ustedes de la misa la media... Don Augusto, por la salvación de su alma, invente usted algún otro recurso. ¡Quitarle una pierna! Si eso se arreglara cortándome a mí las dos..., ahora mismo, aquí están... Ea, empiece usted..., y sin cloroformo.

Los gritos del buen caballero debieron de oírse en el cuarto de Tristana, porque entró Saturna, asustadísima, a ver qué demonches[321] le pasaba a su amo.

—Vete de aquí, bribona... Tú tienes la culpa. Digo, no... ¡Cómo está mi cabeza!... Vete, Saturna, y dile a la niña que no consentiré se le corte ni tanto así de la pierna ni de nada. Primero me corto yo la cabeza... No, no se lo digas... Cállate... Que no se entere... Pero habrá que decírselo... Yo me encargo... Saturna, mucho cuidado con lo que hablas... Lárgate, déjanos.

Y volviéndose al médico, le dijo:

—Dispénseme, querido Augusto; no sé lo que pienso. Estoy loco... Se hará todo, todo lo que la Facultad disponga... ¿Qué dice usted? ¿Que hoy mismo...?

—Sí, cuanto más pronto, mejor. Vendrá mi amigo el doctor Ruiz Alonso, cirujano de punta,[322] y... Veremos. Creo que practicada con felicidad la amputación, la señorita podrá salvarse.

—¡Podrá salvarse! De modo que ni aun así es seguro... ¡Ay doctor, no me vitupere usted por mi cobardía! No sirvo para estas cosas... Me vuelvo un chiquillo de diez años. ¡Quién lo había de decir! ¡Yo, que he sabido afrontar sin un fruncimiento de cejas los mayores peligros!...

—Señor don Lope —dijo Miquis con triste acento—, en estas ocasiones de prueba se ven los puntos que calza nuestra capacidad para el infortunio. Muchos que se tienen por cobardes resultan animosos, y otros que se creen gallos salen gallinitas.[323] Usted sabrá ponerse a la altura de la situación.

—Y será forzoso prepararla... ¡Dios mío, qué trance! Yo me muero..., yo no sirvo, don Augusto...

—¡Pobrecilla! No se lo diremos claramente. La engañaremos.

—¡Engañarla! No se ha enterado usted todavía de su penetración.

—En fin, vamos allá, que en estas cosas, señor mío, hay que contar siempre con alguna circunstancia inesperada y favorable. Es fácil que ella, si tanta agudeza tiene, lo haya comprendido, y no necesitemos... El enfermo suele ver muy claro.[324]

23

No se equivocaba el sagaz alumno de Hipócrates. Cuando entraron a ver a Tristana, ésta los recibió con semblante entre risueño y lloroso. Se reía, y dos gruesos lagrimones corrían por sus mejillas de papel.[325]

—Ya, ya sé lo que tiene que decirme... No hay que apurarse. Soy valiente... Si casi me alegro... Y sin casi..., porque vale más que me la corten... Así no sufriré... ¿Qué importa tener una sola pierna? Digo, como importar... Pero si ya en realidad no la tengo, ¡si no me sirve para nada!... Fuera con ella, y me pondré buena, y andaré... con muletas, o como Dios me dé a entender...

—Hija mía, te quedarás buenísima —dijo don Lope, envalentonándose al verla tan animosa—. Pues si yo supiera que cortándome las dos me quedaba sin reuma, hoy mismo... Después de todo, las piernas se sustituyen por aparatos mecánicos que fabrican los ingleses y alemanes, y con ellos se anda mejor que con estos maldecidos remos que nos ha encajado la Naturaleza.

—En fin —agregó Miquis—, no se asuste la muñeca,[326] que no la haremos sufrir nada..., pero nada... Ni se enterará usted. Y luego se sentirá muy bien, y dentro de unos cuantos días ya podrá entretenerse en pintar...

—Hoy mismo —dijo el viejo, haciendo de tripas corazón, y procurando tragarse el nudo que en la garganta sentía— te traigo el caballete, la caja de colores... Verás, verás qué cuadros tan bonitos nos vas a pintar.

Con un cordial apretón de manos se despidió Augusto , anunciándole su pronta vuelta, sin precisar la hora, y solos Tristana y don Lope, estuvieron un ratito sin hablarse.

—¡Ah! Tengo que escribir —dijo la enferma.

86   *Tristana*

—¿Podrás, vida mía? Mira que estás muy débil. Díctame, y yo escribiré.

Al decir esto, llevaba junto a la cama la tabla que servía de mesa y la resmilla de papel y el tintero.

—No. Puedo escribir... Es particular lo que ahora me pasa. Ya no me duele. Casi no siento nada. ¡Vaya si puedo escribir! Venga... Un poquito me tiembla el pulso, pero no importa.

Delante del tirano escribió estas líneas:

«Allá va una noticia que no sé si es buena o mala. Me la cortan. ¡Pobrecita pierna! Pero ella tiene la culpa... ¿Para qué es mala? No sé si me alegro, porque, en verdad, la tal patita no me sirve para nada. No sé si lo siento, porque me quitan lo que fue parte de mi persona... y voy a tener sin ella cuerpo distinto del que tuve... ¿Qué piensas tú? Verdaderamente, no es cosa de apurarse por una pierna. Tú, que eres todo espíritu, lo creerás así. Yo también lo creo. Y lo mismo has de quererme con un remo que con dos. Ahora pienso que habría hecho mal en dedicarme a la escena. ¡Uf! Arte poco noble, que fatiga el cuerpo y empalaga el alma. ¡La pintura!... Eso ya es otra cosa... Me dicen que no sufriré nada en la..., ¿lo digo?, en la operación... ¡Ay! Hablando en plata, esto es muy triste, y yo no lo soportaré sino sabiendo que seré la misma para ti después de la carnicería... ¿Te acuerdas de aquel grillo que tuvimos, y que cantaba más y mejor después de arrancarle una de las patitas? Te conozco bien, y sé que no desmereceré nada para ti... No necesitas asegurármelo para que yo lo crea y lo afirme... Vamos, ¿a que al fin resulta que estoy alegre?... Sí, porque ya no padeceré más. Dios me alienta, me dice que saldré bien del lance, y que después tendré salud y felicidad, y podré quererte todo lo que se me antoje, y ser pintora, o mujer sabia, y filósofa por todo lo alto... No, no puedo estar contenta. Quiero encandilarme, y no me resulta... Basta por hoy. Aunque sé que me querrás siempre, dímelo para que conste. Como no puedes engañarme, ni cabe la mentira en un ser que reúne todas las formas del bien, lo que me digas será mi Evangelio... Si tú no tuvieras brazos ni piernas, yo te querría lo mismo. Conque...»[327]

Las últimas líneas apenas se entendían, por el temblor de la escritura. Al soltar la pluma, cayó la muñeca infeliz en grande abatimiento. Quiso romper la carta, arrepintióse de ella, y por fin la entregó a don Lope, abierta, para que le pusiese el sobre y la enviase a su destino. Era la primera vez que no se cuidaba de defender ni poco ni mucho el secreto epistolar. Llevóse Garrido a su cuarto el papel, y lo leyó despacio, sorprendido de la serenidad con que la niña trataba de tan grave asunto.

—Lo que es ahora —dijo al escribir el sobre y como si hablara con la persona cuyo nombre trazaba la pluma— ya no te temo. La perdiste, la perdiste para siempre, pues esas bobadas del amor eterno, del amor ideal, sin piernas ni brazos, no son más que un hervor insano de la imaginación. Te he vencido. Triste es mi victoria, pero cierta. Dios sabe que no me alegro de ella sino descartando el motivo, que es la mayor pena de mi vida... Ya me pertenece en absoluto hasta que mis días acaben. ¡Pobre muñeca con alas! Quiso alejarse de mí, quiso volar; pero no contaba con su destino, que no le permite revoloteos ni correrías; no contaba con Dios, que me tiene ley..., no sé por qué..., pues siempre se pone de mi parte en estas contiendas... El sabrá la razón..., y cuando se me escapa lo que quiero..., me lo trae atadito de pies y manos. ¡Pobre alma mía, adorable chicuela, la quiero, la querré siempre como un padre! Ya nadie me la quita, ya no...³²⁸

En el fondo de estos sentimientos tristísimos que don Lope no sacó del corazón a los labios, palpitaba una satisfacción de amor propio, un egoísmo elemental y humano de que él mismo no se daba cuenta. «¡Sujeta para siempre! ¡Ya no más desviaciones de mí!» Repitiendo esta idea, parecía querer aplazar el contento que de ella se derivaba, pues no era la ocasión muy propicia para alegrarse de cosa alguna.

Halló después a la joven bastante alicaída, y empleó para reanimarla, ya los razonamientos piadosos, ya consideraciones ingeniosísimas acerca de la inutilidad de nuestras extremidades inferiores. A duras penas tomó Tristana algún alimento; el buen Garrido no pudo pasar nada.

A las dos entraron Miquis, Ruiz Alonso y un alumno de Medicina, que hacía de ayudante, pasando a la sala silenciosos y graves. Uno de los tres llevaba, cuidadosamente envuelto en un paño, el estuche que contenía las herramientas del oficio. Poco después entró un mozo que llevaba los frascos llenos de líquidos antisépticos. Recibiólos don Lope como si recibiera al verdugo cuando va a pedir perdón al condenado a muerte y a prepararle para el suplicio.

—Señores —dijo—, esto es muy triste, muy triste...

Y no pudo pronunciar una palabra más. Miquis fue al cuarto de la enferma, y se anunció con donaire:

—Guapa moza, todavía no hemos venido..., quiero decir, he venido yo solo. A ver, ¿qué tal?, ese pulso...

Tristana se puso lívida, clavando en el médico una mirada medrosa, infantil, suplicante. Para tranquilizarla, aseguróle Miquis que confiaba en curarla completa y radicalmente, que su excitación era precursora de la mejoría franca y segura, y que para calmarla le iba a dar un poquitín de éter...

—Nada, hija, basta echar unas gotitas de líquido en un pañuelo, y olerlo, para conseguir que los pícaros nervios entren en caja.³²⁹

Mas no era fácil engañarla. La pobre señorita comprendió las intenciones de Augusto y le dijo, esforzándose en sonreír:

—Es que quiere usted dormirme... Bueno. Me alegro de conocer ese sueño profundo, con el cual no puede ningún dolor, por muy perro que sea. ¡Qué gusto! ¿Y si no despierto, si me quedo allá...?

—¡Qué ha de quedarse!... Buenos tontos seríamos... —dijo Augusto, a punto que entraba don Lope consternado, medio muerto.

Y resueltamente se puso a preparar la droga, volviendo la espalda a la enferma, dejando sobre una cómoda el frasquito del precioso anestésico. Hizo con su pañuelo una especie de nido chiquitín, en el cual puso los algodones impregnados de cloroformo, y entre tanto se difundió por la habitación un fuerte olor de manzanas.

—Qué bien huele! —dijo la señorita cerrando los ojos, como si rezara mentalmente.

Y al instante le aplicó Augusto a la nariz el hueco del pañuelo. Al primer efecto de somnolencia siguió sobresalto, inquietud epiléptica, convulsiones y una verbosidad desordenada, como de embriaguez alcohólica.

—No quiero, no quiero... Ya no me duele... ¿Para qué cortar?... ¡Está una tocando todas las sonatas de Beethoven, tocándolas tan bien..., al piano, cuando vienen estos tíos indecentes a pellizcarle a una las piernas!... Pues que sajen, que corten... y yo sigo tocando. El piano no tiene secretos para mí... Soy el mismo Beethoven, su corazón, su cuerpo, aunque las manos sean otras...[330] Que no me quiten también las manos, porque entonces... Nada, que no me dejo quitar esta mano; la agarro con la otra para que no me la lleven..., y la otra la agarro con ésta, y así no me llevan ninguna. Miquis, usted no es caballero, ni lo ha sido nunca, ni sabe tratar con señoras, ni menos con artistas eminentes... No quiero que venga Horacio y me vea así. Se figurará cualquier cosa mala... Si estuviera aquí *señó Juan,* no permitiría esta infamia... Atar a una pobre mujer, ponerle sobre el pecho una piedra tan grande, tan grande..., y luego llenarle la paleta de ceniza para que no pueda pintar... ¡Cosa tan extraordinaria! ¡Cómo huelen las flores que he pintado! Pero si las pinté creyendo pintarlas, ¿cómo es que ahora me resultan vivas..., vivas? ¡Poder del genio artístico! He de retocar otra vez el cuadro de *Las Hilanderas* para ver si me sale un poquito mejor.[331] La perfección, esa perfección endiablada, ¿dónde está?... Saturna, Saturna..., ven, me ahogo... Este olor de las flores... No, no, es la pintura, que cuanto más bonita, más venenosa...

Quedó al fin inmóvil, la boca entreabierta, quieta la pupila... De vez en vez lanzaba un quejido como de mimo infantil, tímido esfuerzo del ser aplastado bajo la losa de aquel sueño brutal. Antes que la cloroformización fuera completa, entraron los otros dos sicarios,[332] que así en su pensamiento los llamaba don Lope, y en cuanto creyeron bien preparada a la paciente, colocáronla en un catre con colchoneta, dispuesta para el caso, y ganando no ya minutos, sino segundos, pusieron manos en la triste obra. Don Lope trincaba los dientes,[333] y a ratos, no pudiendo presenciar cuadro tan lastimoso, se marchaba a la habitación para volver en seguida avergonzándose de su pusilanimidad. Vio poner la venda de Esmarch, tira de goma que parece una serpiente. Empezó luego el corte por el sitio llamado de elección; y cuando tallaban el colgajo, la piel que ha de servir para formar después el muñón; cuando a los primeros tajos del diligente bisturí vio don Lope la primera sangre, su cobardía trocóse en valor estoico, altanero, incapaz de flaquear; su corazón se volvió de bronce, de pergamino su cara, y presenció hasta el fin con ánimo entero la cruel operación, realizada con suma habilidad y presteza por los tres médicos. A la hora y cuarto de haber empezado a cloroformizar a la paciente, Saturnina salía presurosa de la habitación con un objeto largo y estrecho envuelto en una sábana.[334] Poco después, bien ligadas las arterias, cosida la piel del muñón y hecha la cura antiséptica con esmero prolijo, empezó el despertar lento y triste de la señorita de Reluz, su nueva vida, después de aquel simulacro de muerte, su resurrección, dejándose un pie y dos tercios de la pierna en el seno de aquel sepulcro que a manzanas olía.[335]

24

—¡Ay, todavía me duele! —fueron las primeras palabras que pronunció al volver del tenebroso abismo.

Y después, su fisonomía pálida y descompuesta revelaba como un profundo análisis autopersonal, algo semejante a la intensísima fuerza de observación que los aprensivos dirigen sobre sus propios órganos, auscultando su respiración y el correr de la sangre, palpando mentalmente sus músculos y acechando el vibrar de sus nervios. Sin duda la pobre niña concentraba todas las fuerzas de su mente en aquel vacío de su extremidad inferior, para reponer el miembro perdido, y conseguía restaurarlo tal como fue antes de la enfermedad, sano, vigoroso y ágil. Sin gran esfuerzo imaginaba que tenía sus dos piernas, y que andaba con ellas garbosamente, con aquel pasito ligero que la llevaba en un periquete al estudio de Horacio.

—¿Qué tal mi niña? —le preguntó don Lope haciéndole caricias.

Y ella, tocando suavemente los blancos cabellos del galán caduco, le contestó con gracia:

—Muy bien... Me siento muy descansadita. Si me dejaran, ahora mismo me echaría a correr...; digo, a correr, no... No estamos para esas bromas.

Augusto y don Lope, cuando los otros dos médicos se habían marchado, diéronle seguridades de completa curación, y se felicitaron del éxito quirúrgico con un entusiasmo que no podían comunicarle. Púsieronla cuidadosamente en su lecho en las mejores condiciones de higiene y comodidad, y ya no había más que hacer sino esperar los diez o quince días críticos subsiguientes a la operación.

Durante este período no tuvo sosiego el bueno de Garrido, porque si bien el traumatismo se presentaba en las mejores condiciones, el abatimiento y postración de la niña eran para causar alarma. No parecía la misma, y denegaba su propio ser; ni una vez siquiera pensó en escribir cartas, ni salieron a relucir aquellas aspiraciones o antojos sublimes de su espíritu, siempre inquieto y ambicioso; ni se le ocurrieron los donaires y travesuras que gastar solía hasta en las horas más crueles de su enfermedad. Entontecida y aplanada, su ingenio superior sufría un eclipse total. Tanta pasividad y mansedumbre, al principio agradaron a don Lope; mas no tardó el buen señor en condolerse de aquella mudanza de carácter. Ni un momento se separaba de ella, dando ejemplo de paternal solicitud, con extremos cariñosos que rayaban en mimo. Por fin, al décimo día, Miquis declaró muy satisfecho que la cicatrización iba perfectamente, y que pronto la cojita sería dada de alta. Coincidió con esto una resurrección súbita del espiritualismo de la inválida, que una mañana, como descontenta de sí misma, dijo a don Lope:

—¡Vaya, que tantos días sin escribir! ¡Qué mal me estoy portando!

—No te apures, hija mía —replicó con donaire el viejo galán—. Los seres ideales y perfectos no se enfadan por dejar de recibir una carta y se consuelan del olvido paseándose impávidos por las regiones etéreas donde habitan...[336] Pero si quieres escribir, aquí tienes los trebejos. Díctame: soy tu secretario.

—No; escribiré yo misma... O si gustas..., escribe tú. Cuatro palabras.

—A ver; ya estoy pronto —dijo Garrido, pluma en mano y el papel delante.

—«Pues, como te decía —dictó Tristana—, ya no tengo más que una piernecita. Estoy mejor. Ya no me duele...; padezco muy poco..., ya...»

—Qué..., ¡no sigues?

—Mejor será que lo escriba yo. No me salen, no me salen las ideas dictando.

—Pues toma... Escribe tú y despáchate a tu gusto —dándole la pluma y poniéndole delante la tabla con la carpeta y papel—. Qué..., ¿tan premiosa estás? ¿Y esa inspiración y esos arranques? ¿Adónde diablos se han ido?

—¡Qué torpe estoy! No se me ocurre nada.

—¿Quieres que te dicte yo? Pues oye: «¡Qué bonito eres, qué pillín te ha hecho Dios y qué, qué desabridas son tantas perfecciones!... No, no me caso contigo ni con ningún serafín terrestre ni celeste...» Pero qué, ¿te ríes? Adelante. «Pues no me caso... Que esté coja o no lo esté, eso no te importa a ti. Tengo quien me quiera tal como soy ahora, y con una sola patita valgo más que antes con las dos. Para que te vayas enterando, ángel mío...» No, esto de ángel es un poquito cursi... «...pues para que te vayas enterando, te diré que tengo alas..., me han salido alas. Mi papá piensa traerme todos los trebejos de pintura, y *ainda mais,* me comprará un organito, y me pondrá profesor para que aprenda a tocar música buena... Ya verás... Comparados conmigo, los ángeles del cielo serán unos murguistas...»

Soltaron ambos la risa, y animado don Lope con su éxito, siguió hiriendo aquella cuerda, hasta que Tristana hubo de cortar bruscamente la conversación, diciendo con toda seriedad:

—No, no; yo escribiré..., yo sola.

Dejóla don Lope un momento, y escribió la cojita su carta, breve y sentida:

«Señor de mi alma: Ya Tristana no es lo que fue. ¿Me querrás lo mismo? El corazón me dice que sí. Yo te veo más lejos aún que antes te veía, más hermoso, más inspirado, más generoso y bueno. ¿Podré llegar hasta ti con la patita de palo, que creo me pondrán? ¡Qué mona estaré! Adiós. No vengas. Te adoro lejos, te ensalzo ausente. Eres mi Dios, y como Dios, invisible. Tu propia grandeza te aparta de mis ojos...; hablo de los de la cara..., porque con los del espíritu bien claro te veo. Hasta otro día.»[337]

Cerró ella misma la carta y le puso el sello, dándola a Saturna, que, al tomarla, hizo un mohín de burla. Por la tarde, hallándose solas un momento, la criada se franqueó en esta forma:

—Mire, esta mañana no quise decir nada a la señorita por hallarse presente *don Lepe.* La carta... aquí la tengo. ¿Para qué echarla al correo, si el don Horacio está en Madrid? Se la daré en propia mano esta noche.

Palideció la inválida al oír esto, y después se le encendió el rostro. No supo qué decir ni se le ocurría nada.

—Te equivocas —dijo al fin—. Habrás visto a alguno que se le parezca.

—¡Señorita, cómo había de confundir...! ¡Qué cosas tiene! El mismo. Hablamos más de media hora. Empeñado el hombre en que le contara todo, punto por punto. ¡Ay, si le viera la señorita! Está más negro que un zapato. Dice que se ha pasado la vida corriendo por montes y mares, y que aquello es muy precioso..., pero muy precioso... Pues nada; le conté todo, y el pobrecito..., como la quiere a usted tanto, me comía con los ojos cuando yo le hablaba... Dice que se avistará con don Lope para cantarle clarito.

—¡Cantarle clarito!... ¿Qué?

—El lo sabrá. Y está rabiando por ver a la señorita. Es preciso que lo arreglemos, aprovechando una salida del señor...

Tristana no dijo nada. Un momento después pidió a Saturna que le llevase un espejo, y mirándose en él se afligió extremadamente.

—Pues no está usted tan desfigurada..., vamos.

—No digas. Parezco la muerte.... Estoy horrorosa... —echándose a llorar—. No me va a conocer. Pero ¿ves? ¿Qué color es este que tengo? Parece de papel de estraza.[338] Los ojos son horribles, de tan grandes como se me han puesto... Y ¡qué boca, santo Dios! Saturna, llévate el espejo y no vuelvas a traérmelo aunque te lo pida.

Contra su deseo, que a la casa le amarraba, don Lope salía muy a menudo, movido de la necesidad, que en aquellas tristes circunstancias llenaba de amargura y afanes su existencia. Los gastos enormes de la enfermedad de la niña consumieron los míseros restos de su esquilmada fortuna, y llegaron días, ¡ay!, en que el noble caballero tuvo que violentar su delicadeza y desmentir su carácter, llamando a la puerta de un amigo con pretensiones que le parecían ignominiosas. Lo que padeció el infeliz señor no es para referirlo. En pocos días quedóse como si le echaran cinco años más encima. «¡Quién me lo había de decir..., Dios mío..., yo..., Lope Garrido, descender a...! ¡Yo, con mi orgullo, con mi idea puntillosa de la dignidad, rebajarme a pedir ciertos favores...! Y llegará día en que la insolvencia me ponga en el trance de solicitar lo que no he de poder restituir... Bien sabe Dios que sólo por sostener a esta pobre niña y alegrar su existencia soporto tanta vergüenza y degradación. Me pegaría un tiro y en paz. ¡Al otro mundo con mi alma, al hoyo con mis cansados huesos! Muerte y no vergüenza... Mas las circunstancias disponen lo contrario: vida sin dignidad... No lo hubiera creído nunca. Y luego dicen que el carácter... No, no creo en los caracteres. No hay más que hechos, accidentes. La vida de los demás es molde de nuestra propia vida y troquel de nuestras acciones.»[339]

En presencia de la señorita disimulaba el pobre *don Lepe* las horribles amarguras que pasando estaba, y aun se permitía fingir que su situación era de las más florecientes. No sólo le llevó los avíos de pintar, dos cajas de colores para óleo y acuarela, pinceles, caballetes y demás, sino también el organito o armonio que le había prometido, para que se distrajese con la música los ratos que la pintura le dejaba libres. En el piano poseía Tristana la instrucción elemental del colegio, suficiente para farfullar polcas y valses[340] o alguna pieza fácil. Algo tarde era ya para adquirir la destreza, que sólo da un precoz y duro trabajo; pero con un buen maestro podría vencer las dificultades, y además el órgano no le exigía digitación muy rápida. Se ilusionó con la música más que con la pintura, y anhelaba levantarse de la cama para probar su aptitud. Ya se arreglaría con un solo pie para mover los pedales. Aguardando con febril impaciencia al profesor anunciado por don Lope, oía en su mente las dulces armonías del instrumento, menos sentidas y hermosas que las que sonaban en lo íntimo de su alma. Creyóse llamada a ser muy pronto una notabilidad, una concertista de primer orden, y con tal idea se animó y tuvo algunas horitas de felicidad.[341] Cuidaba Garrido de estimular su ambiciosa ilusión, y en tanto le hacía recordar sus ensayos de dibujo, incitándola a bosquejar en lienzo o en tabla algún bonito asunto, copiado del natural.

—Vamos, ¿por qué no te atreves con mi retrato... o con el de Saturna?

Respondía la inválida que le convendría más adiestrar la mano en alguna copia, y don Lope prometió traerle buenos estudios de cabeza o paisajes para que escogiese.

El pobre señor no escatimaba sacrificio por ser grato a su pobre cojita, y..., al fin, ¡oh caprichos de la mudable suerte!, hallándose perplejo por no saber cómo procurarse los estudios pictóricos, la casualidad, el demonio, Saturna,[342] resolvieron de común acuerdo la dificultad.

—¡Pero, señor, —dijo Saturna—, si tenemos ahí!... No sea bobo, déjeme y le traigo...

Y con sus expresivos ojos y su mímica admirable completó el atrevido pensamiento.

—Haz lo que quieras, mujer —indicó don Lope, alzando los hombros—. Por mí...

Media hora después entró Saturna de la calle con un rimero de tablas y bastidores pintados, cabezas, torsos desnudos, apuntes de paisajes, bodegones, frutas y flores, todo de mano de maestro.

25

Impresión honda hizo en la señorita de Reluz la vista de aquellas pinturas, semblantes amigos que veía después de larga ausencia, y que le recordaban horas felices. Fueron para ella, en ocasión semejante, como personas vivas, y no necesitaba forzar mucho su imaginación para verlas animadas, moviendo los labios y fijando en ella miradas cariñosas. Mandó a Saturna que colgase los lienzos en la habitación para recrearse contemplándolos, y se transportaba a los tiempos del estudio y de las tardes deliciosas en compañía de Horacio. Púsose muy triste, comparando su presente con el pasado, y al fin rogó a la criada que guardase aquellos objetos hasta que pudiese acostumbrarse a mirarlos sin tanta emoción; mas no manifestó sorpresa por la facilidad con que las pinturas habían pasado del estudio a la casa, ni curiosidad de saber qué pensaba de ello el suspicaz don Lope. No quiso la sirviente meterse en explicaciones, que no se le pedían, y poco después, sobre las doce, mientras daba de almorzar al amo una mísera tortilla de patatas y un trozo de carne con representación y honores de chuleta, se aventuró a decirle cuatro verdades, valida de la confianza que le diera su largo servicio en la casa.

—Señor, sepa que el amigo quiere ver a la señorita, y es natural... Ea, no sea malo y hágase cargo de las circunstancias. Son jóvenes, y usted está ya más para padre o para abuelo que para otra cosa. ¿No dice que tiene el corazón grande?

—Saturna —replicó don Lope, golpeando en la mesa con el mango del cuchillo—. Lo tengo más grande que la copa de un pino, más grande que esta casa, y más grande que el Depósito de aguas, que ahí enfrente está.

—Pues entonces..., pelillos a la mar. Ya no es usted joven, gracias a Dios; digo..., por desgracia. No sea el perro del hortelano, que ni come ni deja comer. Si quiere que Dios le perdone todas sus barrabasadas y picardías, tanto engaño de mujeres y burla de maridos, hágase cargo de que los jóvenes son jóvenes, y de que el mundo y la vida y las cositas buenas son para los que empiezan a vivir, no para los que acaban... Conque tenga un..., ¿cómo se dice?, un rasgo, *don Lepe*, digo, don Lope..., y...

En vez de incomodarse, al infeliz caballero le dio por tomarlo a buenas.

—¿Conque un rasgo...? Vamos a ver: ¿y de dónde sacas tú que yo soy tan viejo? ¿Crees que no sirvo ya para nada? Ya quisieran muchas, tú misma, con tus cincuenta...

—¡Cincuenta! Quite usted *jierro*, señor.

—Pongamos treinta... y cinco.

—Y dos. Ni uno más. ¡Vaya!

—Pues quédese en lo que quieras. Pues digo que tú misma, si yo estuviese de humor y te... No, no te ruborices... ¡Si pensarás que eres un esperpento!... No; arreglándote un poquito, resultarías muy aceptable. Tienes unos ojos que ya los quisieran más de cuatro.

—Señor..., vamos... Pero qué..., ¿también a mí me quiere camelar?

—dijo la doméstica, familiarizándose tanto, que no vaciló en dejar a un lado de la mesa la fuente vacía de la carne y sentarse frente a su amo, los brazos en jarras.

—No..., no estoy ya para diabluras. No temas nada de mí. Me he cortado la coleta y ya se acabaron las bromas y las cositas malas. Quiero tanto a la niña, que desde luego convierto en amor de padre el otro amor, ya sabes..., y soy capaz, por hacerla dichosa, de todos los rasgos, como tú dices, que... En fin, ¿qué hay?... ¿Ese mequetrefe...?

—Por Dios, no le llame así. No sea soberbio. Es muy guapo.

—¿Qué sabes tú lo que son hombres guapos?

—Quítese allá. Toda mujer sabe de eso. ¡Vaya! Y sin comparar, que es cosa fea, digo que don Horacio es un buen mozo..., mejorando lo presente. Que usted fue el acabóse, por sabido se calla; pero eso pasó. Mírese al espejo y verá que ya se le fue la hermosura. No tiene más remedio que reconocer que el pintorcito...

—No le he visto nunca... Pero no necesito verle para sostener, como sostengo, que ya no hay hombres guapos, airosos, atrevidos, que sepan enamorar. Esa raza se extinguió.[343] Pero, en fin, demos de barato que el pintamonas sea un guapo... relativo.

—La niña le quiere... No se enfade..., la verdad por delante... La juventud es juventud.

—Bueno..., pues le quiere... Lo que yo te aseguro es que ese muchacho no hará su felicidad...

—Dice que no le importa la pata coja.

—Saturna, ¡qué mal conoces la naturaleza humana! Ese hombre no hará feliz a la niña, repito. ¡Si sabré yo de estas cosas! Y añado más: la niña no espera su felicidad de semejante tipo...

—¡Señor!...

—Para entender estas cosas, Saturna, es menester... entenderlas. Eres muy dura de mollera y no ves sino lo que tienes delante de tus narices. Tristana es mujer de mucho entendimiento, ahí donde la ves, de una imaginación ardiente... Está enamorada...

—Eso ya lo sé.

—No lo sabes. Enamorada de un hombre que no existe, porque no puede existir, porque si existiera, Saturna, sería Dios, y Dios no se entretiene en venir al mundo para diversión de las muchachas.[344] Ea, basta de palique; tráeme el café.

Corrió Saturna a la cocina, y al volver con el café permitióse comentar las últimas ideas expresadas por don Lope.

—Señor, lo que yo digo es que se quieren, sea por lo fino, sea por lo basto, y que el don Horacio desea verse con la señorita... Viene con buen fin.

—Pues que venga. Se irá con mal principio.

—¡Ay, qué tirano!

—No es eso... Si no me opongo a que se vean —dijo el caballero, encendiendo un cigarro—. Pero antes conviene que yo mismo hable con ese sujeto. Ya ves si soy bueno. ¿Y este rasgo?... Hablar con él, sí, y decirle...; ya, ya sabré yo...

—¿Apostamos a que le espanta?

—No; le traeré, traeréle yo mismo. Saturna, esto se llama un rasgo. Encárgate de avisarle que me espere en su estudio una de estas tardes...,

mañana. Estoy decidido —paseándose inquieto por el comedor—. Si
Tristana quiere verle, no la privaré de ese gusto. Cuanto antojo tenga la
niña se lo satisfará su amante padre. Le traje los pinceles, le traje el
armonio, y no basta. Hacen falta más juguetes. Pues venga el hombre, la
ilusión..., la... Saturna, di ahora que no soy un héroe, un santo. Con este
solo arranque lavo todas mis culpas y merezco que Dios me tenga por
suyo.³⁴⁵ Conque...
—Le avisaré... Pero no salga con alguna patochada. ¡Vaya, que si le
da por asustar a ese pobre chico...!
—Se asustará sólo de verme. Saturna, soy quien soy... Otra cosa: con
maña vas preparando a la niña. Le dices que yo haré la vista gorda, que
saldré *ex profeso* una tarde para que él entre y puedan hablarse como una
media hora nada más... No conviene más tiempo. Mi dignidad no lo
permite. Pero yo estaré en casa, y... Mira, se abrirá una rendijita en la
puerta para que tú y yo podamos ver cómo se reciben el uno al otro y oír
lo que charlen.
—¡Señor!...
—¿Tú qué sabes? Haz lo que te mando.
—Pues haga usted lo que le aconsejo. No hay tiempo que perder. Don
Horacio tiene mucha prisa...
—¿Prisa?... Esa palabra quiere decir juventud. Bueno, pues esta
misma tarde subiré al estudio... Avísale..., anda..., y después, cuando
acompañes a la señorita, te dejas caer..., ¿entiendes? Le dices que yo ni
consiento ni me opongo..., o más bien, que tolero y me hago el
desentendido. Ni le dejes comprender que voy al estudio, pues este acto
de inconsecuencia, que desmiente mi carácter, quizá me rebajaría a sus
propios ojos..., aunque no..., tal vez no... En fin, prepárala para que no se
afecte cuando vea en su presencia al... bello ideal.
—No se burle.
—Si no me burlo.
—Bello ideal quiere decir...
—Su tipo..., el tipo de una, supongamos...
—Tú sí que eres tipo —soltando la risa—. En fin, no se hable más. La
preparas, y yo voy a encararme con el galán joven.
    A la hora convenida, previo el aviso dado por Saturna, dirigióse don
Lope al estudio, y al subir, no sin cansancio, la interminable escalera, se
decía entre toses broncas y ahogados suspiros: «Pero, ¡Dios mío, qué
cosas tan raras estoy haciendo de algún tiempo a esta parte! A veces me
dan ganas de preguntarme: ¿Y es usted aquel don Lope...? Nunca creía
que llegara el caso de no parecerse uno a sí mismo...³⁴⁶ En fin, procuraré
no infundir mucho miedo a ese inocente.»
    La primera impresión de ambos fue algo penosa, no sabiendo qué
actitud tomar, vacilando entre la benevolencia y una dignidad que bien

podría llamarse decorativa. Hallábase dispuesto el pintor a tratar a don Lope según los aires que éste llevase. Después de los saludos y cumplidos de ordenanza, mostró el anciano galán una cortesía desdeñosa, mirando al joven como a ser inferior, al cual se dispensa la honra de un trato pasajero, impuesto por la casualidad.

—Pues sí, caballero..., ya sabe usted la desgracia de la niña. ¡Qué lástima, ¿verdad?, con aquel talento, con aquella gracia...! Es ya mujer inútil para siempre. Ya comprenderá usted mi pena. La miro como hija, la amo entrañablemente, con cariño puro y desinteresado, y ya que no he podido conservarle la salud ni librarla de esa tristísima amputación, quiero alegrar sus días, hacerle placentera la vida, en lo posible, y dar a su alma todo el recreo que... En fin, su voluble espíritu necesita juguetes. La pintura no acaba de distraerla...; la música, tal vez... Su insaciable afán pide más, siempre más, siempre más. Yo sabía que usted...

—De modo, señor don Lope —dijo Horacio con gracejo cortés—, que a mí me considera usted juguete.

—No, juguete precisamente, no... Pero... Yo soy viejo, como usted ve, muy práctico en cosas de la vida, en pasiones y afectos, y sé que las inclinaciones juveniles tienen siempre un cierto airecillo de juego de muñecas...[347] No hay que tomarlo a mal. Cada cual ve estas cosas según su edad. El prisma de los veinticinco o de los treinta años descompone los objetos de un modo gracioso y les da matices frescos y brillantes. El cristal mío me presenta las cosas de otro modo. En una palabra: que yo veo la inclinación de la niña con indulgencia paternal; sí, con esa indulgencia que siempre nos merece la criatura enfermita, a quien es forzoso dispensar los antojos y mimos, por extravagantes que sean.

—Dispénseme, señor mío —dijo Horacio con gravedad, sobreponiéndose a la fascinación que el mirar penetrante del caballero ejercía sobre él, encogiéndole el ánimo—, dispénseme. Yo no puedo apreciar con ese criterio de abuelo chocho la inclinación que Tristana me tiene, y menos la que por ella siento.

—Pues por eso no hemos de reñir —replicó Garrido, acentuando más la urbanidad y el desdén con que le hablaba—. Yo pienso lo que he tenido el honor de manifestarle; piense usted lo que guste. No sé si usted rectificará su manera de apreciar estas cosas. Yo soy muy viejo, muy curtido, y no sé rectificarme a mí propio. Lo que hay es que, dejándole a usted pensar lo que guste, yo vengo a decirle que, pues desea usted ver a Tristanita, y Tristanita se alegrará de verle, no me opongo a que usted honre mi casa; al contrario, tendré una satisfacción en ello. ¿Creía tal vez que yo iba a salir por el registro del padre celoso o del tirano doméstico?[348] No, señor. No me gustan a mí los tapujos, y menos en cosa tan inocente como esta visita. No, no es decoroso que ande el novio buscándome las vueltas para entrar en casa. Usted y yo no ganamos nada, el uno colándose sin mi permiso, el otro atrancando las puertas como si hubiera en ello alguna malicia. Sí, señor don Horacio, usted puede ir, a la hora que yo le designe, se entiende. Y si resultase que habría de repetir las visitas, porque así conviniera a la paz de mi enferma, ha de prometerme usted no entrar nunca sin conocimiento mío.

—Me parece muy bien —afirmó Díaz, que poco a poco se iba dejando conquistar por la agudeza y pericia mundana del atildado viejo—. Estoy a sus órdenes.

Sentía Horacio la superioridad de su interlocutor, y casi..., y sin casi, se alegraba de tratarle, admirando de cerca, por primera vez, un ejemplar curiosísimo de la fauna social más desarrollada, un carácter que resultaba legendario y revestido de cierto matiz poético. La atracción se fue acentuando con las cosas donosísimas que después le dijo don Lope pertinentes a la vida galante, a las mujeres y al matrimonio. En resumidas cuentas, que le fue muy simpático, y se despidieron, prometiéndole Horacio obedecer sus indicaciones y fijando para la tarde siguiente las *vistas*[349] con la pobre inválida.

26

«¡Qué pedazo de ángel![350]—decía don Lope, dejando atrás, con menos calma que a la subida, el sinfín de peldaños de la escalera del estudio—. Y parece honrado y decente. No le veo muy aferrado a la infantil manía del matrimonio, ni me ha dicho nada de bello ideal, ni aquello de *amarla hasta la muerte*, con patita o sin patita... Nada, que esto es cosa concluida... Creí encontrar un romántico, con cara de haber bebido el vinagre de las pasiones contrariadas, y me encuentro un mocetón de color sano y espíritu sereno, un hombre sesudo, que al fin y a la postre verá las cosas como las veo yo. Ni se le conoce que esté enamoradísimo, como debió de estarlo antes, allá qué sé yo cuándo. Más bien parece confuso, sin saber qué actitud tomar cuando la vea ni cómo presentársele... En fin, ¿qué saldrá de esto?... Para mí, es cosa terminada..., terminada...; sí, señor..., cosa muerta, caída, enterrada... como la pierna.»[351]

El estupendo noticón de la próxima visita de Horacio inquietó a Tristana, que aparentando creer cuanto se le decía, abrigaba en su interior cierta desconfianza de la realidad de aquel suceso, pues su labor mental de los días que precedieron a la operación habíala familiarizado con la idea de suponer ausente al bello ideal; y la hermosura misma de éste y sus raras perfecciones se representaban en la mente de la niña como ajadas y desvanecidas por obra y gracia de la aproximación. Al propio tiempo, el deseo puramente humano y egoísta de ver al ser querido, de oírle, luchaba en su alma con aquel desenfrenado idealismo, en virtud del cual, más bien que a buscar la aproximación, tendía, sin darse cuenta de ello, a evitarla. La distancia venía a ser como una voluptuosidad de aquel amor sutil, que pugnaba por desprenderse de toda influencia de los sentidos.[352]

En tal estado de ánimo, llegó el momento de la entrevista. Fingió don Lope que se ausentaba, sin hacer la menor alusión al caso; pero se quedó en su cuarto, dispuesto a salir si algún accidente hacía necesaria su presencia. Arreglóse Tristana la cabeza, recordando sus mejores tiempos, y como se había repuesto algo en los últimos días, resultaba muy bien. No obstante, descontenta y afligida, apartó de sí el espejo, pues el idealismo no excluía la presunción. Cuando sintió que entraba Horacio, que Saturna le introducía en la sala, palideció, y a punto estuvo de perder el conocimiento. La poca sangre de sus venas afluyó al corazón; apenas podía respirar, y una curiosidad más poderosa que todo sentimiento la embargaba.

«Ahora —se decía— veré cómo es, me enteraré de su rostro, que se me ha perdido desde hace tiempo, que se me ha borrado, obligándome a inventar otro para mi uso particular.»

Por fin, Horacio entró... Sorpresa de Tristana, que en el primer momento casi le vio como a un extraño. Fuése derecho a ella con los brazos abiertos y la acarició tiernamente. Ni uno ni otro pudieron hablar hasta pasado un breve rato... Y a Tristana le sorprendió el metal de voz de su antiguo amante, cual si nunca le hubiera oído. Y después... ¡qué cara, qué tez, qué color como de bronce bruñido por el sol!

—¡Cuánto has padecido, pobrecita! —dijo Horacio, cuando la emoción le permitió expresarse con claridad—. ¡Y yo sin poder estar al lado tuyo! Habría sido un gran consuelo para mí acompañar a mi *Paquilla de Rímini* en aquel trance, sostener su espíritu...; pero ya sabes, ¡mi tía tan malita...! Por poco no lo cuenta la pobre.[353]

—Sí..., hiciste bien en no venir... ¿Para qué? —repuso Tristana, recobrando al instante su serenidad—. Cuadro tan lastimoso te habría desgarrado el corazón. En fin, ya pasó; estoy mejor, y me voy acostumbrando a la idea de no tener más que una patita.

—¿Qué importa, vida mía? —dijo el pintor, por decir algo.

—Allá veremos. Aún no he probado a andar con muletas. El primer día he de pasar mal rato; pero al fin me acostumbraré. ¿Qué remedio tengo?...

—Todo es cuestión de costumbre. Claro que al principio estarás menos airosa...; es decir, tú siempre serás airosa...

—No..., cállate. Ese grado de adulación no debe consentirse entre nosotros. Un poco de galantería, de caridad más bien, pase...

—Lo que más vale en ti, la gracia, el espíritu, la inteligencia, no ha sufrido ni puede sufrir menoscabo. Ni el encanto de tu rostro, ni las proporciones admirables de tu busto..., tampoco.

—Cállate —dijo Tristana con gravedad—. Soy una belleza sentada..., ya para siempre sentada, una mujer de medio cuerpo, un busto y nada más.[354]

—¿Y te parece poco? Un busto, pero ¡qué hermoso! Luego, tu inteligencia sin par, que hará siempre de ti una mujer encantadora...

Horacio rebuscaba en su mente todas las flores que pueden echarse a una mujer que no tiene más que una pierna. No le fue difícil encontrarlas, y una vez arrojadas sobre la infeliz inválida, ya no tenía más que añadir. Con un poquito de violencia, que casi casi no pudo apreciar, añadió lo siguiente:

—Y yo te quiero y te querré siempre lo mismo.

—Eso ya lo sé —replicó ella, afirmándolo por lo mismo que empezaba a dudarlo.

Continuó la conversación en los términos más afectuosos, sin llegar al tono y actitudes de la verdadera confianza. En los primeros momentos sintió Tristana una desilusión brusca. Aquel hombre no era el mismo que, borrado de su memoria por la distancia, había ella reconstruido laboriosamente con su facultad creadora y plasmante. Parecíale tosca y ordinaria la figura, la cara sin expresión inteligente, y en cuanto a las ideas... ¡Ah, las ideas le resultaban de lo más vulgar...! De los labios del *señó Juan* no salieron más que las conmiseraciones que se dan a todo enfermo, revestidas de una forma de tierna amistad. Y en todo lo que dijo referente a la constancia de su amor veíase el artificio trabajosamente edificado por la compasión.[355]

Entretanto, don Lope iba y venía sin sosiego por el interior de su casa, calzado de silenciosas zapatillas, para que no se le sintieran los pasos, y se aproximaba a la puerta por si ocurría algo que reclamase su intervención. Como su dignidad repugnaba el espionaje, no aplicó el oído a la puerta. Más que por encargo del amo, por inspiración propia y ganas de fisgoneo, Saturna puso su oreja en el resquicio que abierto dejó para el caso, y algo pudo pescar de lo que los amantes decían. Llamándola al pasillo, don Lope la interrogó con vivo interés:

—Dime: ¿han hablado algo de matrimonio?

—Nada he oído que signifique cosa de casarse —dijo Saturna—. Amor, sí, quererse siempre, y qué sé yo..., pero...

—De sagrado vínculo, ni una palabra. Lo que digo, cosa concluida. Y no podía suceder de otro modo. ¿Cómo sostener su promesa ante una mujer que ha de andar con muletas?... La Naturaleza se impone.[356] Es lo que yo digo... Mucho palique, mucha frase de relumbrón y ninguna sustancia. Al llegar al terreno de los hechos, desaparece toda la hojarasca y nada queda... En fin, Saturna, esto va bien y como yo deseo. Veremos por dónde sale ahora la niña. Sigue, sigue escuchando, a ver si salta alguna frase de compromiso formal para el porvenir.

Volvió la diligente criada a su punto de acecho; pero nada sacó en limpio, porque hablaban muy bajo. Por fin, Horacio propuso a su amada terminar la visita.

—Por mi gusto —le dijo—, no me separaría de ti hasta mañana..., ni mañana tampoco... Pero debo considerar que don Lope, concediéndome verte, procede con una generosidad y una alteza de miras que le honran mucho y que me obligan a no incurrir en abuso. ¿Te parece que me retire ya? Como tú quieras. Y confío que no siendo muy largas las visitas, tu viejo me permitirá repetirlas todos los días.

Opinó la inválida en conformidad con su amigo, y éste se retiró, después de besarla cariñosamente y de reiterarle aquellos afectos que, aunque no fríos, iban tomando un carácter fraternal.[357] Tristana le vio partir muy tranquila, y al despedirse fijó para la siguiente tarde la primera lección de pintura, lo que fue muy del agrado del artista, quien, al salir de la estancia, sorprendió a don Lope en el pasillo y se fue derecho a él, saludándole con profundo respeto. Metiéronse en el cuarto del galán caduco, y allí charlaron de cosas que a éste le parecieron de singular alcance.

Por de pronto, ni una palabra soltó el pintor que a proyectos de matrimonio trascendiera. Manifestó un interés vivísimo por Tristana, lástima profunda de su estado y amor por ella en un grado discreto, discreción interpretada por don Lope como delicadeza o más bien repugnancia de un rompimiento brusco, que habría sido inhumano en la triste situación de la señorita de Reluz. Por fin, Horacio no tuvo inconveniente en dar al interés que su amiga le inspiraba un carácter señaladamente positivista.[358] Como sabía por Saturna las dificultades de cierto género que agobiaban a don Lope, se arrancó a proponer a éste lo que en su altanera dignidad no podía el caballero admitir.

—Porque, mire usted, amigo —le dijo en tono campechano—, yo..., y no se ofenda de mi oficiosidad..., tengo para con Tristana ciertos deberes que cumplir. Es huérfana. Cuantos la quieren y la estiman en lo que vale, obligados están a mirar por ella. No me parece bien que usted monopolice la excelsa virtud de amparar al desvalido... Si quiere usted concederme un favor, que le agradeceré toda mi vida, permítame...

—¿Qué?... Por Dios, caballero Díaz, no me sonroje usted. ¿Cómo consentir?...

—Tómelo usted por donde quiera... ¿Qué quiere decirme?... ¿Que es una indelicadeza proponer que sean de mi cuenta los gastos de la enfermedad de Tristana? Pues hace usted mal, muy mal, en pensarlo así. Acéptelo, y después seremos más amigos.

—¿Más amigos, caballero Díaz? ¡Más amigos después de probar que yo no tengo vergüenza!

—¡Don Lope, por amor de Dios!

—Don Horacio..., basta.

—Y en último caso, ¿por qué no se me ha de permitir que regale a mi amiguita un órgano expresivo de superior calidad, de lo mejor en su género; que le añada una completa biblioteca musical para órgano, comprendiendo estudios, piezas fáciles y de concierto, y que por fin, corra de mi cuenta el profesor?...

—Eso... ya... Vea usted cómo transijo. Se admite el regalo del instrumento y de los papeles. Lo del profesor no puede ser, caballero Díaz.

—¿Por qué?

—Porque se regala un objeto como testimonio de afectos presentes o pasados; pero no sé yo de nadie que obsequie con lecciones de música.

—Don Lope..., déjese de distingos.

—A ese paso, llegaría usted a proponerme costearle la ropa y a señalarle alimentos..., y esto, con franqueza, paréceme denigrante para mí..., a menos que usted viniera con propósitos y fines de cierto género.

Viéndole venir, Horacio quiso dar una vuelta a la conversación.

—Mis propósitos son que se instruya en un arte en que pueda lucir y gastar ese caudal inmenso de fluido acumulado en su sistema nervioso, los tesoros de pasión artística, de noble ambición, que llenan su alma.

—Si no es más que eso, yo me basto y me sobro. No soy rico; pero poseo lo bastante para abrir a Tristana los caminos por donde pueda correr hacia la gloria una pobre cojita. Yo..., francamente, creí que usted...

Queriendo obtener una declaración categórica, y viendo que no la lograba por ataques oblicuos, embistióle de frente:

—Pues yo creí que usted, al venir aquí, traía el propósito de casarse con ella.

—¡Casarme!... ¡Oh!... No —dijo Horacio, desconcertado por el repentino golpe, pero rehaciéndose al momento—. Tristana es enemiga irreconciliable del matrimonio. ¿No lo sabía usted?

—¿Yo?... No.

—Pues sí; lo detesta. Quizá ve más que todos nosotros; quizá su mirada perspicua, o cierto instinto de adivinación concedido a las mujeres superiores, ve la sociedad futura que nosotros no vemos.[359]

—Quizá... Estas niñas mimosas y antojadizas suelen tener vista muy larga. En fin, caballero Díaz, quedamos en que se acepta el obsequio del organito, pero no lo demás; se agradece, eso sí; pero no se puede aceptar, porque lo veda el decoro.

—Y quedamos —dijo Horacio despidiéndose— que vendré a pintar un ratito con ella.

—Un ratito..., cuando la levantemos, porque no ha de pintar en la cama.

—Justo... Pero, en tanto, ¿podré venir...?

—¡Oh! Sí, a charlar, a distraerla. Cuéntele usted cosas de aquel hermoso país.

—¡Ah! No, no —dijo Horacio frunciendo el ceño—. No le gusta el campo, ni la jardinería, ni la Naturaleza, ni las aves domésticas, ni la vida regalada y oscura, que a mí me encantan y me enamoran. Soy yo muy terrestre, muy práctico, y ella muy soñadora, con unas alas de extraordinaria fuerza para subirse a los espacios sin fin.[360]

—Ya, ya... —estrechándole las manos—. Pues venga usted cuando bien le cuadre, caballero Díaz. Y sabe que...

Despidióle en la puerta; se metió después en su cuarto, muy gozoso, y restregándose las manos, decía para su sayo: «Incompatibilidad de caracteres..., incompatibilidad absoluta, diferencias irreductibles.»[361]

27

Notó el buen Garrido en su inválida cierta estupefacción después de la entrevista. Interrogada paternalmente por el astuto viejo, Tristana le dijo sin rebozo:

—¡Cuánto ha cambiado ese hombre, pero cuánto! Paréceme que no es el mismo, y no ceso de representármelo como antes era.

—Y qué, ¿gana o pierde en la transformación?

—Pierde..., al menos hasta ahora.

—Parece buen sujeto, sí. Y te estima. Me propuso abonar los gastos de tu enfermedad. Yo lo rechacé... Figúrate...

A Tristana se le encendió el rostro.

—No es de estos —añadió don Lope— que al dejar de amar a una mujer se despiden a la francesa. No, no; paréceme atento y delicado. Te regala un órgano expresivo de lo mejor, y toda la música que puedas necesitar. Esto lo acepté; no creí prudente rechazarlo. En fin, el hombre es bueno y te tiene lástima; comprende que tu situación social, despúes de esa pérdida de la patita, exige que se te mime y se te rodee de distracciones y cuidados; y él empieza por prestarse, como amigo sincero y bondadoso, a darte leccioncitas de pintura.

Tristana no dijo nada, y todo el día estuvo muy triste. Al siguiente, la entrevista con Horacio fue bastante fría. El pintor se mostró muy amable; pero sin decir ni una palabra de amor. Introdújose don Lope en la habitación cuando menos se pensaba, metiendo su cucharada en el coloquio, que versó exclusivamente sobre cosas de arte. Como pinchara después a Horacio para que hablase de los encantos de la vida en Villajoyosa, el pintor se explayó en aquel tema, que, contra la creencia de don Lope, parecía del agrado de Tristana. Con vivo interés oía ésta las descripciones de aquella vida placentera y de los puros goces de la domesticidad en pleno campo. Sin duda, por efecto de una metamorfosis verificada en su alma después de la mutilación de su cuerpo, lo que antes desdeñó era ya para ella como risueña perspectiva de un mundo nuevo.[362]

En las visitas que se sucedieron, Horacio rehuía con suma habilidad toda referencia a la deliciosa vida que era ya su pasión más ardiente. Mostró también indiferencia del arte, asegurando que la gloria y los laureles no despertaban entusiasmo en su alma. Y al decir esto, fiel reproducción de las ideas expresadas en sus cartas de Villajoyosa, observó que a Tristana no le causaba disgusto. Al contrario, en ocasiones parecía ser de la misma opinión y mirar con desdén las empresas y victorias artísticas, con gran estupor de Horacio, en cuya memoria subsistían indelebles los exaltados conceptos de la correspondencia de su amante.[363]

Por fin, la levantaron, y el estrecho gabinete en que la pobre inválida pasaba las horas embutida en un sillón fue convertido en taller de pintura. La paciencia y la solicitud con que Horacio hacía de maestro no son para dichas. Mas sucedió una cosa muy rara, y fue que no sólo mostraba la señorita poca afición al arte de Apeles,[364] sino que sus aptitudes, claramente manifestadas meses antes, se oscurecían y eclipsaban, sin duda por falta de fe. No volvía el pintor de su asombro, recordando la facilidad con que su discípula entendía y manejaba el color, y asombrados los dos de semejante cambio, concluían por desmayar y aburrirse, difiriendo las lecciones o haciéndolas muy cortas. A los tres o cuatro días de estas tentativas, apenas pintaban ya; pasaban las horas charlando, y solía suceder que también la conversación languidecía, como entre personas que ya se han dicho todo lo que tienen que decirse y sólo tratan de las cosas corrientes y regulares de la vida.

El primer día que probó Tristana las muletas fueron ocasión de risa y chacota sus primeros ensayos en tan extraño sistema de locomoción.

—No hay manera —decía con buena sombra— de imprimir al paso de muletas un aire elegante. No, por mucho que yo discurra, no inventaré un bonito andar con estos palitroques. Siempre seré como las mujeres lisiadas que piden limosna a la puerta de las iglesias. No me importa. ¡Qué remedio tengo más que conformarme!

Propúsole Horacio enviarle un carrito de mano para que paseara, y no acogió mal la niña este ofrecimiento, que se hizo efectivo dos días después, aunque no se utilizó sino a los tres o cuatro meses de regalado el vehículo. Lo más triste de todo cuanto allí ocurría era que Horacio dejó de ser asiduo en sus visitas. La retirada fue tan lenta y gradual que apenas se notaba. Empezó por faltar un día, excusándose con ocupaciones imprescindibles; a la siguiente semana hizo novillos dos veces; luego, tres, cinco..., y por fin ya no se contaron los días que faltaba, sino los que iba. No parecía Tristana muy contrariada con estas faltillas; recibíale siempre afectuosa, y le veía partir sin aparente disgusto. Jamás le preguntaba el motivo de sus ausencias, ni menos le reñía por ellas. Otra circunstancia digna de notarse era que jamás hablaban de lo pasado: uno y otro parecían acordes en dar por fenecida y rematada definitivamente aquella novela, que, sin duda, les resultaba inverosímil y falsa, produciendo efecto semejante al que nos causan en la edad madura los libros de entretenimiento que nos han entusiasmado y enloquecido en la juventud.[365]

Del marasmo espiritual en que se encontraba salió Tristana casi bruscamente, como por arte mágico, con las primeras lecciones de música y de órgano. Fue como una resurrección súbita, con alientos de vida, de entusiasmo y pasión que confirmaban en su verdadero carácter a la señorita de Reluz, y que despertaron en ella, con el ardor de aquel nuevo estudio, maravillosas aptitudes.[366] Era el profesor un hombre chiquitín, afable, de una paciencia fenomenal, tan práctico en la enseñanza y tan hábil en la transmisión de su método, que habría convertido en organista a un sordomudo. Bajo su inteligente dirección venció Tristana las primeras dificultades en brevísimo tiempo, con gran sorpresa y alborozo de cuantos aquel milagro veían. Don Lope estaba verdaderamente lelo de admiración, y cuando Tristana pulsaba las teclas, sacando de ellas acordes dulcísimos, el pobre señor se ponía chocho, como un abuelo que ya no vive más que para mimar a su descendencia menuda y volverse todo babas ante ella. A las lecciones de mecanismo, digitación y lectura añadió pronto el profesor algunas nociones de armonía, y fue una maravilla ver a la joven asimilarse estos arduos conocimientos. Diríase que le eran familiares las reglas antes que se las revelaran; adelantábase a la propia enseñanza, y lo que aprendía quedaba profundamente grabado en su espíritu. El minúsculo profesor, hombre muy cristiano, que se pasaba la vida de coro en coro y de capilla en capilla, tocando en misas solemnes, funerales y novenas, veía en su discípula un ejemplo del favor de Dios, una predestinación artística y religiosa.

—Es un genio esta niña —afirmaba, admirándola con efusión contemplativa—, y a ratos paréceme una santa.

—¡Santa Cecilia! —exclamaba don Lope con entusiasmo, que le ponía ronco—. ¡Qué hija, qué mujer, qué divinidad![367]

No le era fácil a Horacio disimular su emoción oyendo a Tristana modular en el órgano acordes de carácter litúrgico, en estilo fugado, escalonando los miembros melódicos con pasmosa habilidad; y trabajillo le costaba al artista ocultar sus lágrimas, avergonzándose de verterlas. Cuando la señorita, inflamada por religiosa inspiración, se engolfaba en su música, convirtiendo el grave instrumento en lenguaje de su alma, a nadie veía, ni se cuidaba de su reducido y fervoroso público. El sentimiento, así como el estilo para expresarlo, absorbíanla por entero: su rostro se transfiguraba, adquiriendo celestial belleza; su alma se desprendía de todo lo terreno para mecerse en el seno vaporoso de una idealidad dulcísima.[368] Un día, el bueno del organista llegó al colmo de la admiración oyéndola improvisar con gallardo atrevimiento, y se pasmó de la soltura con que modulaba, enlazando los tonos y añadiendo a sus conocimientos de armonía otros que nadie supo de dónde los había sacado, obra de un misterioso poder de adivinación, sólo concedido a las almas privilegiadas, para quienes el arte no tiene ningún secreto. Desde aquel día el maestro asistió a las lecciones con interés superior al que la pura enseñanza puede infundir, y puso sus cinco sentidos en la discípula, educándola como a un hijo único y adorado. El anciano músico y el anciano galán se extasiaban junto a la inválida, y mientras el uno le mostraba con paternal amor los arcanos del arte, el otro dejaba traslucir su acendrada ternura con suspiros y alguna expresión fervorosa. Concluida la lección, Tristana daba un paseíto por la estancia con muletas, y a don Lope y al otro viejo se les figuraba, contemplándola, que la propia Santa Cecilia no podía moverse ni andar de otra manera.[369]

Por este tiempo, es decir, cuando los adelantos de la joven se marcaron de un modo tan notable, Horacio volvió a menudear sus visitas, y de pronto éstas escasearon notoriamente. Al llegar el verano, transcurrían hasta dos semanas sin que el pintor aportara por allí, y cuando iba, Tristana, por agradarle y entretenerle, le obsequiaba con una sesión de música; sentábase el artista en lo más oscuro de la estancia para seguir con abstracción profunda la hermosa salmodia, como en éxtasis, mirando vagamente a un punto indeterminado del espacio, mientras su alma divagaba suelta por las regiones en que el ensueño y la realidad se confunden. Y de tal modo absorbió a Tristana el arte con tanto anhelo cultivado, que no pensaba ni podía pensar en otra cosa. Cada día ansiaba más y mejor música. La perfección embargaba su espíritu, teniéndolo como fascinado. Ignorante de cuanto en el mundo ocurría, su aislamiento era completo, absoluto. Día hubo en que fue Horacio y se retiró sin que ella se enterara de que había estado allí.[370]

Una tarde, sin que nadie lo hubiese previsto, despidióse el pintor para Villajoyosa, pues, según dijo, su tía, que allá continuaba residiendo, se hallaba en peligro de muerte. Así era la verdad, y a los tres días de llegar el sobrino doña Trini cerró las pesadas compuertas de sus ojos para no volverlas a abrir más. Poco después, a la entrada del otoño, cayó Díaz

enfermo, aunque no de gravedad. Cruzáronse cartas amistosas entre él y
Tristana y el mismo don Lope, las cuales en todo el año siguiente
continuaron yendo y viniendo cada dos, cada tres semanas, por el mismo
camino por donde antes corrían las incendiarias cartas de *señó Juan* y de
Paquita de Rímini. Tristana escribía las suyas de prisa y corriendo, sin
poner en ellas más que frases de cortés amistad. Por una de esas
inspiraciones que llevan al ánimo su conocimiento profundo y certero de
las cosas, la inválida creía firmemente, como se cree en la luz del sol,
que no vería más a Horacio. Y así era, así fue... Una mañana de
noviembre entró don Lope con cara grave en el cuarto de la joven, y sin
expresar alegría ni pena, como quien dice la cosa más natural del
mundo, le soltó la noticia con este frío laconismo:

—¿No sabes?... Nuestro don Horacio se casa.³⁷¹

28

Creyó notar el viejo galán que Tristana se desconcertaba al recibir el
jicarazo; pero tan rápidamente y con tanto tesón volvió sobre sí misma,
que no le era fácil a *don Lepe* conocer a ciencia cierta el estado de ánimo
de su cautiva, después del acabamiento definitivo de sus locos amores.
Como quien se arroja a un piélago tranquilo, zambullóse la señorita en el
mare magnum musical, y allí se pasaba las horas, ya sumergiéndose en lo
profundo, ya saliendo graciosamente a la superficie, incomunicada
realmente con todo lo humano y procurando estarlo con algunas ideas
propias que aún la atormentaban.³⁷² A Horacio no le volvió a mentar, y
aunque el pintor no cortó las relaciones con ella, y alguna que otra vez
escribía cartas amistosas, Garrido era el encargado de leerlas y
contestarlas. Guardábase bien el viejo de hablar a la niña del que fue su
adorador, y con toda su sagacidad y experiencia nunca supo fijamente si
la actitud triste y serena de Tristana ocultaba una desilusión o el
sentimiento de haberse equivocado profundamente al creerse
desilusionada en los días de la vuelta de Horacio. Pero ¿cómo había de
saber esto don Lope, si ella misma no lo sabía?

En las buenas tardes de invierno salía a la calle en el carrito, que
empujaba Saturna. La ausencia de toda presunción fue uno de los
accidentes más característicos de aquella nueva metamorfosis de la
señorita de Reluz: cuidaba poco de embellecer su persona; ataviábase
sencillamente con mantón y pañuelo de seda a la cabeza; pero no perdió
la costumbre de calzarse bien, y de continuo bregaba con el zapatero por
si ajustaba con más o menos perfección la bota... única.³⁷³ ¡Qué raro le
parecía siempre el no calzarse más que un pie! Transcurrirían los años
sin que acostumbrarse pudiera a no ver en parte alguna la bota y el
zapato del pie derecho.

Al año de la operación, su rostro había adelgazado tanto, que muchos que en sus buenos tiempos la trataron apenas la conocían ya, al verla pasar en el cochecillo. Representaba cuarenta años cuando apenas tenía veinticinco. La pierna de palo que le pusieron a los dos meses de arrancada la de carne y hueso era de lo más perfecto en su clase; mas no podía la inválida acostumbrarse a andar con ella, ayudada sólo de un bastón. Prefería las muletas, aunque éstas le alzaran los hombros, destruyendo la gallardía de su cuello y de su busto.[374] Aficionóse a pasar las horas de la tarde en la iglesia, y para facilitar esta inocente inclinación mudóse don Lope desde lo alto del paseo de Santa Engracia al del Obelisco, donde tenían muy a mano cuatro o cinco templos, modernos y bonitos, y además la parroquia de Chamberí. Y el cambio de domicilio le vino bien a don Lope por el lado económico, pues en el alquiler de la nueva casa ahorraba una corta cantidad, que no venía mal para otros gastos en tiempos tan calamitosos.[375] Pero lo más particular fue que la afición de Tristana a la iglesia se comunicó a su viejo tirano, y sin que éste notara la gradación, llegó a pasar ratos placenteros en las Siervas, en las Reparatrices y en San Fermín, asistiendo a novenas y Manifiestos. Cuando don Lope notó esta nueva fase de sus costumbres seniles, ya no se hallaba en condiciones para poder apreciar lo extraño de tal cambio. Anublóse su entendimiento; su cuerpo envejeció con terrible presteza; arrastraba los pies como un octogenario, y la cabeza y manos le temblaban. Al fin, el entusiasmo de Tristana por la paz de la iglesia, por la placidez de las ceremonias del culto y la comidilla de las beatas llegó a ser tal, que acortaba las horas dedicadas al arte músico para aumentar las consagradas a la contemplación religiosa. Tampoco se dio cuenta de esta nueva metamorfosis, a la que llegó por gradaciones lentas; y si al principio no había en ella más que pura afición, sin verdadero celo, si sus visitas a la iglesia eran al principio actos de lo que podría llamarse *dilettantismo* piadoso, no tardaron en ser actos de piedad verdadera, y por etapas insensibles vinieron las prácticas católicas, el oír misa, la penitencia y comunión.[376]

Y como el buen *don Lepe*, no viviendo ya más que para ella y por ella, reflejaba sus sentimientos, y había llegado a ser plagiario de sus ideas, resultó que también él se fue metiendo poco a poco en aquella vida, en la cual su triste vejez hallaba infantiles consuelos.[377] Alguna vez, volviendo sobre sí en momentos lúcidos, que parecían las breves interrupciones de un inseguro sueño, se echaba una mirada interrogativa, diciéndose:

«Pero ¿soy yo de verdad, Lope Garrido, el que hace estas cosas? Es que estoy lelo..., sí, lelo... Murió en mí el hombre..., ha ido muriendo en mí todo el ser, empezando por lo presente, avanzando en el morir hacia lo pasado; y por fin, ya no queda más que el niño... Sí, soy un niño, y como tal pienso y vivo. Bien lo veo con el cariño de esa mujer. Yo la he mimado a ella. Ahora ella me mima...»[378]

En cuanto a Tristana, ¿sería, por ventura, aquélla su última metamorfosis? ¿O quizá tal mudanza era sólo exterior, y por dentro subsistía la unidad pasmosa de su pasión por lo ideal? El ser hermoso y perfecto que amó, construyéndolo ella misma con materiales tomados de la realidad, se había desvanecido, es cierto, con la reaparición de la persona que fue como génesis de aquella creación de la mente; pero el tipo, en su esencial e intachable belleza, subsistía vivo en el pensamiento de la joven inválida. Si algo pudo variar ésta en la manera de amarle, no menos varió en su cerebro aquella cifra de todas las perfecciones. Si antes era un hombre, luego fue Dios, el principio y fin de cuanto existe. Sentía la joven cierto descanso, consuelo inefable, pues la contemplación mental del ídolo érale más fácil en la iglesia que fuera de ella, las formas plásticas del culto la ayudaban a sentirlo. Fue la mudanza del hombre en Dios tan completa al cabo de algún tiempo, que Tristana llegó a olvidarse del primer aspecto de su ideal, y no vio al fin más que el segundo, que era seguramente el definitivo.[379]

Tres años habían pasado desde la operación realizada con tanto acierto por Miquis y su amigo, cuando la señorita de Reluz, sin olvidar completamente el arte musical, mirábalo ya con desdén, como cosa inferior y de escasa valía. Las horas de la tarde pasábalas en la iglesia de las Siervas, en un banco, que por la fijeza y constancia con que lo ocupaba, parecía pertenecerle. Las muletas, arrimadas a un lado, le hacían lúgubre compañía. Las hermanitas, al fin, entablaron amistad con ella, resultando de aquí ciertas familiaridades eclesiásticas; en algunas funciones solemnes, tocaba Tristanita el órgano, con gran regocijo de las religiosas y de todos los concurrentes. La *señora* coja hízose popular entre los que asiduamente asistían a los oficios mañana y tarde, y los acólitos la consideraban ya como parte integrante del edificio y aun de la institución.[380]

29

No tuvo la vejez de don Lope toda la tristeza y soledad que él se merecía, como término de una vida disipada y viciosa, porque sus parientes le salvaron de la espantosa miseria que le amenazaba. Sin el auxilio de sus primas, las señoras de Garrido Godoy,[381] que en Jaén residían, y sin el generoso desprendimiento de su sobrino carnal, el arcediano de Baeza don Primitivo de Acuña, el galán en decadencia hubiera tenido que pedir limosna o entregar sus nobles huesos a San Bernardino.[382] Pero aunque las tales señoras, solteronas, histéricas y anticuadas, muy metidas en la iglesia y de timoratas costumbres, veían en su egregio pariente un monstruo, más bien un diablo que andaba suelto por el mundo, la fuerza de la sangre pudo más que la mala opinión que de él tenían, y de un modo discreto le ampararon en su pobreza. En cuanto al buen arcediano, en un viaje que hizo a Madrid trató de obtener de su tío ciertas concesiones del orden moral: conferenciaron; oyóle don Lope con indignación, partió el clérigo muy descorazonado, y no se habló más del asunto. Pasado algún tiempo, cuando se cumplieron cinco años de la enfermedad de Tristana, el clérigo volvió a la carga en esta forma, ayudado de argumentos en cuya fuerza persuasiva confiaba:

—Tío, se ha pasado usted la vida ofendiendo a Dios, y lo más infame, lo más ignominioso es ese amancebamiento criminal...

—Pero, hijo, si ya... no...

—No importa; se irán ella y usted al Infierno, y de nada les valdrán sus buenas intenciones de hoy.

Total, que el buen arcediano quería casarlos. ¡Inverosimilitud, sarcasmo horrible de la vida tratándose de un hombre de ideas radicales y disolventes,[383] como don Lope!

—Aunque estoy lelo —dijo éste empinándose con trabajo sobre las puntas de los pies—, aunque estoy hecho un mocoso y un bebé..., no tanto, Primitivo, no me hagas tan imbécil.

Expuso el buen sacerdote sus planes sencillamente. No pedía, sino que secuestraba. Véase cómo.

—Las tías —dijo—, que son muy cristianas y temerosas de Dios, le ofrecen a usted, si entra por el aro y acata los mandamientos de la ley divina..., ofrecen, repito, cederle en escritura pública las dos dehesas de Arjonilla,[384] con lo cual no sólo podrá vivir holgadamente los días que el Señor le conceda, sino también dejar a su viuda...

—¡A mi viuda!

—Sí; porque las tías, con mucha razón, exigen que usted se case.

Don Lope soltó la risa. Pero no se reía de la extravagante proposición, ¡ay!, sino de sí mismo... Trato hecho. ¿Cómo rechazar la propuesta, si aceptándola aseguraba la existencia de Tristana cuando él faltase?

Trato hecho... ¡Quién lo diría! Don Lope, que en aquellos tiempos había aprendido a hacer la señal de la cruz sobre su frente y boca, no cesaba de persignarse. En suma: que se casaron..., y cuando salieron de la iglesia, todavía no estaba don Lope seguro de haber abjurado y maldecido su queridísima doctrina del celibato. Contra lo que él creía, la señorita no tuvo nada que oponer al absurdo proyecto. Lo aceptó con indiferencia; había llegado a mirar todo lo terrestre con sumo desdén...[385] Casi no se dio cuenta de que la casaron, de que unas breves fórmulas hiciéronla legítima esposa de Garrido, encasillándola en un hueco honroso de la Sociedad. No sentía el acto, lo aceptaba como un hecho impuesto por el mundo exterior, como el empadronamiento, como la contribución, como las reglas de policía.

Y el señor de Garrido, al mejorar de fortuna, tomó una casa mayor en el mismo paseo del Obelisco, la cual tenía un patio con honores de huerta. Revivió el anciano galán con el nuevo estado; parecía menos chocho, menos lelo, y sin saber cómo ni cuándo, próximo al acabamiento de su vida, sintió que le nacían inclinaciones que nunca tuvo, manías y querencias de pacífico burgués.[386] Desconocía completamente aquel ardiente afán que le entró de plantar un arbolito, no parando hasta lograr su deseo, hasta ver que el plantón arraigaba y se cubría de frescas hojas. Y el tiempo que la señora pasaba en la iglesia rezando, él, un tanto desilusionado ya de su afición religiosa, empleábalo en cuidar seis gallinas y el arrogante gallo que en el patinillo tenía. ¡Qué deliciosos instante! ¡Qué grata emoción... ver si ponían huevo, si éste era grande, y, por fin, preparar la echadura para sacar pollitos[387], que al fin salieron, ¡ay!, graciosos, atrevidos y con ánimos para vivir mucho! Don Lope no cabía en sí de contento, y Tristana participaba de su alborozo. Por aquellos días entróle a la cojita una nueva afición; el arte culinario en su rama importante de repostería. Una maestra muy hábil enseñóle dos o tres tipos de pasteles, y los hacía tan bien, tan bien, que don Lope, después de catarlos, se chupaba los dedos, y no cesaba de alabar a Dios.[388] ¿Eran felices uno y otro?... Tal vez.[389]

NOTES TO THE TEXT

1. **barrio de Chamberí:** a district to the North of the centre of Madrid. At the time in which *Tristana* is set, it was a new suburb under construction. The maps included in this edition can be consulted for the topography of the area in which the action of the novel takes place.

2. **cabrería:** 'shop that sells goat's milk'. This was not simply a retail outlet: the animals were usually kept on the premises, in the basement; and measures of fresh milk – sold loose – were put into the jugs or other vessels brought with them by customers.

3. **reminiscencia pictórica de los tercios viejos de Flandes:** the first of a series of references to Velázquez's *La rendición de Breda*, more usually known as *Las Lanzas*. Don Lope's appearance is compared several times to that of the soldiers in the painting. General Spínola laid siege to the town of Breda in the Netherlands which held out for ten months before surrendering in 1625. Velázquez commemorates the surrender in a picture in which: 'El marqués de Spínola recibe las llaves de la Plaza a la vista de las tropas flamencas y españolas.'

4. **don Lope de Sosa:** The name *Lope de Sosa* has many overtones. Critics have noted links with a minor early poet of that name who wrote of *tristeza dell'amor*. It is also a name given to a character in the poem 'La cena jocosa' by Baltasar de Alcázar (1530-1606), a line of which is quoted elsewhere in *Tristana* (see note 223 below). The adjective *soso* means 'dull' or 'uninteresting' – qualities not associated with Don Lope in his prime, but ones which are more in evidence in the elderly man living a quiet suburban life at the end of the book.

5. **don Juan López Garrido:** 'Prepossessing' conveys something of the double entendre of *garrido* which literally means both 'handsome' or 'elegant', but also suggests *garras*, 'claws', and the propensity of the character to hold on to Tristana. The ambivalence that is to be a hallmark of the novel is established at the outset in the connotations of the various names attached to Don Lope which reflect the different sides to his nature. Additionally his insistence on being addressed as *don Lope* stresses his hauteur, while various references in the opening paragraphs directly evoke Don Quixote. See Introduction, pp. xi-xiii for elaboration of this last point.

6. **Se había plantado en los cuarenta y nueve:** 'He had got stuck at the age of forty-nine'.

7. **dicho sea para hacer boca:** 'just to whet the [reader's] appetite'.

8. **se ponía en facha:** a phrase with a double meaning indicating literally that 'he got himself ready', but also with a technical seafaring

112

meaning of 'he hove to'. 'He drew himself up' conveys something of the dual sense in English.

9. «De buena habéis...una buena moza.»: Already at this early stage the donjuanesque characteristics of Don Lope are being stressed. The pride in the number of conquests and the interest in projecting and preserving the great seducer image evoke aspects of Don Juan Tenorio more in evidence in Mozart's *Don Giovanni* and Zorrilla's Romantic play *Don Juan Tenorio* than in Tirso de Molina's *El burlador de Sevilla*.

10. rincones de esparcimiento: literally 'places of pleasure' – i.e. a euphemism for 'brothels'.

11. gabela: 'additional expense'.

12. se ponía en planta: = *se levantó* – i.e. 'he got up'.

13. y en afeitarse...dos horitas: This description of a leisurely toilette recalls the Golden Age play *El lindo don Diego* by Moreto – a playwright mentioned by name in the text of *Tristana*. In Moreto's *comedia de figurón* ('grotesque comedy') the central character, who is a fop, spends the entire morning preparing to face the world.

14. Lo que principalmente...amo indiscutible: This may have some historical resonance: descriptions of Cánovas del Castillo emphasise these qualities. See Introduction, pp. viii-x for parallels between the *vida privada* of the characters in the fiction and the *vida pública* of the era.

15. Habiendo perdido...obras del Banco: This recalls Zola's *L'assommoir*. Not only is it an intertextual point of reference, it perhaps is intended to question the deterministic principles that characterised Naturalism. In *L'assommoir* the fall from the scaffolding triggers a sequence of disasters that lead, because of drink dependence, to the destruction of an entire family. Galdós is almost certainly querying whether the quasi-scientific principles under which Zola claimed a strict cause-and-effect relationship are valid. Often in such circumstances people did what Saturna does – take practical steps to make shift as best they can. Spain has a long tradition of literary 'survivors'. **Banco** refers specifically to the Banco de España in Atocha, which had only been built recently – a topical reference.

16. el Hospicio: The Hospicio was a large and well-known institution in Madrid. Its full name was El Hospicio Provincial de San Fernando, and it was situated at number 84 in the Calle de Fuencarral in Madrid. An illustration of it, which is reproduced on p. 40 of this edition, is shown in *Madrid en el bolsillo* p.183. This guide to Madrid also explains that the institution 'se acoje a huérfanos y niños pobres, para sostenerles y educarles' (p.183). The building was deemed worthy of mention in its own right as an architectural feature of Madrid.

17. Jauja: a province of Peru with an agreeable climate and 'la riqueza del territorio' which has become synonymous with the idea of an earthly paradise.

18. boquirrita: 'sweet little mouth' (affectionate diminutive of *boca*).

19. los dientes, menudos, pedacitos de cuajado cristal: This reads 'los dientes menudos, pedacitos de cuajado cristal' – i.e. has no comma between 'dientes' and 'menudos' – in the *Obras completas*. The meaning is different depending on the punctuation. Given the rest of the description, I have preferred the reading with the comma as making more sense.

20. la vostra miseria non me tange: 'your suffering does not touch me.' The reference is to Dante, *The Divine Comedy*, 1, Inferno, Canto 2, line 92. Beatrice is speaking to Virgil: the relevant stanza reads: 'I am made such by God, of His Grace,/that your suffering does not touch me,/and no flame of this burning assaults me.' This is the first of many Italian phrases used in the course of the novel, most of which derive from Italian works of art, notably *The Divine Comedy* of Dante, the verse of Leopardi, and the libretti of certain operas. See notes 202, 203, 204, 208, 209, 211, 216, 218, 220, 229, 230, 237, 258, 262, 263, 269, 280, 290, 291, 304, below.

21. resultaba una fiel imagen de dama japonesa...incomparables manos: The ethereal and geisha-like qualities of Tristana are emphasised intermittently throughout the text. These images are particularly associated with those periods when her freedom of individual action is most severely limited.

22. Tristana: This is the first mention of the name of the central character of the novel, a name which has many overtones, evoking *tristeza* ('sadness'), *Doña Ana* (the woman Don Juan Tenorio is to marry), and *Tristán* (the ill-starred hero of the legend of Tristan and Isolde).

23. cotarro: The usual sense of *cotarro* is 'night-refuge for tramps', or 'bawdy-house'. The meaning here is perhaps better conveyed by 'hen-house', with its various English and American connotations.

24. recalaban de visita: 'paid social calls'. Figuratively *recalar* means 'to put in an appearance in a certain place'.

25. como las muñecas que hablan: This is the first of many references to the puppet or doll-like qualities of Tristana. The doll/puppet comparisons – like those with the *dama japonesa* – relate chiefly to moments when Tristana's freedom of individual action is most constrained.

26. petaca: literally 'tobacco-pouch'; but the sense of *petaca* in this context is perhaps best rendered by the English word 'baggage', with its various connotations.

27. **sacaba los pies del plato:** 'she came out of her shell' best conveys the sense here. This notion, coupled with the indication of Tristana's desire to assert her individuality and to be free, gives an early warning that the novel will be concerned with a quest for emancipation.

28. **Presumía este sujeto de practicar...andante o correntona:** The mention of gentlemanly knight-errantry obviously evokes the figure of Don Quixote, especially given the emphasis a little later that Don Lope is altruistic in all areas save one, and pursues delicacy to '*extremos quijotescos*'. The particular area in which he is entirely egoistical, however, is that of sex, which reinforces the links with Don Juan Tenorio.

29. **moral que, aunque parecía...en la atmósfera física:** It is made clear that however much Don Lope may be based on Golden Age archetypes such as Don Quixote and Don Juan, he is not a throw-back to a bygone age. If he is representative of the moral values of his own age, then we are being invited to measure his standards against those of the figures from the past that he is heir to.

30. **Para él, en ningún caso dejaba de ser vil el metal...las cosechas de caballeros:** This idea of money as a corrupting influence is a recurrent motif in the work of Galdós, as is the corollary that money cannot buy everything. *Tristana* is one of a number of works that exploit the tension between the respective demands of the material world (the harsh realities) and the conceptual world (the desirable ideals).

31. **El punto de honor...la ciencia de vivir:** The notion of honour deliberately picks up and parallels the Golden Age honour code – not only to place the relevance of such a concept for the contemporary world under scrutiny, but to question how far Don Lope himself epitomises such values.

32. **y ésta se completaba con diferentes negaciones:** 'and this [code of personal conduct] was completed by a set of conflicting attitudes'.

33. **La curia:** 'the legal profession' in this context rather than the Papal Curia.

34. **La sociedad...y bien nacida:** This shows Don Lope's contempt for contemporary institutions. His attitudes reflect the mood of the times. Raymond Carr points out that respect had declined during the period in which *Tristana* was set (see *Spain 1808-1939* pp. 366-79). Galdós has unobtrusively used his character as a witness to the historical reality of the times. It should be noted that Cánovas was a hard worker with decidedly Don Lopesque views about indolence.

35. **pasmarotes:** 'dummies', 'thickos', or 'dick-heads' might convey both the meaning and approximate register of this word in English.

36. **vinculación del generalato:** 'generalships being handed down from father to son'.

37. «Los verdaderos sacerdotes...y del vil metal»: The reactionary side of Don Lope's nature, and his atavistic longing for a return to the values of the world *not* of the Spanish Golden Age itself, but their (mythical) embodiment in the stylised dramatic artefacts of that age, is made apparent in this section.

38. si algún ocioso escribiera su historia: This provides a clear instance of the self-conscious narrator asking the reader to connive at his fiction, since we are reading a narrative involving part at least of the *historia* of Don Lope, which we know to be written by Galdós.

39. se despepitaba por auxiliar: 'went out of his way to help'.

40. Si no la camisa...había llegado a correr peligro: This attests to a fair degree of altruism on Don Lope's part and the essential generosity of his nature. St Martin (316?-397 AD) was noted for his extreme generosity; the tale most indelibly associated with him is that of his rending his cloak in two and giving half to a poor man.

41. Un amigo de la infancia...la línea de los cincuenta: The surname Reluz has symbolic overtones of a vision or insight beyond the ordinary (though it is clearly intended to apply to Tristana rather than her father!). By cross-referencing to the opening page of the book, where Don Lope's age is given as 57 (p.1) it can be inferred that the current action is set in 1887.

42. No pertenecemos a nuestra época...la patulea del siglo: Don Lope's self-assessment that he is, along with Reluz, a representative of old-fashioned non-materialistic decency will look hollow by the end of the book, where he is forced to renege on the principles stated here.

43. Aunque los descubiertos que ponían por los suelos el nombre comercial de Reluz no eran el oro y el moro: 'Although the business debts which dragged the good name of Reluz through the mud did not amount to a king's ransom'.

44. Yo no tengo hijos: It is surprising, given Don Lope's claims of a long and hyperactive sex-life, that he lays no claim to having produced any offspring.

45. y una hija de diecinueve abriles: This would indicate that Tristana has been in regular contact with Don Lope for about two years when the book opens.

46. pues si el código caballeresco...la muerte del amigo le dejaba en franquía para cumplir a su antojo la ley de amar: compare *El burlador de Sevilla*. Although Tirso's Don Juan Tenorio *does* betray a friend, it is not with the friend's wife. Conversely the Trickster *is* prepared to violate a recently sanctified marriage, but he is not friendly with the bridegroom. **le dejaba en franquía**: literally 'left him sea-room' – i.e. 'gave him the latitude to'.

47. chinitas: 'pebbles' literally – but the sense here is 'compliments' or 'endearments'.

48. Josefina Solís: This name has echoes of the central character in Tirso de Molina's *Don Gil de las calzas verdes*, Doña Juana de Solís. It is Tristana herself rather than her mother who progressively exhibits the sharp-tongued assertive qualities of the heroine of Tirso's play.

49. le faltaban casi todas las clavijas que regulan el pensar discreto y el obrar acertado: 'she had a few of the screws that regulate sound judgement and sensible action loose'.

50. la manía de mudarse de casa y la del aseo: This motif is one which Galdós uses elsewhere – e.g. *Misericordia*, Chapter 7, where the constant moves of the central characters Doña Paca and Benina to ever-cheaper accommodation in streets named after trees are likened to those of birds hopping from bough to bough. There is a strong sense that in those who believe that cleanliness is next to godliness there is an element of obsessiveness, which can easily turn to mania.

51. A cencerros tapados: 'On the sly', 'Secretly'.

52. el duque de Rivas y Alcalá Galiano: Antonio Alcalá Galiano (1789-1865) was a writer and well-known Liberal politician who, together with the Duque de Rivas, championed Romanticism in Spain. He served in the Government as a Minister on several occasions, and was noted for his oratory. His close friend Ángel Saavedra, the Duque de Rivas (1791-1865), was a poet and playwright whose work was crucial in establishing the Romantic movement in his homeland. In particular his drama *Don Álvaro*, with its theme of inexorable fate, ensured the triumph of Romantic drama in Spain.

53. Su niña debía el nombre...nuestras realidades groseras y vulgares: This is probably a double allusion: it can be taken as a further reference to the Golden Age theatre with its stylised conventions and its artificial code of honour, in which realistic verisimilitude is not at a premium; but it also raises echoes of Tristan and Isolde and the imaginative world of the Arthurian romances, where there is the same curious admixture of chivalresque conduct and idiosyncratic loyalty undermined by the exigencies of sexual desire.

54. Con la insana manía...aquel mundo ficticio que tanto amó: This desertion by Tristana's mother, of all the cultural points of reference in which she had taken pleasure, foreshadows Tristana's own comparable loss of interest in various cultural activities later in the novel.

55. ignoraba quién podría ser don Pedro Calderón, y al pronto creyó que era algún casero o el dueño de los carros de mudanzas: In the *Obras Completas* this reads: 'ignoraba quién podría ser don Pedro Calderón. Y al pronto...'. The version adopted here conveys more unequivocally the logical meaning that 'she didn't know who don Pedro

Calderón might be, and at first thought he was a house agent or the owner of the removal carts'.

56. tuvo don Lope que dar otro tiento a su esquilmado caudal: 'Don Lope had to dig deeper into his depleted pocket','dip further into his depleted fortune'.

57. alabardas: 'halberds' – i.e. axe-like weapons with a hook on their back and a long shaft used in the 15th and 16th centuries.

58. These are all part of the decorated protective wear of soldiers: **espadas de cazoleta:** 'swords with hilt-guards'; **petos y espaldares:** 'cuirasses' – i.e. armoured breastplates and backplates joined by straps.

59. Cuando don Lope vio salir su precioso arsenal...especie representativa de vil metal: Arms collections were popular in this period. *Madrid en el bolsillo*, listing various 'official' places of interest to visit in the capital, draws attention (pp. 214-7) not only to the long-established museum where 'Pocas o ninguna de las colecciones de armas existentes en Europa pueden competir con la conocida con el nombre de Armería Real', but to notable private collections in palaces belonging to the Duque de Osuna and the Duque de Medinaceli, which are open to the public.

60. cual Don Quijote moribundo...también a don Lope: Once more references to Don Juan and Don Quixote are juxtaposed, to remind the reader of the almost symbiotic relationship of the two archetypes on which Galdós insists in this novel.

61. a los dos meses...batallas ganadas a la inocencia: Note the way in which Galdós informs the reader of the seduction in a laconic 'throwaway' line. It is played down in part to stress Tristana's naiveté: it is not until much later that she realises the full implications of the loss of her virginity as regards her potential marriage prospects. The sequence also communicates her relative indifference initially to Don Lope's physical attentions (about which she has a certain curiosity perhaps). This contrasts sharply with the passion she generates in the early stages of her affair with Horacio later.

62. en amor todo lo tenía por lícito: This reinforces the *donjuanismo* of Don Lope, and the sense that it is exclusively in the area of sexual morals that his conscience is deficient: this helps explain why Tristana is prepared to defend many aspects of his treatment of her when questioned by others.

63. Santiago: St James, whose day is celebrated on the 25th July, was the son of Zebedee and the brother of St. John the Evangelist, and himself one of the twelve Apostles. According to tradition he spent time in Spain. He was martyred in 44 A.D., and is reputedly buried in Santiago de Compostela.

64. Profesaba los principios más erróneos...reconociendo que hay tiempos de tiempos: While these sentiments are attributed specifically to Don Lope, they are also a reflection of contemporary views about society. Religious scepticism was well entrenched even in Catholic Spain, and the freethinkers (*librepensadores*) – about whom Galdós had already written in *La familia de León Roch* – held much the same views about the irrelevance of orthodox religious morality as Don Lope expresses here.

65. incluso el que esto escribe: This is an interesting example of the narrator situating himself *within* the narrative and blurring the line between fact and fiction. Either Galdós is claiming to be acquainted with an invented character, or insinuating that the narrator and the author are not one and the same person. Whichever is the case, it adds to the deliberate ambiguity which is such a strong feature of the novel.

66. Si no hubiera infierno...de esta tierra pecadora: This is clearly an ironic authorial intervention. Galdós is drawing our attention to the hypocrisy of a society which reserves its fiercest condemnation for sexual misdemeanours and turns a blind eye to other kinds of moral lapse. The idea of the *escarmiento* refers us to the *autos sacramentales*, the edifying religious plays of the Golden Age performed on Corpus Christi, and their convention of showing sinners consigned to hellfire or suffering some other grim fate as a warning of the dangers of abandoning Christian standards. What is made clear in the *autos* however is that sins of the flesh do not have pride of place. In Calderón's *El gran teatro del mundo* for instance, covetous characters are as unequivocally condemned.

67. argüía para su capote: 'he reasoned', 'to his way of thinking'.

68. Contento estaba el caballero...a la pobrecita Humanidad: In this section there are clear signs of the beginnings of the domestication of the elderly Don Juan figure. It also prefigures later developments in which the ageing seducer is made to take some of his own medicine at the hands of the ward he has wronged.

69. Tristana aceptó aquella manera de vivir...pasión falsificada, que para él, ocasionalmente, a la verdadera se parecía: Tristana's fertile imagination makes her vulnerable to the romantic elements of the seductive arts of Don Lope, despite all her new-found awareness of the realities of her situation. If her passion will pass for the real thing her inflamed thoughts are palpably finding convincing physical expression.

70. Pasó la señorita de Reluz por aquella prueba tempestuosa...o nos gusta que sea: Manifestly the seduction of Tristana has positive as well as negative aspects. The experience is part of a valid learning curve, which will encourage her both to foster a desire for independence and to develop an unorthodox mode of thinking.

71. Bruscamente vio...hace papeles de galán: Tristana's realisation of the unnatural age-gap and the incongruity of Don Lope playing the gallant anticipate later developments, as Don Lope declines and Tristana turns to someone more of an age with herself. See Leon Livingstone, 'The Law of Nature and Women's Liberation in *Tristana*' *AG* VII (1972) pp. 93-100 on the reassertion of the Natural Order.

72. Este despertar de Tristana...cumplía los veintidos años: These comments emphasise the extent to which Tristana is morally *un*formed rather than *unin*formed as a result of her sheltered upbringing. Clearly, she has previously made no connections between the issues of personal honour raised in the Golden Age plays, and other literature with which she is familiar, and life in the 'real' world.

73. Y a medida que se cambiaba en sangre y medula de mujer la estopa de la muñeca: 'And as the stuffing in the doll turned into the blood and marrow of a [real] woman'.

74. Anhelos indescifrables...bajo el poder de don Lope Garrido: At one level, Tristana's longings can be construed as a burgeoning desire to assert herself as a woman and free herself from the claws of the symbolically named Lope Garrido. But not only is her project as yet undefined in feminist terms, it is expressed in vaguely mystical language as an aspiration to something higher, something ineffable. These notions are reinforced by the echo of the literary theme (seen in Cervantes' *novelas ejemplares* for instance) that a person's good pedigree will always show, as well as by overtones of the Pygmalion/Galatea legend, in which a doll-like ivory image of Aphrodite fashioned by Pygmalion is brought to life by the goddess as Galatea, and takes on an existence independent of her creators.

75. Y entre las mil cosas...y hasta del carácter: Tristana's adoption of many of Don Lope's ideas and strategies, with the naive idealist learning from the worldly-wise pragmatist (and vice-versa), is reminiscent of the *sanchificación* of Don Quixote and the *quijotización* of Sancho Panza that is a feature of *El Quijote*.

76. Refería la criada sucesos...fundando sus atrevidos ideales en los hechos de la otra: Not only does this passage emphasise the importance of the imagination as one of Tristana's salient characteristics but it also foreshadows the process by which she will idealise Horacio later.

77. intríngulis: literally 'ulterior motive' or 'mystery'. 'Hidden meaning' is perhaps the best rendering in this context.

78. Yo..., te lo confieso...¿No es eso mujer, no es eso?: Tristana's imaginative adaptation of Don Lope's ideas becomes apparent here, as does her clearsightedness about her compromised situation. Yet equally clearly she has no taste for the marital prospects Saturna argues are still possible for her.

79. Vicaría: The Vicaría, to which Saturna alludes here, was the ecclesiastical administrative centre in Madrid: *Madrid en el bolsillo* p. 284 describes it thus: 'La Administración Eclesiástica reside en la Vicaría, calle de la Pasa, núm. 3, donde se despachan todos los días no feriados, de diez a dos, los expedientes relativos al Sacramento de Matrimonio y todos los negocios eclesiásticos, y en las parroquias. El Illmo. Sr. Vicario da audiencia todos los días de once a dos; y para sacar documentos, las horas de despacho en las Parroquias son de diez a dos los días no festivos.' Galdós is once again scrupulously accurate in a contemporary topical reference.

80. ¿Sabe la señorita cómo llaman a las que sacan los pies del plato? Pues las llaman, por buen nombre, *libres*: The Academy Dictionary defines the expression 'sacar los pies del plato' thus: "que se dice del que habiendo estado tímido, vergonzoso o comedido, empieza a atreverse a hablar o a hacer algunas cosas".' – i.e. 'come out of their shell,' 'kick over the traces', 'throw restraint to the winds'. *libres* is used in this context with the double meaning of 'free' and in the sense of 'dissolute' or 'loose' – hence the barbed significance in the following remark that a good name requires 'slavery'.

81. Si tuviéramos...Figúreselo: This limited choice of options has been seen as a Galdosian comment on the plight of women; and Tristana's subsequent remarks as a plea for the recognition both of women's abilities and their right to earn a living in any occupation or profession, up to and including the highest in the land.

82. Pero no valgo, no, para encerronas de toda la vida: This is the first of a series of ironic foreshadowings (of a kind used constantly in Golden Age drama where foreshadowing was a standard practice). Tristana, who deems herself unsuited to the cloistered life of the convent, will find herself confined to an asexual life as a *beata* within a marriage where she alternates between mundane practicalities and inner contemplation.

83. Los cuadros valen muy caros...dio mi papá mil pesetas: The remarks on painting foreshadow the relationship with Horacio and Tristana's own attempts to paint: she is to find that mastery and success are not quite so easy as she anticipates.

84. Puedes creerme que estas noches últimas...lo que llamamos ideas, creo que no me faltan: This adumbrates what might be called Tristana's 'epistolary novel' phase later when she is engaged in a creative correspondence with Horacio, in which she exhibits precisely the compositional strengths and weaknesses she mentions here.

85. ¡vaya, lucido pelo echan los que viven de cosas de la leyenda! Echarán plumas, pero lo que es pelo...: There is a complicated play on the words *pluma* and *pelo* here which has no exact English equivalent. The general sense is: 'Well, those who live on legends don't get very fat! They may use feather quills but as for feathering their nests...'

86. Ministración: = *Administración*. Saturna's suggestion that political intrigue is the key to getting on is no less than the truth in an era of rigged elections and secret deals between parties nominally opposed ideologically, but conspiring to take turns to rule the country under the *turno pacífico* and later the *pacto del Pardo*, brokered between Cánovas and Sagasta. See Carr, op. cit., Chapter 9.

87. te enjareto lo bastante para llenar medio periódico: 'I'll cobble you up enough to fill half a newspaper straightaway'.

88. Castelar: Emilio Castelar (1833-1899) was a journalist, professor, and leading politician noted for his oratorical skills. He was the fourth and last President of the 1st Republic in Spain between September and December of 1873.

89. se sentía un tenazón en el gaznate: 'he felt a pincer on his gullet' – i.e. 'he felt his throat tighten up'.

90. —Pues eso de las lenguas...ponerle un buen profesor: This endorsement of the value of studying languages and the suggestion that Don Lope should get Tristana a teacher provides another example of the foreshadowing of future plot developments.

91. se daba una de esas satisfacciones...aunque a la larga destruyan: The likening of the temporary satisfaction she gets from proud defiance of her detractors to the short-term effects of alcohol recalls St Augustine's well-known observations to this effect in the *Confessions*, Book VI, Chapter 6.

92. Lo gracioso del caso era que...de cocinera y compradora: Interestingly, Don Lope, not good at housekeeping, has acquired domestic skills by the end of the book. Likewise Tristana, who has paraded her domestic incompetence as almost a virtue, eventually adapts to running a household .

93. Llegó día en que la escasez...le abrumaba el espíritu: This form of new-clothes-out-of-old economy through an *arte combinatorio* mirrors that practised by Rosalía, in Galdós' *La de Bringas*. Also the 'enclosed' atmosphere of the novel is made very apparent here, with the literal and metaphorical closing down of horizons necessitated by a descent into penury (which has a whiff of Dantean descent into Hell about it).

94. bargueño: (more usually *vargueño*) is an ornate, carved, inlaid writing-desk – or escritoire – made in Bargas, in the province of Toledo, from which it derives its name.

95. panoplias: 'arms collection'.

96. El cuarto de Tristana...de la descomposición y de la miseria: This 'natural' tendency has long been the mark of the true lady in literature, particularly within the tradition of the Cervantine *novelas ejemplares* such as *La gitanilla* and *La ilustre fregona*, where breeding will out. Dickens uses the device in *Oliver Twist.*

97. El rostro de soldado de Flandes...paseos y casino: This ironic *reprise* of the comparison of Don Lope with a soldier in Velázquez's *Las lanzas* is indicative, among other things, that he is progressively less and less able to impose his will on Tristana.

98. mañas: 'wily tricks'. This reads 'manías' in the *Obras Completas* text, which makes less sense in the light of the following lines which allude to the Golden Age *comedia*, where deception was so prominent a feature.

99. —Si te sorprendo...no, no es posible: These remarks clearly pick up both the ageing Don Juan theme, the notion of Golden Age *celos* and the Semitic idea of the need to protect the harem. They also convey Don Lope's discomfiture at the prospect of finding himself in the same position as many of the women he has deceived, betrayed and deserted in the past.

100. Algo se asustaba Tristana...infinitas prohibiciones: It is quite clear that Tristana's fear for Don Lope has now evaporated. Partly because of a growing contempt, born of an intimacy which has militated against the elderly Don Lope preserving the fiction that he is a passionate lover, and partly because she senses that he makes theatrical threats because he is now a paper tiger, partly because her youthful exuberance cannot be entirely denied, she begins to assert her claims for a degree of independence.

101. hacia Cuatro Caminos, al Partidor, al Canalillo o hacia las alturas que dominan el Hipódromo: These are relatively undeveloped areas to the North of Madrid (see maps attached pp. 166-7). Farris Anderson, 'Ellipsis and Space in *Tristana*' *AG* XX, núm. 2 (1985) pp. 61-76, discusses the relative 'openness' of these settings which symbolise Tristana's transient freedom. That freedom is to be circumscribed in her subsequent outings with Horacio by the need to avoid being seen: otherwise Don Lope might learn of their meetings.

102. jugar a las cuatro esquinas: a children's game in which players take up a position by a pillar, corner, or other agreed spot so that all the places are occupied with one child left without a place. All those with a place have to change places with each other, and the child without a place tries to get to one before the other person can reach it. If he or she succeeds, the displaced child remains in the middle until he or she can gain a place in his or her turn. In other words this is a Spanish variation on musical chairs.

103. El Hospicio: As a general term this is defined by the Academy Dictionary as: 'Asilo en que se da mantenimiento y educación a niños pobres, expósitos o huérfanos'. Here the reference is much more specific: it alludes to the Hospicio Provincial de San Fernando (see note 16).

104. toña: a children's game which consists of striking a stick against another smaller stick, tapered at both ends, which is placed on the ground; when struck the smaller stick jumps into the air, where it is given a second whack while airborne that sends it flying off to a much greater distance.

105. establecimiento provincial: In this context *provincial* does not correspond to the English word 'provincial'. Madrid was both *capital y provincia de España*; and here *establecimiento provincial* means something like 'of the establishment set up by the capital province'. It is in any case alluding to the Hospicio, whose full name (see note 16) was the Hospicio Provincial de San Fernando.

106. y por más que su madre...poner diques a su despilfarro: This kind of profligacy is a tendency Galdós seems to associate strongly with the young (see *Misericordia* in which Doña Paca's son Antoñito shows the same inclinations, as does the unreformed José de Urrea in the early part of *Halma*).

107. las vías de Chamberí, los altos de Maudes, las avenidas del Hipódromo y los cerros de Amaniel: See maps attached pp. 166-7 for these locations. The *altos de Maudes* are not shown on the map of northern suburbs in the late 19th century but the *calle de Maudes* appears on a map of the *Ensanche de Madrid* ('Suburban Extension of Madrid') made at the turn of the century: *Madrid en el bolsillo* does not list it as an existing street, so presumably this was not a built-up area by the mid 1870s.

108. corrida de novillos de puntas...y demás perfiles: '[mock] bullfight with bare-horned young bulls, with presidency, bull-pens, hiving off of likely animals, space between inner and outer barriers, barrier, music from the Hospice, and the rest of the realistic touches'. The imagery and vocabulary in this section depicting the children's mock bullfight herald the imminent entry of Horacio into the action (which is to be followed by the *cuernos* of Don Lope, and the *lidia* for Tristana).

109. los sordomudos: *Madrid en el bolsillo* pp. 240-1 records that the Colegio Nacional de Sordomudos (National School for Deaf-mutes) was situated at number 5 San Mateo. This is two streets away from the Hospicio, and demonstrates the social realism of Galdós in this fictional scene.

110. un par de *verónicas*: In bullfighting, *verónica* is a kind of pass made with the cape.

111. Tal compasión inspiraban...enterarse de todo pensándolo:
One reason why Tristana is so affected by the blind boys that she feels in danger of turning her compassion in on herself with harmful results is, possibly, that she has an intuition that she too will be an incomplete person in both a literal and a figurative sense.

112. la Inquisición: The Spanish Inquisition was not finally abolished until 1834. Although this ecclesiastical tribunal set up to root out heresy had not been indulging in its more unspeakable practices such as burning at the stake for a long time, it was still a name to strike terror into hearts.

113. y al cruzarse su mirada con...del correr de la sangre: This is a classic *coup de foudre* straight out of Romanticism which picks up much that has been prefigured about Tristana's *fantasía* (and is also a *reprise* of many a Golden Age *comedia* situation).

114. para convencerle del peligro de jugar con fuego: There is a gentle irony in this narrator intervention commenting on Tristana's warning to Saturno (which Horacio overhears) about playing with fire: it is Tristana who is to make the running in the subsequent romance with the artist.

115. livianillo: not listed as a standard dictionary word. The context suggests some kind of hat, probably something like an artist's beret.

116. flecheo: this is a noun formed like *cuchicheo, seseo, flirteo*, etc., with a literal meaning of 'arrowing', and conveying here the notion of 'an exchange of piercing looks'.

117. ¿Estoy yo loca?...No, no, él es el que debe romper...: This reflection emphasises the *coup de foudre* aspect and shows at the same time the self-questioning and logical processes of Tristana. It indicates she has a mind, and prepares the way for the blossoming of her talents that is to come later.

118. la glorieta de Quevedo: See maps attached pp. 166-7 for where this is. *Madrid en el bolsillo* confirms that this was in fact on the tram route: the *glorieta de Quevedo* is on Bravo Murillo; and the tram depot was out at the *glorieta de Cuatro Caminos*.

119. —Pero ¡si estoy loca!...si no quieres que muera mañana: There is an interesting combination here of the kind of overblown passionate sentiments associated with Romanticism, tempered by a genuine unawareness of the 'rules of the game' on the part of Tristana, who is – though not by choice – sexually experienced yet psychologically still a child in many respects.

120. «Te quise desde que nací...y que más le halagaba los senos del cerebro después de escuchada. «Te estoy queriendo, te estoy buscando desde antes de nacer —decía la tercera carta de ella, empapada de un espiritualismo delirante: Not only is the *coup de* *foudre* emphasised in the torrid nature of the correspondence from the outset, but the later idealisation of Horacio is already prefigured in the way Tristana mistakes the appearance and the reality on first impressions when she sees him briefly. Once she has made his acquaintance, she adjudges him younger than she had thought, with characteristics distinctly reminiscent of a Romantic hero; yet he is in fact thirty years old, as she had originally presumed (see Chapter 9). It is also made plain that there is a spiritual rapture about her declarations of love which anticipates her quasi-mystical state by the end of the book. Note how Horacio's swarthy complexion is mentioned here. Much will be made of this after he has gone to his estate in Valencia. **y que más le halagaba los senos del cerebro después de escuchada:** 'and which was music to her ears [literally: 'gratified the sinuses of her brain'] even more once she had heard it'.

121. me engañarás, ¿verdad?...dame la muerte mil veces: Another example of foreshadowing: Horacio will do precisely this when Tristana has had her leg removed – though neither party acts out the charade with conviction (see Chapter 26).

122. Horacio Díaz...las pesadas naves antiguas: This preliminary biographical sketch of Horacio indicates why he should have the curious combination of an outward veneer of sophistication and confidence (because of a cosmopolitan upbringing) and underlying insecurity (because of the constant upheaval coupled with the early deaths of both parents, and a domineering grandfather who broke what little spirit he had). This is elaborated subsequently; and the appearance of the bohemian sophisticate belies the reality of the timid bourgeois at heart.

123. cuartos domingueros: literally 'Sunday rooms' – i.e. rooms not used every day but kept for special occasions.

124. vestidura de ferretería: 'suit of armour'.

125. —Señorita..., ¡qué cosas!...Eso que has visto es su estudio, boba. ¡Ay, qué rebonito será!: Peter Bly, *Vision and the Visual Arts in Galdós*, pp. 214-5, comments that Tristana's vicarious introduction to the artistic trappings of Horacio's studio, via Saturna's description, underscores the distance between the lovers.

126. la acequia del Oeste...el canal de Lozoya: These geographical locations are all on the non-urbanised northern outskirts of the city. While the green spaces may represent a symbolic projection of the opening-up of the lovers' relationship, this openness stands in sharp contrast to the reticences of Tristana where her biographical revelations are concerned, as well as to Horacio's tale of claustrophobic confinement under his tyrannical grandfather.

127. Al perder a sus padres...facturas y demonios coronados: This account, with its emphasis on imprisonment, is strongly redolent of

Segismundo's sufferings chained up in a tower at his father's behest in Calderón's *La vida es sueño*.

128. se dejaron robar: 'allowed themselves to be carried off' – i.e. eloped.

129. coscorrones: literally 'bumps on the head', but here 'clips round the ear'.

130. vejiga de manteca: 'bladder of lard'.

131. Resignábase a sufrir hasta lo indecible...encender el mechero de gas a las cuatro de la tarde: The intertextual affinities with *La vida es sueño* and the morbid gloom of Segismundo's tower are developed here. Don Hermógenes, both in his function as overseer, his devotion to Horacio, and his loyalty to his employer bears a resemblance to Clotaldo in Calderón's drama.

132. *pasándose*: 'drying up', 'drying out'.

133. clepsidra: 'water-clock', but here clearly 'sand-timer' or 'hourglass' (which is usually *reloj de arena* in Spanish).

134. Sostúvole le fe en su destino, y gracias a ella soportaba tan miserable y ruin existencia: This conjures up the notion of destiny in Calderón's *La vida es sueño* as something decided by the exercise of freewill rather than by blind fate. Horacio's faith that his trials will end *is* ultimately rewarded when he finds contentment on his country estate.

135. del licenciado Cabra: This reference adds another Golden Age resonance: the *licenciado Cabra* is a character from Quevedo's picaresque novel, *El buscón*, who epitomises avaricious miserliness and maltreats the pupils in his care.

136. Quería que Horacio fuera droguista...y la existencia de sus sucesores: The desire on the part of a strong-willed older adult, with the power conferred by age and control of the purse-strings, to bend the young to their will is another element commonly found both in Golden Age Spanish drama and plays of Molière such as *L'avare* and *L'école des femmes*, as well as in the drama of Moratín.

137. función muda: 'dumb-show'.

138. reacuñar a su nieto con este durísimo troquel: 'to re-mint his grandson with this very hard die' – i.e. 'to re-make him in his own unyielding image'.

139. y cuando el chico creció y fue hombre...El día antes había cumplido noventa años: There is a strong parallelism between the cross-fertilisation process whereby Don Lope's ideas rub off on Tristana, and Horacio's unconscious absorption of the views of Don Felipe. In the long term, Horacio reverts imperceptibly to his *abuelo*'s assessment of art as a simulated substitute for the reality that is God's creation: he goes to Villajoyosa in Valencia, where he eventually abandons painting landscapes in favour of cultivating the land.

140. Todo esto...digna de un huequecito en el martirologio: Not only does this anticipate Tristana's later deification of Horacio, but there is a certain irony in her view of him as an exceptional man: Horacio is to tell her that she is an exceptional woman when trying to evade answering her questions about her emancipatory career prospects a little later (see note 182 below).

141. —Cogióme aquel suceso...más airoso de lo que fui en la trastienda de mi abuelo: These biographical details again invite comparison with Segismundo in *La vida es sueño*, who likewise cuts loose uninhibitedly after he is first released from his tower, and only later, sobered by experience, remembers what he has been taught about being circumspect and acting responsibly.

142. Entreguéme a filosofías abstrusas...Te vi al fin; me saliste al encuentro: the words and sentiments of this section have a distinct flavour of St Augustine's *Confessions*, Book VIII, and especially Chapter 11. Galdós is mischievously inverting St Augustine's reflections when he is about to renounce the flesh and sexual Continence, personified, beckons. Here the process is reversed, since Horacio is hymning his discovery of the delights of romantic love.

143. botafumeiro: 'censer'. While Horacio is using the exaggerated Romantic language of love to impress Tristana with the intensity of his feelings, there is a sense that she responds to it as though it had genuine incantatory power.

144. ni la serpiente boa ni el león de la selva me harían pestañear: The allusion here – which is repeated and amplified at the opening of Chapter 10 – is to the Greek myth of Dionysus (see note 146 below).

145. armatostes del tiovivo: 'the crude mechanism of the roundabout'.

146. ni al toro corpulento ni a la serpiente boa, ni al fiero león del Atlas: This refers to the myth of Dionysus, who was the son of Zeus and Persephone. The Titans, enemies of Zeus, waited until the guards set over the young Dionysus were asleep, and lured him away. When they murderously set upon him he went through several frightening transformations, including becoming a bull, a horned serpent, and a lion. Undeterred the Titans finally tore him apart with their teeth and devoured his flesh raw (see Robert Graves, *The Greek Myths*, vol 1, section 27. 4 pp. 108-9; and section 30 pp. 118-9). Yet again Galdós' allusion is not otiose: Don Lope likewise goes through various transformations and his power is effectively destroyed, while Tristana overcomes her fear of him.

147. bacillus virgula: = the vibrio bacillus causing cholera.

148. Horriblemente hastiada de su compañía...casi siempre fingía Tristana dolor de cabeza para retirarse pronto de la vista y de las odiosas caricias del Don Juan caduco: The notion of a *donjuanismo* past its sell-by date, which is not only repellent but a positive inducement to infidelity, is insinuated here. The transition of Don Lope from the role of lover to that of father-figure, which would be welcome to Tristana, is anticipated in the next section; while the idea of Don Lope as a character with a single grievous fault, like Don García in Alarcón's *La verdad sospechosa* or some of the central characters in Molière's plays, is made apparent.

149. —Bien se ve que el amo...cominero y métome-en-todo: Don Lope's erratic behaviour, meanness of spirit, and departure from gentlemanly standards because of pecuniary embarrassment put the symbolic non-materialistic values he previously espoused into perspective as little more than a luxury he was once able to afford.

150. El cual, por variar el escenario y la decoración...y las hondas cañadas del Abroñigal: Getting away from the built-up areas of Madrid into its semi-rural northern environs oxygenates the romance, and momentarily breaks the sense of confinement which has generally characterised both the novel so far and the couple's previous conversations about their life-stories. Reference to the pagoda-like structures reminds us of the Japanese element – with a hint of transience for Tristana about the idyllic interlude, since she says a little later that she fears happiness as a harbinger of ills to come (compare Anderson, art. cit., and Bly, op. cit., for an alternative view on these points).

151. discretismo: 'witty talk'. Here perhaps 'exchanges of confidences', 'lovers' intimate exchanges'.

152. Sutilizaban los porqués...y se sacuden las almas el polvo de los mundos en que penaron: The exalted quasi-mystical lovers' talk may be Romantic hyperbole, especially on Horacio's part, but it does foreshadow the process of idealisation and deification of the beloved on which Tristana is to embark later.

153. Y le asaltaba el recelo...prodigándose en el grado supremo: This provides an example of Tristana's clearsightedness: she knows how matters will progress once she has agreed to go to Horacio's studio, fears that she will lose her her mystery, and with it her exalted status of Romantic unattainability.

154. Como el amor había encendido nuevos focos de luz... no cejaba en su afán de llevarla al estudio: The Terentian theme, found in Golden Age drama, of love endowing a woman with heightened intelligence and perception (e.g. *La dama boba*, or *Don Gil de las calzas verdes*) is evoked here. The passage also adumbrates the 'mystical' insight Tristana is to gain later through her worship of the ideal love,

God. Horacio's persistence (not unconnected with carnal desire), both signals that his empathy is more apparent than real, and contrasts two extremes of love: *eros* (need love based on sexual desire) and *agape* (altruistic love).

155. El amor es sacrificio...con qué gusto me lanzo a cumplirla: The notion of the gradations of love was in the air at this time: Juan Valera's *Morsamor* (1899), a Faustian tale in which the drugged eponymous hero dreams he is living through the period of the Spanish Conquest of America, deals with the gamut of love from lust to altruism. In the dream the hero only attains the true love to which he aspires when he is prepared to act selflessly and sacrifice his own interests even at the risk of losing his life. *Tristana* shows the same process of movement from lustful self-indulgence towards altruistic self-sacrifice (which goes beyond the clichéd Romantic notion of the-path-of-true-love-never-runs-smooth).

156. con suplicios de Tántalo: This reference to the myth of Tantalus, like that to Dionysus earlier (see note 146 above), is more than a glancing allusion. Tantalus, the King of Lydia and an intimate friend of Zeus, carried away by his good fortune, first betrayed Zeus' secrets, stealing divine food to share among his mortal friends; and then, to test Zeus' omniscience, cut up his own son Pelops and added the pieces to a stew served at a banquet for the Gods. For these two crimes he was killed by Zeus' own hand and condemned to stand suspended from a fruit-tree leaning over a marshy lake in Tartarus, up to his chin in water which constantly receded as he stooped to drink. Whenever he reached for the fruit on the branches above him, the wind took them out of his grasp. Additionally, a rock overhanging the tree constantly threatened to crush his skull (see Graves, op. cit., vol 2, section 108 pp. 25-6). Tristana is to suffer analogous figurative privations, when success in her various artistic endeavours persistently eludes her just when it seems within her grasp. If – to pursue the analogy further – she is dismembered like Pelops, arguably she too is ultimately restored to life by the Supreme God.

157. que parecía figura escapada del *Cuadro de las Lanzas*: The mental picture Horacio has formed of Don Lope – on the basis of information gleaned from Tristana – reveals that she has not only concealed her true relationship with her guardian, but has conveyed an image of him that has Horacio *approvingly* comparing him to a figure in *Las Lanzas*.

158. —Te estoy engañando...digo, con ese hombre: Tristana's confusion about the status of Don Lope in her own eyes is not merely a product of her embarrassment but a reflection of the shift that her relationship is undergoing, and a repeated expression of her earlier wish that he would become a father to her.

159. —Recogióme cuando me quedé huerfana...y este agravio que de mí recibe se lo tiene merecido: The curious morality expressed here in part reflects Tristana's desire to defend herself by acknowledging Don Lope's mixture of disarming and treacherous qualities, and in part shows the subtle influence of Don Lope's heterodox opinions on her.

160. No pudo menos...que unían a Tristana con don Lope: The mention of sexual jealousy refers us again to the Golden Age drama, where *celos* were ubiquitous and the spring for the action of so many plays. Normally intense recriminatory jealousy was felt by the dishonoured person towards those who had caused the offence. Galdós produces a variation on the formula by making Horacio resent Don Lope, who, as the partner of Tristana, he is trying to cuckold.

161. y hasta hace poco tiempo todavía daba un chasco: 'and even up till recently he could still pull a trick or two', i.e. 'pull a bird'. Tristana has previously insinuated that Don Lope might have had illegitimate children – but there is nothing to corroborate this. Don Lope himself (see note 44 above) claims he has no heirs.

162. como Don Juan Tenorio...Pertenezco a su decadencia: The Golden Age overtones continue, with strong reinforcement of the *donjuanismo* of Don Lope. Additional elements are the introduction of the list of conquests – which assumes prominence in Mozart's *Don Giovanni* and in Romantic treatments of the legend – and a new note of *decadencia* (which chimes in with the preoccupations of the *fin de siglo* decadent literary movement).

163. Oyó Díaz estas cosas...la postrera quizá, y sin duda la más preciosa: There are interesting echoes here of Moratín's *El sí de las niñas.* The young lovers do not feel free to elope: Horacio, like Don Carlos is a conformist, and for all his fighting talk does not take any firm action; while Tristana, for all her spirit, is as unable to break free without qualms as Doña Francisca. (Interestingly, like Paquita, she also lacks formal education). There is the same general sense in *Tristana* as in *El sí de las niñas* of the power of the older generation to control the younger. Indeed Don Lope boasts frequently that they do not make them like him any more, and that this is an age of pygmies.

164. chafalditas: 'digs', 'gentle taunts'.

165. Tetuán: The Tetuán referred to here is the district of Madrid directly to the north of Chamberí.

166. fajas decorativas: 'decorative scrolls'? The reference is opaque: Galdós would seem to be referring to a Japanese painting or coloured woodcut rather than a figurine; but whether he is alluding to 'decorative sashes' worn by the ladies or – as seems more likely from the context – a scroll in the background, with hieroglyphic explanatory script on it, is unclear.

167. Don Lope se le imponía...no sabía tener ni un respiro de voluntad: This notion of the paralysis of the young, when faced by authoritative adults with power over them, is a salient characteristic of *El sí de la niñas* and *El niño y la vieja*. Both these Moratín plays have been suggested as antecedents or sources for *Tristana*.

168. cigarro de estanco: 'cheap cigar'.

169. si ... me pones en berlina: = *si me pones en ridículo*, 'if you make me a laughing-stock'.

170. me declaro padre...si es preciso: This foreshadows Don Lope's imminent shift from the role of donjuanesque seducer into that of father-figure.

171. —Bueno, hija, desahógate...¿Que no lo crees?: This appeal to Tristana is an ironic variation on the Romantic theme of Don Juan in love: the sentiments seem misplaced, partly because of the age of Don Lope and his Machiavellian wiles, partly because Tristana reacts with scepticism. By a paradox Don Lope is telling more of the truth than he himself has reason to suspect.

172. Nadie me ha puesto la ceniza en la frente todavía: 'Nobody's ever rubbed my nose in it yet'.

173. te sugiere ideas de libertad, de emancipación: This is the first specific mention of emancipation, with Don Lope emphasising that Tristana is naive to think it is easily achieved, and insinuating that her motives for wanting to break free are questionable. The assertion that part of his previous role has been paternal, and the pledge to become a 'good' father in future are playacting, as he tacitly acknowledges by saying he does not wish to take on the part of the *celoso* in the drama.

174. ¡Lástima que no hablara...*padre noble* de antigua comedia!: This authorial intervention makes the intertextual relationship with the Golden Age *comedia* explicit. The irony of the *padre noble* role for the Don Juan archetype is not inconsiderable, and is heavily accentuated by the incongruity between Don Lope's dress and his mode of address! Nonetheless the words have a palpable effect on Tristana, who was, after all, weaned on such speeches.

175. Encontróle paseando...de cuadro de *Las Lanzas*: The use of the Golden Age as a kind of sounding-board for contemporary *mores* continues with a further reference to *Las lanzas*, coupled with an allusion to minatory spectres, which conjures up the ghost scenes of *El burlador de Sevilla* and other versions of the Don Juan legend.

176. tengo mucho que agradecerte!...siempre eres y serás perla: This section provides a (Calderonian?) enumerative summary of the various motifs that have dominated chapters 10 to 12: the regrets and consolations of old age; the confinement of Tristana to an ungilded cage;

the constraints and hardships imposed by poverty; the desire to repent and make amends; the sentimental placing of the beloved on a pedestal.

177. Por el pensamiento de Garrido cruzó una idea...¿Es esa manera justa de pesar, niña, y de juzgar?: Don Lope's outward sentimental and self-interested justifications for his misdeeds give way to inward resentment at his altruistic gesture in saving Tristana's family from ruin passing unrecognised: he cannot bring himself to voice his thoughts, not so much out of delicacy as because his particular honour code precludes him from defending himself properly. Interestingly, he in his turn misunderstands Tristana's reactions and launches into a diatribe, which does far more harm than the comments he has withheld.

178. Ciertos son los toros: 'It turns out that it's true', 'What I feared is true after all', but here with overtones of *cornudo* – i.e. that she has deceived or cuckolded him. This is currently untrue but has the force of an omen in a Golden Age *comedia*. It is his misreading of Tristana's reticence as indifference that has sparked off a histrionic outpouring of unjustified *celos*. His accusations are the last straw for Tristana, who decides she might as well be had for a sheep as for a lamb and resolves to enter into a sexual relationship with Horacio.

179. Pasearon, sí, en el breve campo del estudio...de probar también su aptitud: It is striking that very little space is devoted to the lovers' initial sexual discovery of one another. It is as if almost at once Tristana sublimates her desires into a lust for art. Later the intimacies will be discreetly conveyed, though conversational intimacy rather than bodily intimacy will be stressed.

180. —Ahora me parece a mí...me encuentro inútil de toda inutilidad: There are strong echoes of *El sí de las niñas* in Tristana's lament about her lack of education being a handicap.

181. Estos alientos de artista...y demostraba las aspiraciones más audaces: Horacio displays stereotypical male attitudes towards Tristana as a woman: he wants her to remain subordinate and look up to him rather than to take her own initiatives and develop independently.

182. Explícamelo tú, que sabes más que yo...tú resolverás quizá el problema endiablado de la mujer libre: There is an intriguing revelation here of ambivalent gender attitudes on both sides. Tristana, after asserting ideas about emancipation, appeals to Horacio, as a man, to tell her what to do; he, who elsewhere strikes stereotypical male attitudes, defers to her by referring the question back to her judgement. See Introduction p. xvii on this point.

183. Al contacto de la fantasía...los espíritus seguían aleteando por el espacio: The emphasis here is on almost quasi-mystical transports induced by the contagious exuberant fantasies of Tristana. The description has much of the sexually-charged sensuality associated with the *Song of Songs*, where the act of lovemaking is used as a paradigm for union with God.

184. diciendo para su sayo: 'saying to himself', 'muttering into his beard'. The entrenched literary convention of the woman in love acquiring knowledge and wisdom beyond her normal capacity is repeated and here combined with the *dama japonesa* motif, to foster the growing impression of the doll coming to life.

185. le ha sacado hablando: 'he captured him to the life', 'made a living likeness'.

186. Me han gustado siempre las más vivas. Vaya..., con Dios: Don Lope's claim here that he admires real living women as opposed to idealised representations of women (by implication in contrast to Horacio), is given an ironic twist later when he correctly assesses that Horacio will not want a mutilated partner, and will marry a normal young woman. See Livingstone, art. cit., pp. 93-100.

187. Esperaba que su constante cariño...más corriente y útil: Horacio's views here indicate how reactionary he is at root in his concept of the female role, and the extent to which he wishes, for all his professed admiration for Tristana's ebullience, to cabin, crib, and confine her within a traditional marriage.

188. Soy pincha de Saturna: 'I'm Saturna's scullery-maid'.

189. circasiana: 'Circassian'. Circassia is a mountainous area in the Caucasus region in Russia. Because of its colourful Asian population and unusual cultural traditions it had long been thought of as a wild and exotic area. The context makes it clear that *circasiana* refers to a woman bought in effect as a pleasure-slave (for which there are precedents in the Romantic Russian novel by Lermontov, *A Hero of Our Time*, in which a Russian officer buys a Circassian woman – Bela – to keep as his mistress).

190. hacer el marimacho: 'play the mannish woman'. Horacio, albeit in playful style, again produces a male cliché about feminism being unfeminine. There is in this too a hint of the Golden Age dramatic character known as the *mujer varonil*, an androgynous, almost hermaphroditic woman who is self-sufficient, independent and can beat men at their own game (e.g. Doña Juana in *Don Gil de las calzas verdes*).

191. No, no; le querría yo tanto...Di que no: There has been no real precedent in the text for Tristana's curious, extreme, superstitious and morbid view that infant mortality should preclude her from motherhood; she does not repeat the sentiment nor say anything elsewhere that verges so closely on the paranoid. It is as though her self-control has momentarily slipped to reveal the darker side of that imaginative dimension which runs in her family and has driven her mother to madness shortly before her death.

192. —Tuyo, sí; pero...¿Para qué tanto ringorrango?: This view could well be a by-product of Galdós' relationship with Concha-Ruth Morell. She had Jewish friends and herself converted to Judaism. Through her, he would have been reminded that the Jewish line of descent is always traced through the female side and not the male. In turn this might have prompted him to think about the inherent problem with tracing descent through the male side: paternity is ultimately uncertain, whereas maternity can self-evidently be proved. Since *Tristana* is a tale of illicit love and *celos*, involving the Don Juan archetype, it is not hard to see why Horacio is distressed at Tristana's atttitude, which strikes a fierce blow against the concept and basis of primogeniture.

193. La nubecilla pasó...Díaz quedó un poco triste: Horacio's inability to cope with Tristana's unconventional views and the residual disappointment that stays with him, coupled with her attempt to appease him by taking back what she has said, gives an early indication that the relationship will not last.

194. sintomatizar: This verb would seem to be a coining by Galdós, since the word does not appear in any of the dictionaries consulted: the meaning of the phrase is 'something in her that showed symptoms of the precious merit of constancy'. If Horacio's qualities both as a bourgeois and a *raisonneur* are manifested in this section, equally insights are given into the basis of Tristana's particular appeal. It is the vivacity of her personality rather than her beauty that captivates the serious-minded Horacio. If she has seductive charms, they derive as much from her instinctual verbal warmth and delicacy as from her lovemaking. The reiteration of the *dama japonesa* comparison in conjunction with these qualities puts us in mind of the geisha.

195. merendero del Riojano: the name of a café/diner (which probably existed, though I cannot find confirmation). The fact that Horacio has his midday meal brought in indicates how far he is from being a starving bohemian artist.

196. morellana: 'from Morella', a city in the Valencia region approximately 44 miles inland from Castellón de la Plana, and 56 miles from Teruel.

197. una bata de Tristana colgaba: editions consulted agree on this reading, but 'una bata de Tristana colga_da_' would seem to make better sense.

198. alquicel: either 'a white woollen Moorish cloak' or 'a cloth to cover seats, tables, etc.' It is more likely to be the former here – i.e. a garment to drape on models posing for the artist.

199. ropón japonés: 'Japanese robe'.

200. quirotecas: 'gloves'.

201. chupa: a kind of waistcoat with tight-fitting sleeves; **casaca:** 'frock coat'; **babuchas [de odalisca]:** '[harem] slippers'; **delantales de campesina romana:** 'Roman peasant girls' aprons'; **casullas:** 'chasubles'.

202. cantos enteros del *Infierno* y el *Purgatorio*: This initiates a series of literary references – mainly to Italian sources – which constitute both a basic element in the private language developed by the lovers for their intimacy and an important part of the intertextual referential system, which acts as a thematic sounding board. For a description and analysis of the lovers' language in *Tristana* and other Galdosian works, see Gonzalo Sobejano, 'Galdós y el vocabulario de los amantes' *AG* 1(1966) pp. 85-100. For a discussion of literary allusion, its possible significance, and implications for the form of *Tristana*, see Germán Gullón, '*Tristana*: Literaturización y estructura novelesca' *HR* 45 (1977) pp. 13-27.

203. el pasaje de Francesca, el de Ugolini y otros: At first sight this is no more than a reference to some of the best-known episodes from 'Inferno', the first book of *The Divine Comedy*. Closer examination reveals more of an umbilical link. Francesca da Rímini explains to Dante how she was damned for illicit passion. She fell for the handsome brother of her deformed husband and started a love-affair. Her husband surprised them together and stabbed them to death. In Canto V Francesca relates how a mutual interest in the Arthurian legend of Lancelot sparked off her passionate and fateful affair. In parallel fashion Tristana falls for the handsome Horacio; and it is their mutual interest in art that is instrumental in leading them into an affair, despite Tristana's fears of the possible reactions of Don Lope. The story of Count Ugolino is equally germane to *Tristana*. This political leader, together with four of his sons and grandsons, was imprisoned by his former ally, Archbishop Ruggieri, in a tower. Eventually the Archbishop ordered the tower to be nailed up. In the episode Ugolini describes his bad dream predicting the future, and goes on to recount the subsequent death by starvation of all the victims immured within the tower. The idea of incarceration is strong in *Tristana*, and she likewise has intuitions of unpleasant future developments.

204. *E discoprendo, solo il nulla s'acresce...o menguara discoprendo*: The line quoted is taken from Leopardi, *I Canti*, V, 'Ad Angelo Mai'. This nationalistic poem inspired by Angelo Mai's discovery of Cicero's *De Republica* urges Italy to fight for her freedom. Leopardi (1798-1837) was a celebrated Italian Romantic poet whose unhappy early life and poor health contributed to the pessimistic tone with with his verse generally is suffused.

205. pintamonos: 'poor artist', 'dauber'.

206. Eres más mala que un tabardillo: 'You're madder than a March Hare'. Literally: 'You're worse than a fever/worse than sunstroke'.

207. Dame esos morros: 'Give me those juicy lips', 'Give me a big wet kiss'.

208. ¿la jazemos?: = ¿nos fugamos? 'Shall we run away together?' As the following paragraph of the novel makes clear, this phrase, along with the others that have preceded it, are all part of a private, specialised *vocabulario de los amantes.* Sometimes Galdós will indicate the meaning; sometimes allow it to be inferred from the context; sometimes – as with *parlare onesto...* Eh! *Sella el labio... Denantes que del sol la crencha rubia...* – leave the reader to puzzle over whether these are specific allusions to known sources or not. *Parlare onesto* is in fact part of a verse from Dante, *The Divine Comedy,* 1, Inferno, Canto 2, line 113: '*fidandomi del tuo parlare onesto*'. Sobejano, art. cit., pp. 96-8 establishes various categories into which this lovers' language falls.

209. Ya era Beatrice...o seña Restituta: Sobejano, art. cit., pp. 96-7 points out the welter of private names which the lovers use for one another and the comic variations Galdós rings on them. *Crispa* and *Restituta* (alias *Restitutilla, Miss Restitute, Lady Restitute*) are examples; as are *Beatrice* and *Francesca* (*Paca,* and elsewhere *Paquita, Panchita, Frasquita, Curra, Currita*) *de Rímini.* Beatrice and Francesca da Rímini are characters in *The Divine Comedy* of Dante.

210. para ti la jaca torda...los campos borda: This allusion is to Act 1, scene 7 of *Don Álvaro,* by the Duque de Rivas (see note 52 above). Don Álvaro is about to elope with Leonor, but she is hesitating because of her feelings for her father. Don Álvaro tries to urge his irresolute *novia* into making a choice by saying:

¿Por qué tiempo perder?... La jaca torda,
la que, cual dices tú, los campos borda,
la que tanto te agrada
por su obediencia y brío,
para ti está, mi dueña, enjaezada.

211. Tirano de Siracusa: In antiquity Syracuse had a succession of tyrannical rulers. By the end of the 5th century BC this city on the eastern seaboard with its large harbour was the most important centre, politically and commercially, in Sicily. The best-known of the tyrants were Dionysius the Elder, and Dionysius the younger, who are referred to by Dante in *The Divine Comedy,* 1, Inferno, Canto 12. The context here suggests the title of a Spanish literary work: it may be an allusion to a well-known essay by the *costumbrista* writer Mesonero Romanos, 'El romanticismo y los románticos'. In this satirical piece poking fun at

the excesses of Romanticism, Mesonero gives the cast-list for a spoof
Romantic play, which includes, as a standard 'typical' character *El
Tirano de Siracusa*.

212. *don Lepe*: This distortion of Don Lope's name is not without
significance. Gullón, art. cit., p. 21 observes shrewdly that the change of
name transforms him from the full-blooded man of conquests of serious
drama into the wheedling soft-soaper of the *sainete*, or farcical sketch.
The nickname symbolises the gap between the appearance Don Lope
cultivates and the reality that lies behind it.

213. Es lo más zorro que hay en el mundo: This could conceivably
be an oblique acknowledgement of a debt to the Spanish Romantic poet
and playwright José Zorrilla (1817-1893). In abandoning the
opportunistic aspect of the seductions carried out by the Don Juan figure
and making Don Lope much more of a scheming individual who plans
his moves, Galdós is bringing the archetype much more in line with the
Romantic concept of the great seducer, as he is portrayed in Zorrilla's
Don Juan Tenorio. Zorrilla also modifies Don Juan to make him capable
of falling in love with an innocent heroine, which would also be
consistent with Don Lope's behaviour.

214. *potencias irracionales*: This is a play on words. The phrase
'irrational powers' is used mathematically to denote powers that cannot
be expressed in finite terms of ordinary numbers or quantities.

215. —Como bonitas, cree que lo son...y muy bravo para todo:
This account of Don Lope's amorous exploits is reminiscent of Act 1,
scene 12 of Zorrilla's *Don Juan Tenorio*, in which Don Juan and Don
Luis boast about their conquests. Those scenes in turn derive from the
list of conquests element in the Don Juan legend, which was well-
established by the time of Mozart's *Don Giovanni* (compare note 162
above).

216. *Gran Dio! morir si giovine*: This is an allusion to Verdi's opera
La Traviata. In Act 3 Violetta is terminally ill with consumption and
protests against her fate in the aria *Gran Dio! Morir si giovine (Lord
God! To die so young)*.

217. ni por nada del mundo hace él el celoso de comedia: The idea
of Don Lope/Lepe as a jealous lover in a comedy again picks up the twin
motifs of Golden Age drama and the *sainete*: it is to be noted that despite
Tristana's claim here, Lope has previously – albeit for a brief period –
played the stereotyped role straight out of the *comedia* (see Chapter 12).

218. *Ahi Pisa, vituperio de le genti...Là ci darem la mano*: These
two references are culled from specific sources. *Ahi Pisa, vituperio de le
genti* is from Dante's *The Divine Comedy*, 1, Inferno, Canto 33, line 79
– the Ugolini episode. The relevant couplet reads: *Ahi Pisa, vituperio de
le genti/del bel paese là dove 'l sì suona* ('Ah, Pisa! shame of the

peoples/of the fair land where the sì is heard'). *Là ci darem la mano* ('There we will give each other our hands') is a very well-known aria from Act 1, scene 9 of Mozart's *Don Giovanni*.

219. Por eso me aferro...con mi ingenio como pueda: Tristana's premonition of the misfortunes that lie ahead for her is perhaps less important than the implications of her intended response to them. Her stated determination to achieve independence by using her talents in whatever way she can, has a bearing on how we are supposed to construe the ending of the novel.

220. *Diverse lingue, orribile favelle...parole di dolore, accenti d'ira*: The allusion is to Dante's *The Divine Comedy* 1, Inferno, Canto 3, lines 25-27. This Canto describes the entrance to Hell, and the particular reference is to the agonised shrieks of the damned that can be heard. Horacio has been insinuating to Tristana that marriage and caring for him is a consummation devoutly to be wished. By murmuring these lines – albeit somewhat incongruously – she associates domesticity with the end of her aspirations to independence. Teresa M. Vilarós, 'Invención, simulacro y violencia en *Tristana*', in *A Sesquicentennial Tribute to Galdos* pp. 121-37, discusses the wider significance of this and other quotes from Dante as literary corroboratives, which in her view show that Tristana is foredoomed in her project to achieve independence.

221. no supe ir de la Puerta del Sol...y me metí en el barrio: The places mentioned are in the central and southern districts of Madrid. For an explanation of Tristana's disorientation in terms of the topographical symbolism of the centre and the periphery of Madrid, see: Anderson, art. cit., pp. 61-76.

222. *Ni del dorado techo...se admira fabricado..., del sabio moro, en jaspes sustentado*: These lines are taken from the second stanza of 'La vida retirada', a poem by the Spanish mystic, Fray Luis de León (1529-91).

223. *diréte, Inés, la cosa...*: this is a direct quotation of a line from 'La cena jocosa' by Baltasar del Alcázar (see note 4 above). The relevant sections (cited by Gullón, art. cit., p. 15) are:

En Jaén, donde resido,
vive don Lope de Sosa,
y diréte, Inés, la cosa
más brava dél que has oído.
Tenía este caballero
un criado portugués...

And the poem concludes: 'Pues sabrás, Inés, hermana,/que el portugués cayó enfermo...'

224. Las aspiraciones de su ídolo...la hechicera figura se le perdía en un término nebuloso: This emphasises Horacio's anxieties based on his conventional bourgeois attitudes, but also prefigures the way in which Tristana is to escape into the realm of the imagination, ultimately.

225. De su vida de afanes...por nada del mundo se separaría de él: The peculiarity of eye movement is something which preoccupies Galdós in later novels (see *Angel Guerra*, and the character of Leré). Much of the imagery in *Tristana* is concerned with vision, from direct reference to eyes, through the obvious correlative of visual art and the symbolism of names such as Reluz and Solís, to the use of light/darkness, solar/lunar metaphors. The idea of Horacio as an auntie's boy comes across strongly, giving the lie to his apparent independence and pseudo-bohemianism.

226. Desde aquella noche empezó una lucha tenaz...estimó conveniente llevársele de Madrid: Horacio's essential passivity bordering on inertia shows here – and not for the first time. His grandfather dominated him when he was a young man. It was Tristana who took the initiative in getting their relationship started, and she continues to take the lead in most things throughout their relationship. Likewise it is obvious that in this instance his aunt is the driving force behind his separation from Tristana, with her little-by-little strategy to get him away from Madrid. Horacio is motivated by personal convenience and ease rather than any idealism, even though he may justify his actions to himself on the grounds of the demands of his art, or the need for personal space.

227. *antes morir que consentir tiranos*: This is a slightly corrupt version of words taken from a patriotic poem by the poet Quintana (1772-1857) entitled 'A España después de la revolución de Marzo'. The couplet in which the words appear reads: 'Juradlo, ella os lo manda: *"¡Antes la muerte/que consentir ningún tirano!"*'

228. y el contar lo que faltaba para tenerse de nuevo: 'and counting the days until they were together again'. Despite the apparently shared aims there is a marked difference of attitude between the lovers: at root Tristana wants to test the strength of the relationship, whereas Horacio wants a bit of respite from the emotional demands it makes on him.

229. *nessun maggior dolore*: Dante, *The Divine Comedy*, 1, Inferno, Canto 5, line 121. Francesca da Rímini is telling her sad tale to Dante, who asks her how her love-affair started. She prefaces her explanation with a commonplace: 'Nessun maggior dolore/Che ricordarse del tempo felice/Nella miseria' ('There is no greater pain than to remember a happy time when one is in misery').

230. *Tu duca, tu maestro, tu signore...*y se resigna con su *soleá*: Dante, *The Divine Comedy*, 1, Inferno, Canto 2, line 140. Dante is speaking to Virgil after the latter's account of his meeting with Beatrice and says: 'tu duca, tu segnore e tu maestro' ('you are my leader, you my master and my teacher'). *soleá*: = *soledad*. This is an instance of an *andalucismo* prompted by the running *señó Juan* motif in the lovers' exchanges, where Horacio is jocularly likened to the brutish gipsy hero of an Andalusian story.

231. Estoy de remate: 'I'm at the end of my tether', 'I'm at my wit's end'.

232. (*Nota del colector:*...todo lo curaba con agua salada.): Galdós' *nota del colector* device serves two functions: it makes the meaning of *botiquín* – part of the lovers' private lexicon – clear; it also teases the reader into wondering whether there is a *cuento andaluz* from which the word is culled. Galdós is perhaps poking gentle fun at the Romantic custom of acknowledging esoteric sources in antiquarian footnotes.

233. *intelligenti pauca*: a Latin phrase meaning 'a word to the wise is sufficient'.

234. quisiera ser Bismarck para crear un Imperio: Otto Bismarck (1815-1898) was an outstanding Prussian statesman who was the main driving force behind the unification of Germany. He pursued expansionist policies, and German military successes led to him presiding as Chancellor of the Confederation over a German Empire which he had done much to create.

235. *pusuntra...*don Lepe: *pusuntra* is a corruption of the Latin phrase *[ne] plus ultra* – i.e. 'the other world'. The references to *Hamlet* and the first of a number of playful corruptions of the name Shakespeare anticipate the English lessons Tristana takes later, in the hope of eventually earning an independent living by teaching languages herself. The light-hearted threat to shoot herself, in best Romantic fashion, with one of Don Lope's revolvers, brings to mind some of the circumstances of perhaps the most well-known suicide in Romantic literature, that of Werther, in Goethe's influential *The Sorrows of Young Werther*.

236. ¡Y cuando el tren...latentes en el papelito en que estaban escritos: Galdós' use of bathos to get the lovers' effusions into proportion is part of a deliberately self-conscious narrative technique, which disarms criticism by openly acknowledging the sentimental Romantic conventions the author is unashamedly using. There are precedents for this tongue-in-cheek approach: Galdós has himself used it in earlier novels (e.g. *Tormento*); and some of the Romantics themselves poked fun at their melodramatic excesses in the act of using them. Byron uses this technique extensively in his *Don Juan*, for instance.

237. *Caro bene, mio diletto*: These are common Italian expressions which are freely used in Opera, and which occur for instance in both operas previously mentioned in the text, *Don Giovanni* and *La Traviata*.

238. *fuera de abono* : 'if only as a guarantee' ['that you're alive' is understood], 'if only to reassure me'.

239. Soy tan feliz...que sopla más allá del sol: The sentiments expressed fall into the category of conventional Romantic discourse, but are tinged with the quasi-mystical feeling that is progressively to characterise Tristana. The subsequent remarks, in which she expresses her own longing for the infinite, add to the impression that she has other-worldly tendencies.

240. —No sé lo que pasa...y todo lo que deseo: This letter is deliberately juxtaposed to one stressing Tristana's spiritual concerns, to bring out the conflict between the imaginative and pragmatic dimensions of her personality. The nightmarish vision owes a great deal to the imagery found both in Dante and Romanticism which is part of her literary mindscape, and serves as a premonition of her later illness. The countervailing urge to enjoy life is bound up with her developing thinking, about the possibility of emancipation and independence through a career. Her underlying mood of pessimistic enervation is confirmed when she asks a little later – whyever was I born? See note 242 below.

241. Aspiro a no depender de nadie...las veredas estrechas por donde ellos no saben andar: Tristana's feminist principles as enunciated here are couched in a rather negative way: she is far clearer about what she does *not* want than what she does want.

242. no está la masa para rosquillas: 'the dough won't do for doughnuts' – i.e. 'I'm in no mood for being lighthearted'. The vein of pessimism is confirmed, with her admission that she is tearful and wondering why she has been born.

243. En tanto que de estas ráfagas...sin que al artista se acordara de merendar ni de comer: Galdós would here seem to be refuting the Romantic idea that absence makes the heart grow fonder. Horacio's adjustment to his new life, and the growing sense of ownership he feels, signal his overt return to the bourgeois values that he has always, despite appearances, embodied. More crucially perhaps, this moment marks the beginning of Horacio's absorption into Nature, and his ultimate embracing of marriage and a family life cultivating the land. Livingstone, art. cit., pp. 93-100, argues that this is part of a general process under which the natural order is eventually reasserted in the novel, when Horacio obeys biological dictates in drawing away from the mutilated Tristana.

244. Getsemaní: The garden of Gethsemane was a favourite retreat for Christ and His disciples. It became the scene of the agony, Judas' betrayal and the arrest. See Mark 14: 32-50. As W. H. Shoemaker, *The Novelistic Art of Galdós*, Vol 3, p. 85, has pointed out, it signals Horacio's future betrayal of Tristana.

245. Me he franqueado con mi ilustre tía...y ha soltado la risa: Horacio's aunt, Doña Trini, has this reaction because she is by now sure that Horacio will not marry Tristana. Like Saturna, she is too wise in the ways of the world to be taken in by sentiments that she recognises are informed by Romantic affectations, rather than residual genuine feeling.

246. *súpita* = *súbita*: impetuous. This form – one of a number of *andalucismos* the lovers use in their private exchanges – occurs in the opening scene of *Don Alvaro*, where it is used as part of the gipsy language of Preciosilla.

247. Tengo un palomar...Convendría que tú lo oyeras y te enteraras por ti misma: The doves stand as a metaphor for Horacio's growing love for his environment, and his new-found peace and contentment, rather than as a symbol of his affection for Tristana. Significantly, he has the doves eating out of his hand in a way that he has never been able – figuratively – to get Tristana to do.

248. *que del oro y del cetro pone olvido*: This is another line quoted from the poem 'La vida retirada' by Fray Luis de León.

249. Hago lo que me mandas...*Bello país debe ser*: Tristana chides Horacio gently for the loss of their former intimacy, evidenced in his reluctance to indulge in the games of allusion and wordplay that have characterised their relationship at its passionate height.

250. *zaragüelles*: wide-legged breeches or trousers of a kind worn by peasants in the Valencia region.

251. *amílico*: 'amylic [alcohol]' – i.e. bad liquor, or rotgut. Tristana, in contrast to Horacio, sees the doves as a symbol of upward flight and escape.

252. *ante quien muda se postró la tierra*: Tristana is quoting here from the most famous poem by Rodrigo Caro (1573-1647): 'Canción a las ruinas de Itálica', line 38. The Roman remains at Itálica, which is near Seville, provide the stimulus for the poet's thoughts on the transience of earthly things. Tristana is likening Don Lope to the Roman emperor Trajan, mentioned in the previous line, 'pío, felice, triunfador, Trajano', who was born in Itálica and was a great persecutor of Christians.

253. El reuma se está encargando de vengar...rabioso por no haber comprendido antes lo razonable de mi anhelo: Despite Tristana's bantering tone, she once more acknowledges Don Lope's good qualities.

254. Lord Mascaole: = Lord Macaulay (1800-1859), the English historian and politician. This invented pun on the English name literally means 'Lord Chewcheers'.

255. franchute: a popular pejorative form of *francés*. 'He makes me remember my schoolgirl French', is the sense here.

256. To be or not to be.. All the world a stage: allusions to Shakespeare's *Hamlet* (Act 3, scene 1) and *As You Like It* (Act 2, scene 7) respectively. This section of *Tristana* provides a good representative sample of the various types of linguistic games the lovers indulge in – puns on names, use of *andalucismos* and *madrileñismos*, variants on language textbook clichés, intertextual references.

257. miquina: diminutive of *mico*, – i.e. 'my cheeky little monkey'.

258. ma non posso: almost certainly a further allusion to Act 3 of *La Traviata*. Immediately before launching into the aria *Ah! Gran Dio!.. morir si giovine* (see note 216 above), Violetta, dying of consumption, has tried to get up from her chair to get dressed only to find she is too weak to do so. She exclaims in desperation: '*Gran Dio!.. non posso!*'

259. como el bombo grande de la lotería...lácteos virgíneos candores: The *bombo grande de la lotería* is the drum in which lottery tickets are tossed round to mix them up before the draw is made. In *lácteos virgíneos candores*, there is is a wry allusion to an inscription on a monument to St. Bernard in the Iglesia del convento del Sacramento in Madrid, with an unintentional double entendre which reads:

Lácteos virgíneos candores
gustó Bernardo. ¡Oh portento!
Ya no es extraño lo dulce,
pues tan melifluo fue el premio.

Galdós records it with amusement in his *Guía Espiritual de España*, commenting: 'Esta y las demás endechas deben ser obra de alguna monja bernarda, que se dedicó a versificar con candor angelical en la decadencia de la Mística y de la Poesía.' See *Obras completas*, vol. 3, p. 1269.

260. el *deíto* de San Juan: *deíto* (one of several *andalucismos* in the lovers' private language) = *dedito*. *El dedito de San Juan* alludes to the convention of representing St John the Apostle in sculptures pointing with the index finger of his right hand, to show Mary where to find Jesus at Calvary.

261. licor de Engadi, digo de Aspe...delante de mis encantos o appas: 'water from Engadi, or rather Aspe'. '*Licor de Engadi*' is a biblical reference to the prized liquid from a freshwater spring at Engadi, on the west of the Dead Sea, in an area otherwise arid and barren. The place is mentioned in Joshua 15: 62; Song of Solomon 1: 14; and 1 Samuel 23: 29 and 24: 1. Aspe is a *pueblo* some twenty-five miles to the west of Alicante. The word *appas* is used both in Valencian and French to signify physical charms (usually of a woman).

262. que será *manífica*...*Oh donna di virtù!*: *manífica* = *magnífica*. This is a poetic form of the word (found for instance in the second Eclogue of Garcilaso line 395). Garcilaso de la Vega (1501?-1536) who wrote his verses in Italianate measures within the pastoral convention, is recognised as the greatest Spanish poet of the early Renaissance, and is quoted elsewhere in *Tristana* (see note 284 below). *Oh donna di virtù!*: a further reference to Dante, *The Divine Comedy*, 1, Inferno, Canto 2, line 76. Virgil is recounting to Dante his meeting with Beatrice who has sent him as Dante's guide. The relevant lines read: 'O donna di virtù, sola per cui/l'umana spezie eccede ogne contento/di quel ciel c'ha minor li cerchi sui' ('O Lady of virtue, through whom alone mankind rises beyond all that is contained by the heaven that circles least').

263. serán Galeotos...con todo mi *marisabidillismo*: Galleot was the go-between for Lancelot and Guinevere in the Arthurian romances. Here it is probably a further reference to the Francesca da Rímini episode from Dante's *The Divine Comedy*: she explains how shared interest in a book was the Galleot for her affair with her husband's brother. *marisabidillismo*: 'knowallness'.

264. acequias de *undosa corriente*...la soltaré..., mi *doisingracia*: *undosa corriente* is a phrase associated with *culteranismo*, the latinised, precious and highly metaphorical style of seventeenth-century poetry associated particularly with Góngora (1561-1627). The words occur in his sonnet 'A un arroyo':

Vete como te vas; no dejes floja

la undosa rienda al cristalino freno

con que gobiernas tu veloz corriente;

doisingracia: = *idiosincrasia*, a deliberate mangling of a word-form (as are *sabo* for *sé* and *ero* for *soy*).

265. La pronunciación es el caballo de batalla: 'Pronunciation is not my forte' is the sense here.

266. echar margaritas a: ...*los puercos* is understood – i.e. 'to cast pearls before swine'. The preceding Shakespearean reference is to Act 1, scene 5 of *Macbeth*, where Lady Macbeth is steeling herself to urge her husband to murder Duncan.

267. chacha: short for *muchacha* – i.e. 'sweetheart', 'sweety-pie', or some such endearment.

268. El gran don Lope, *terror de las familias*: If Tristana gives a reminder of the *donjuanismo* of Don Lope as a somewhat gleefully malicious prelude to informing Horacio that he is now a docile and rheumaticky old man, her remark also ensures that the reader does not forget the almost legendary past status of her guardian. Don Lope's reputation – enhanced by Tristana's not infrequent references to it – lends him a curious authority which is to weigh heavily with Horacio, and even intimidate the younger man in his later dealings with the elderly reprobate.

269. *E se non piangi, de che pianger suoli?*: 'And if you weep not, at what do you ever weep?'. This is a quotation from the Ugolini episode of Dante's *The Divine Comedy*, 1, Inferno, Canto 33, line 42. There is a heavy two-fold irony involved. Tristana is lightheartedly applying the agonised forebodings of Ugolini, about the death by incarceration of his children and himself, to Don Lope's belated, and suspect, change of attitude towards her; yet, unbeknown to her, Tristana will face a future of extreme physical restriction which may well merit tears on her behalf.

270. Ha empezado por traerme un carro de libros...de la biblioteca de su amigo el marqués de Cicero: Tristana claims that there were never any books in the house, and goes on to indicate how avidly and eclectically she is now reading. This does not sit altogether easily with what has gone before: her previous conversations with Horacio and their exchanges of letters have exhibited a fairly wide frame of reference to written literary sources and to other cultural sources. An interesting feature of Tristana – on which Sobejano, art. cit., has commented – is the way in which she likes both to affect ignorance (to flatter and reassure the more pedestrian Horacio), and to show off her learning and linguistic skills under the guise of childish lovers' play.

271. ¿A que no sabes tú..que digo *monadas*?: Leibnitz (1646-1716) was a German philosopher and distinguished mathematician who discovered calculus at about the same time as his English contemporary Newton. His philosophical system of monadology postulated that all entities are made up of simple substances (monads), prearranged in a harmonious conjunction. His optimistic view that God is the central focus of universal harmony in the best of all possible worlds was savagely satirised by Voltaire in *Candide*. Tristana's pun on *mónada/monada*, coupled with her disclaimer, lends weight to the notion of her playing at hiding her light under a bushel to disarm Horacio.

272. Es muy tarde...y ya el plácido beleño por mis venas se derrama: Sobejano, art. cit., p. 98 notes that Tristana finishes off her letter with theatrical flourishes. If her words reproduce some of the clichés of Romantic drama, they also have overtones of Romantic poetry: '*y ya el plácido beleño por mis venas se derrama*' could almost be a paraphrase of '...and a drowsy numbness pains/My sense, as though of hemlock I had drunk' from Keats' 'Ode to a Nightingale'; while the phrase 'almo lecho' ('sacred couch') and the repeated incantatory 'almo, almo' are distinctly poetic in tone.

273. *mi-mito*: = *mismito*. Not only is this an *andalucismo*, but Galdós' deliberate hyphenating of the word draws attention to Tristana's mythologising tendency – which she confesses in acknowledging her growing difficulty of picturing Horacio except through the imagination. She conjures him up as an idealised, intangible figure. Her remark '¿Serás tú *mi-mito*?' has the double sense of 'Is it really you?' and 'Are you a myth of my making?'

274. pintapuertas: 'house painters', 'decorators'.

275. Tú me engañas...el *Embarque de los moriscos expulsados*: Bly, op.cit., p. 217 argues that Tristana's faith that Horacio will surpass Velázquez and Raphael when he has completed the masterpiece, 'The Embarcation of the Expelled Moriscos', is misplaced: 'As we know Galdós repeatedly ridiculed this type of historical painting in his articles for *La Prensa*, the fact that here Tristana extols Horacio's canvas would suggest that the author is again disparaging his protagonist's ability to discern good art.' Even if Tristana's artistic judgement is faulty, there is no suggestion that Galdós is disparaging her *commitment* to art in the broader sense, as the expression of mankind's aspirations to higher things.

276. ¡El arte!...Es la única rival de quien no tengo celos: In advancing what might be termed the vocational argument for art – if you have a unique gift use it, others can do the menial tasks – Tristana is also affirming her faith in a higher purpose, to which she instinctively feels Nature is inimical. She longs to be at one with Art rather than Nature, so to speak.

277. *Dama de las camelias*: *La dame aux caméllias*, a novel published in 1852 by Alexandre Dumas, fils (1824-1895), was not only the source of the story told in Verdi's opera *La Traviata*, but an influential work to which many later tales of doomed, consumptive heroines and their lovers were indebted. The reference here is only half-mocking, since Tristana is later to find herself in a critical condition with her life in the balance (while Galdós is to make post-modernist use of melodramatic elements akin to those in Dumas' story of Marguérite Gautier).

278. *do*: the poetic form of *donde*. Tristana uses it here to draw attention to the fact that she has 'composed' the remark as a *romancillo*: 'Junto a la rodilla/Do existe aquel lunar' (compare Góngora: 'La más bella niña/de nuestro lugar').

279. a las primeras de cambio: 'for my first offence'.

280. Me desespero a ratos...el *Bajísimo*: Tristana, in virtually personifying her own highs and lows in terms of God and the Devil, again reveals her underlying religious propensities. Her outburst at these afflictions being visited on one so young is an ironic *reprise*, fulfilling the omens implicit in her previous allusions to *La Traviata*, and Violetta's aria *Gran Dio! morir si giovine!* There is also a hint of Christ's agony in the garden and His plea 'take away this cup from me' (see Mark 14: 36).

281. *fenómena*: Tristana is deliberately using the word here with the double sense of 'prodigy' and 'freak' (because of her limp). Her talk of the *violencias de la imaginación* required to visualise Horacio, coupled with the observation that she has had to reconstruct, even create him, is further testimony to the artistic process by which she is idealising or fictionalising him.

282. **moro de los dátiles**: 'peacable grower of dates' – i.e. 'green fingers'.

283. **en su fuero interno (un fuero de muchas esquinas)**: 'in his heart of hearts (a very devious heart)'. In the comments that follow the *esclava* motif, conspicuous by its absence since Chapter 14, is reintroduced by Tristana herself who realises that Don Lope hopes he will be able to enslave her again. See note 293 below for further comment on this motif.

284. *de la inmortalidad el alto asiento*: Tristana is quoting line 203 from the 'Primera Elegía' of Garcilaso de la Vega. This elegy was dedicated to the Duque de Alba on the death of Don Bernardino de Toledo, his brother. The theme of the poem, and the context of the particular reference stressing that immortality demands integrity in the face of the severest trials and hardships, is directly relevant to Tristana's impending crisis.

285. **cominerías ramplonas**: 'commonplace trivia', 'worn-out clichés', best conveys the meaning in this context. Tristana's *desengaño* or disillusion grows, as she realises Horacio is at root a bourgeois who has no vision beyond the received ideas of his class.

286. **Primero: me dices tú que vendrás pronto**: Horacio has clearly agreed to come in direct response to Tristana's plea in her previous letter. Because of his aunt's illness he does not honour his promise. His choice of priorities gives confirmation that his devotion to Tristana is not paramount; that he tends to opt for the line of least resistance; and that he knows which side his bread is buttered. His rejection of the values enshrined in the world of art and the urging of domesticity on Tristana, which we read between the lines of her letter, are consistent with his reversion to bourgeois conformism. *All* the letters are from Tristana: Galdós suppresses Horacio's replies at this point.

287. **debo ser actriz...Quiero luz, más luz, siempre más luz**: This signals the switch by Tristana into an alternative *artistic* route, which she expects to lead to the independence she craves.

288. **He pasado tres días crueles**: There is a faint echo of Christ's ordeal in the Passion story here, which has been anticipated in previous references to the Garden of Gethsemane (see note 244 above) and 'take this cup away from me' (see note 280 above) and is to be reinforced with the notions of Tristana's *triste calvario*, figurative death and resurrection later.

289. Miquis: Galdós followed Balzac in the practice of carrying over invented characters from one novel to another to give some sense of a kind of novelistic community, sometimes bringing them from a central to a peripheral role and viceversa. Miquis is such a character, appearing in a central role in *La desheredada* and in cameo roles elsewhere.

290. el *perché delle cose*: This is a glancing reference to line 70 of Leopardi's 'Canto Notturno', a deeply pessimistic poem in which the poet looks at the moon and poses it a series of questions about the purpose of life. He complains that the moon knows the ultimate meanings of the natural rhythms of things, but cannot or will not reveal them:

E tu certo comprendi
il perchè delle cose, e vedi il frutto
del mattin, della sera,
del tacito, infinito andar del tempo.

291. Vamos, que si ahora no tienes lástima de mí, no sé para cuándo la guardas: A *reprise* – in Spanish – of the line from the Ugolini episode '*E se non piangi, de che pianger suoli?*' from Dante's *The Divine Comedy* (see note 269 above) which Tristana has previously quoted lightheartedly, but which is now only too applicable to her situation. The loss of memory and concentration with illness and depression which she suffers, clearly have an adverse effect on her imaginative faculty.

292. Malvina, por distraerme...no sé lo que digo...»: This section repeats the motifs of self-pity, anger, and the need to cry. Tristana's alienation from her fellow human beings is growing more marked (and her hatred towards them will turn to indifference later). She makes the conventional disclaimer that she does not know her own mind or what she is saying, but her earlier words may be conveying her true inner feelings rather than a temporary mood, since she does gradually withdraw from intimate human relationships with the passage of time.

293. The *esclava* motif is repeated here by the narrator, with the implication that this is how Don Lope now sees Tristana. Yet Tristana is not to be as enslaved as Don Lope assumes: since she was last totally confined she has learned that emancipation is not simply a matter of physical and financial independence, but a more complex concept which operates at other levels. This is endorsed by the significant fact that the word *esclava* is not going to be used again in the rest of the text. Henceforth Tristana is *not* going to have the *esclava* tag attached to her.

The distribution of the word *esclava* in the text is interesting: it appears in Chapters 5, 6, 7, 12, 13, 14, 19 and 20 of the text.

294. mantón de cuadros: 'check shawl'.

295. Su palidez...un cerco de transparencias opalinas: While the deathly pallor of Tristana is emphasised, Galdós does not associate her appearance at this point with the *dama japonesa* image that has previously characterised her. The description maintains the connection with the courtesan heroine of *La dame aux caméllias* or *La Traviata*, with whom Tristana has become identified.

296. No era la primera vez...estimulando su soñadora fantasía: This may not have been the first time that Don Lope has tried to win Tristana round by appealing to her vivid imagination, but there is an important difference from his previous efforts in this direction: earlier he has fantasised about his own past conquests and exploits to impress Tristana; now he is flattering her directly and boosting her morale in a more ingratiating way. He is palpably much more of a domestic animal, concerned to gratify Tristana's whims and please her. The boot is now on the other foot and Tristana's ascendancy over Don Lope is beginning to be felt although he, mistakenly, thinks he has her at his mercy. This is emphasised in the subsequent section where he makes a concession to her over writing letters to Horacio. Don Lope has abandoned his childish *celos* in favour of a concessionary paternal stance, which is testimony not merely to his strategic wiliness but to the importance holding on to Tristana has assumed for him.

297. pues ya estoy mandado recoger: literally 'I've now got orders to withdraw from the fray' – i.e. 'I'm not up to that sort of thing any more'.

298. Pasmada oyó Tristana...nadie la mire siquiera: This section reveals some fascinating shifts of perspective. Don Lope first justifies his change of heart on the grounds of compassion, and his concern that Tristana should not have the additional complications of a lover to contend with. He then shows, in startling manner, that he has lost his intuitive touch about matters of the heart by wrongly presuming that events will follow the conventional path and end in a promise of marriage. Momentarily he lapses into *celos* by revealing an underlying desire to win Tristana back from the other man. Eventually he resumes his protective quasi-paternal stance. Galdós as narrator goes on to comment on all this as an example of Don Lope's *profundo egoísmo*. It may well be so, but this kind of egoism is still a far cry from his Olympian attitudes earlier in the novel, when he was confidently certain that everything was under his control.

299. sí, a mí, sólo a mí, debo echarme los tiempos por ese devaneo tuyo: 'yes, I and I alone must accept the responsibility for your love-affair'.

300. no sabemos más sino que tienes alas...penetraríamos los misterios del destino, y eso no puede ser: The idea of flight, of Tristana taking wing, is applied here to her possible future success as an actress; ironically it may well be germane at the end of the novel when she has transcended the ordinary emotions to live in some purer imaginative realm (compare Benina in *Misericordia*). To do this, she will have to carry out the threat implicit in the private terminology of the lovers' exchanges with Horacio to 'fazerse' or flee, and figuratively 'fly away' from Don Lope. Again in this section Lope uncharacteristically shows a fundamental misunderstanding of the emotional state of the lovers, and in particular of Tristana. It is an indication that his hold over her, of which she is still acutely conscious, is slowly weakening.

301. sin disimular la alegría que le causaba el sentimiento íntimo de su victoria: But is it a hollow victory? Tristana may yield outwardly – because Don Lope says what she wants to hear – but it is an open question whether she has really succumbed to his blandishments. The narrator's comment indicates that these *fórmulas de perjurio* are hypocritical: Tristana herself has pre-empted his remark with her equivocal inner thoughts about the accomplished insights of the unreconstructed old rogue.

302. Al propio tiempo...servíanle de lenitivo en su grave dolencia: As though to confirm that Tristana accepts Don Lope's flattering ideas because they are what she wants to hear but is not taken in by them, it is mentioned, almost as a proviso, that she finds them a welcome distraction from her suffering.

303. Sí, sí, ¿por qué no he der ser actriz?...Le querré más cuanto más libre sea: Since there is a certain logical inconsistency in the position Tristana adopts here – it is a non-sequitur in some respects – this perhaps anticipates the true nature of her yearning for the ineffable, i.e. her mystical tendencies.

304. paletito mío, *mio diletto*: *paletito* = 'little country bumpkin'. The phrase *mio diletto* is an endearment common in the libretti of operas (compare note 237 above), intended perhaps to underscore the slightly melodramatic nature of the scene by analogy with the plight of Violetta in *La Traviata* in particular.

305. independencia comiquil: 'ham-actorish independence' conveys something of the sense in English: *comiquil* is an invented adjective based on the verb *comiquear*, 'to perform plays amateurishly'.

306. No me hables a mi del altarito...Soy feliz así; déjame, déjame: This indicates the huge gap that has opened up between

152 *Tristana*

Tristana and Horacio by this stage. Tristana's lyrical effusion, rejecting marriage in favour of a committed relationship in which both partners would be free to go their own ways, suggests that she has swallowed Don Lope's propaganda about marriage. Her exhortations to Horacio to forsake banal Nature for sublime Art provide the key to her true agenda: she wants to idealise Horacio, to create a mythical figure to occupy her imaginative inner world of heightened reality. It is to preserve her illusion of an ideal that she eschews marriage. She is not so much escaping *from* wedded domesticity as *into* the realms of the quasi-mystical imagination, as the immediately following paragraph makes quite clear.

307. Tu bello ideal, tu Tristanita...El cerebro, el corazón, creí yo que mandarían siempre: These remarks indicate the beginnings of a recognition of forms of emancipation other than the physical kind, as Tristana acknowledges the limitations imposed on her mobility by the condition of her leg .

308. Tabor: the mountain to the south east of Nazareth where Jesus was transfigured, according to the New Testament. Tristana is nominally urging Horacio not to abandon his artistic vocation, but is unwittingly exposing her own aspirations to some sort of spiritual ideal.

309. En ti no hay defectos...aunque los ojos del vulgo los vean: This has a ring of the *Song of Songs* about it: 'Thou art all fair, my love, there is no spot in thee' (4: 7). Coupled with the previous mention of the Transfiguration, these biblical resonances serve to underline the transcendental yearnings that are increasingly to feature in Tristana's thinking henceforth.

310. ideón: This conveys more than simply the augmentative meaning of 'big idea': it would seem to be a word formed by analogy with *panteón* and *odeón*, i.e. 'a repository of ideas'. The unexpected return of all Tristana's previously acquired knowledge, supplemented by new insights, recalls the infused wisdom of the contemplative mystic. The *arrobamiento*, or ecstatic feeling which characterises the following remarks, combined with the conversion of Horacio into the repository of all virtues (which carries further overtones of the *Song of Songs*), confirms a state somewhere between illness-induced delirium and mystical ecstasy.

311. En sus últimas cartas...hacia la estación de los espacios imaginarios: The narrator gives confirmation of Tristana's quasi-mystical state induced by fever and insomnia, in which she has transformed Horacio into an imaginary god whose cult she worships.

312. «Maestro y señor...conforme se me antoja.»: The tenor of this brief letter, from the curious form of address 'Maestro y señor' (which is inconsistent with the notions of equality between men and women she has espoused earlier) to its supplicatory tone, suggests that at this point she has Our Lord Jesus Christ in mind rather than Horacio.

313. «Aunque no me lo digas...como eres..., aunque no quieras confesarlo, la suprema belleza»: The heightened spiritual tone continues in these last two letters, where the identification of Horacio with the deity and his transfiguration into Christ-figure continues. The correspondence is deliberately one-sided, so that the reader cannot infer much about Horacio's replies or his state of mind.

314. hemoptisis: 'haemoptysis' – i.e. spitting of blood from the lungs. The authorial device of making Horacio's aunt fall ill, especially on top of having Tristana lose a leg, verges on the melodramatic; but this section makes the dilemma – of whether Tristana is suffering from delirium or engaging in mystical flights of the imagination – transparent. To pose the question, 'how *did* Horacio reply to her letters?', is tacitly to acknowledge Galdós' skill as a writer in suppressing the replies. They would simply have confirmed Horacio's bourgeois mundanity, and broken the mood of brooding intensity generated by concentrating on Tristana's thoughts. Likewise, had he visited her at this juncture it is difficult to visualise what the scene would have contributed to the novel.

315. Desesperado y aturdido...ya con amenazas y blasfemias: There is no suggestion that Don Lope's agitation and despair are feigned: the depth of his genuine attachment to Tristana at this stage is laid bare. Also his invocation and execration of the deity is part of what might be called his donjuanesque inheritance (see Introduction, p. 00).

316. Los calmantes enérgicos...y en glorias remotísimas: More and more it is being emphasised that Tristana is escaping into the realms of the imagination, which she finds the best antidote to her sufferings.

317. muñeca de mi vida: The reappearance of the *muñeca* motif – absent for some time from the text – presents an interesting paradox: Don Lope thinks she is under his control, whereas (in a variation on the Pygmalion/Galatea idea) she is in fact becoming independent of her 'creator'. Don Lope's attempt to reduce Tristana and Horacio to the status of children, to be indulged and overseen by him as symbolic parent, misfires: ironically it is Don Lope himself who is to spend his declining years being treated very much as Tristana's 'child'.

318. —Si mis recursos se acaban por completo...la ciencia verdadera no crece sino en los eriales de la vejez: Don Lope's avowed repentance for his previous shortcomings, and apparent preparedness to abandon his principle of never asking favours of man or God, combine with a gush of the milk of human kindness, a sentimental eulogy of Tristana, and an urge towards self-sacrifice to make him momentarily resemble the reformed Scrooge in *A Christmas Carol.*

319. *hierbas calleras*: 'sedum, otherwise known as orpine or house-leek' used as a common quack remedy to heal wounds and soften corns.

320. Pero ya me encariño con la idea...¡qué delicia, qué gusto!: The notion of being half in love with easeful death comes through here to remind us of the Romantic provenance of many aspects of *Tristana* (e.g. Keats' 'Ode to a Nightingale' see note 272 above). There are situational, though not dialogic analogies with Act 3, scene 2 of *La Traviata* in which Dottor Grenvil comes to see Violetta.

321. demonches: a familiar form of *demonios*. Don Lope's untypical outburst which prompts this reaction from Saturna has a lot of self-sacrificial Romantic hyperbole about it. It resembles Don Álvaro's plea to el marqués de Calatrava to take his life, and spare that of Leonor, in *Don Álvaro*, Act 1, scene 8.

322. cirujano de punta: 'a leading surgeon', 'a distinguished surgeon'.

323. Muchos que se tienen por cobardes... otros que se creen gallos salen gallinitas: There is a certain irony in this remark by Miquis. Although Don Lope is not to be found wanting in manly resolution in this situation, by the end of the book he is no longer the cock of the walk, and is himself engaged in the domestic chore of tending the chickens.

324. El enfermo suele ver muy claro: This suggestion of insight or inner vision again predicates certain mystical leanings in Tristana.

325. corrían por sus mejillas de papel: The reminder of the parchment-like quality of Tristana's cheeks re-introduces the *dama japonesa* image, which seemed to have been superseded by that of the tragic Romantic heroine.

326. no se asuste la muñeca: It instinctively springs to Miquis' mind to use the term *muñeca* in trying to reassure Tristana about her prospects after the operation. His assumption that she will not be able to fend for herself in future, but will be both a kind of toy herself and someone who will occupy her time with playthings, underscores the sense that the *dama japonesa* is back in the doll's house.

327. «Allá va una noticia...Si tú no tuvieras brazos ni piernas, yo te querría lo mismo. Conque...»: The changed tone in this letter gives the lie to the impression that has been created of a dependent acquiescent Tristana: the reader recognises the signs, whilst those close to her do not, that she has her own agenda.

328. La perdiste, la perdiste para siempre...Ya nadie me la quita, ya no...: The overtones of the Pygmalion/Galatea legend are at their strongest here. Just as Don Lope is congratulating himself that he has Tristana tied to him for life, the *muñeca* – and the doll motif is insistently repeated here – is slipping away from him. Paradoxically she is to become the dominant partner in their relationship despite her physical handicap. His view that her mysticism is nothing but febrile imagination is to be confounded: she is later to draw enough strength from it to show indifference to Don Lope and to make him dance to her tune.

329. para conseguir que los pícaros nervios entren en caja: 'to make your shattered nerves settle down', 'to calm your unsettled nerves'.

330. ¡Está una tocando todas las sonatas de Beethoven...aunque las manos sean otras: This pre-operative, anaesthetic-induced, visionary experience prefigures the musical obsession or new artistic phase that is to involve Tristana after her amputation. The specific mention of Beethoven sonatas is no more accidental than most of the other cultural allusions throughout *Tristana*: Vernon Chamberlin, 'The Sonata Form Structure of *Tristana*', *AG* XX, núm. 1 (1985) pp. 83-96, persuasively argues that the novel is consciously given an overarching formal structure which is the literary counterpart of a musical sonata.

331. el cuadro de *Las Hilanderas*: *Las Hilanderas*, 'The Spinners', is another well-known painting by Velázquez. Tristana's wandering thoughts, as she goes under the anaesthetic, indicate that she is someone in pursuit of perfection working towards an ideal, rather than a mere copyist with unrealistic pretensions about becoming a great artist. She wants to transform reality, just as *Las Hilanderas* tranforms the mundane activity of spinning into a thing of stylised formal beauty.

332. sicarios: 'hired assassins'. It would seem reasonable to propose that Galdós intends at least a degree of ironic parallelism with *Macbeth*. In Act 3, scene 1 of Shakespeare's play, Macbeth makes arrangements with two murderers to despatch Banquo, stressing the need for urgency in carrying out the task; and in scene 3 they are joined by a third murderer to waylay Banquo and his son Fleance. In scene 4 they report that they have cut Banquo's throat, but that Fleance has escaped so that Macbeth's worries are not over. Later in the same scene, Macbeth appears to his guests to be experiencing a persecution delusion when he sees the ghost of Banquo. Similar elements are found in a different order and variant form in the description of Tristana's operation.

333. Don Lope trincaba sus dientes: 'Don Lope gritted his teeth'.

334. Empezó luego el corte...un objeto largo y estrecho envuelto en una sábana: Galdós has been accused of excessive harshness for inflicting mutilation on Tristana – a view perhaps enhanced by Luis Buñuel's influential images of the beautiful Catherine Deneuve during and after the operation. Since the amputation was the result of the author's carefully considered revision of his plot, it seems likely that he had more compelling reasons. The religious overtones, replete with biblical allusions, that have been increasingly in evidence before the operation and are continued in the remarks immediately ensuing, indicate what those reasons were. See note 335 below and Introduction pp. xviii-xix for an explanation.

335. empezó el despertar lento...que a manzanas olía: There is a strong suggestion here that Tristana has, in a sense, discarded the things of this world (a life of *physical* freedom which depends on mobility) in favour of other-worldliness (the inner life of the *spirit* to which she is reborn). The change is not entirely the involuntary result of her illness: her tendency to aspire to ideals has always been in evidence, and her drift towards the religious ideal is increasingly apparent as her relationship with Horacio develops and she gradually deifies him.

336. —No te apures, hija mía...las regiones etéreas donde habitan: The spiritual tendency is again in evidence in Tristana, and though Don Lope makes light of it here, his words have a prophetic ring: Tristana will not tire of the ideal being who makes no demands on her to satisfy erotic love.

337. —¿Quieres que te dicte yo?...Hasta otro día: The difference between the tone used by the two speakers in drafting the letter is noteworthy. Don Lope is largely flippant, descends into conventional man-of-the-world phraseology, and harps on about the question of marriage. His cynical self-interest is set into relief by Tristana's serious reply to Horacio, in which the identification of her absent lover with God is conspicuous. The transference of feeling from the physical to the spiritual realm is revealed in what she writes, when she bids goodbye to the flesh-and-blood Horacio and informs him that his essence will live on for her in an idealised form. The plain language she uses, with its feeling of restrained exaltation, contrasts sharply with the insincere artifice of Don Lope's dictated sentiments.

338. Parezco la muerte...Parece de papel de estraza: This sequence resembles that in Act 3, scenes 3 and 4 of *La Traviata* where Violetta, after talking to her servant Annina and reading a letter, looks at herself in the mirror and sees the change in her appearance brought about by illness. The colour symbolism of the 'black' (tanned) Horacio and the paper-white Tristana works at two levels: it draws attention to their respective states of health; and it serves as a broad indicator of how straightforwardly each of the lovers is to behave in their future relations with one another.

339. «¡Quién me lo había de decir...y troquel de nuestras acciones.»: This is a defining moment for Don Lope, and an ironic *reprise* of the situation that obtained when Tristana first came into his care. He is now reduced to the dire financial straits in which Tristana's father found himself after the collapse of his business. He has to resort to expedients where money is concerned that he would not have countenanced when he could afford to dismiss it as *vil metal*. He is forced to compromise his principles in this area, just as he has where women are concerned. The last vestiges of the Don Juan legend as epitomised by Don Lope are to disappear; and his love for Tristana coupled with mundane everyday practicalities are to overcome his instinct to scorn convention, reducing him to middle-class respectability.

340. suficiente para farfullar polcas y valses: 'enough to strum polkas and waltzes'.

341. sino también el organito o armonio...y tuvo algunas horitas de felicidad: This is Tristana's third enthusiasm; and she is as confident of success in this area as she was in the others despite the precedents of failure, such is the power of her imagination to transcend harsh reality. If she ignores her lack of vital early training, which is what has precluded her from success where painting or writing are concerned, this has less to do with a misplaced confidence in her own abilities than with her view of art as a *camino de perfección*. Her desire to excel has more to do with her concept of the artist as a symbol of the human capacity to sublimate Nature, than with a simple desire to achieve worldly success.

342. el demonio, Saturna: Mythologically Saturn – on whose name Saturna's is based – is supposed to have swallowed the children that his wife bore him annually, because it had been prophesied that one of his own sons would dethrone him. Saturn is also the god of agriculture, noted for his pragmatic skills. In the light of this the qualities attributed to Saturna here may not seem quite as arbitrary as they might appear at first sight. See Gullón, art.cit., p. 21 for additional comment on Saturna.

343. Pero no necesito verle...Esa raza se extinguió: This would seem to be a tacit acknowledgement on Don Lope's part that the Don Juan archetype can no longer exist in the contemporary world.

344. Enamorada de un hombre que no existe...para diversión de las muchachas: A shrewd enough observation and insight from Don Lope, whose deeper implications he clearly misses: if he is right, Tristana will have outgrown him just as surely as she has Horacio. She owes allegiance to a higher power and authority. Compare the ending of Calderón's *El mágico prodigioso*, where Cipriano has to accept that Justina's love of God outweighs any claims he may have on her.

345. Con este solo arranque lavo todas mis culpas y merezco que Dios me tenga por suyo: If there is a touch of the Pontius Pilate about Don Lope washing his hands of blame, there is also a further echo of Cipriano's exculpatory speech of repentance in Act 3 of *El mágico prodigioso*.

346. Nunca creía que llegara el caso de no parecerse uno a sí mismo: Don Lope is clearly worried about his changed image, not merely as a matter of self-esteem but because it will belie his basic character. He begins to question the nature of his own identity, a question that is unresolved by the end of the novel where he is both a shadow and a caricature of his former self.

347. un cierto airecillo de juego de muñecas: The extension of the doll motif to Horacio as another plaything for Tristana reminds us of the analogy with Japanese doll-like figures that has punctuated the text.

348. ¿Creía tal vez que yo iba a salir por el registro del padre celoso o del tirano doméstico?: This is a fascinating rhetorical question considering how Don Lope has behaved in the past, when he first suspected the relationship between Tristana and Horacio. It was only Tristana's fierce reaction that deterred him from continuing to act like a tyrant or a *padre celoso* from a Golden Age *comedia*. Don Lope standing on his dignity and trading on his legendary past status may impress Horacio, but his words ring hollow to readers better acquainted with the intimate details of his declining years.

349. vistas: 'brief visits', 'token visits'.

350. Que pedazo de ángel: 'What a charming fellow'.

351. Para mí es cosa terminada...como la pierna: Don Lope may well be right that the relationship between Tristana and Horacio is dead and buried, but his likening of this to Tristana's *pierna enterrada* is misplaced. He is assuming that her lack of mobility will mean she is entirely under his sway.

352. La distancia venía a ser...influencia de los sentidos: The sentiment here is not so much that absence makes the heart grow fonder as that distance lends enchantment. On the balance of evidence, Tristana's desire to keep her idealised lover at far more than arm's length would seem to outweigh her human instinct to see Horacio in the flesh.

353. por poco no lo cuenta la pobre: 'she very nearly died', 'nearly didn't live to tell the tale'. Note here that Horacio – unlike Don Lope – was not prepared to sacrifice all for Tristana: his aunt came first!

354. Soy una belleza sentada..., ya para siempre sentada: a play on words with *sentar*: 'I am an established [*sentada*] beauty... now for ever sat down [*sentada*]' is the literal meaning. 'I am a striking beauty struck down for ever' conveys something of the sense in English. This flash of unexpected wit from Tristana shows how quickly she is adjusting to her new realities.

355. Continuó la conversación...el artificio trabajosamente edificado por la compasión: The essential banality of Horacio comes across here as does – even more strongly – Tristana's need for something out of the ordinary, something to satisfy her longings, her aspirations towards an ideal.

356. La Naturaleza se impone: Don Lope's judgement that the Natural Order will reassert itself and impel Horacio to reject the mutilated Tristana is taken to be a key theme of *Tristana* by Livingstone, art. cit., pp. 93-100. This interpretation needs to be squared with some awkward facts. The relationship between Horacio and Tristana has started to founder before her illness: the inexorable process of their drifting apart after their physical separation is chronicled in their letters, which are carefully graded to show their progressive emotional disengagement from one another. By the time her leg is amputated Tristana has already converted Horacio into an idealised figure who bears no resemblance to the real man, while he is wondering whether the balance of her mind is disturbed. What is surely being depicted is an incompatibility of temperament between a spiritual woman and a pragmatic man, as Don Lope admits to himself almost as an afterthought at the end of the chapter.

357. Opinó la inválida...un carácter fraternal: An evolution of attitudes has taken place: Don Lope is *paternal* and Horacio *fraternal* towards Tristana. She no longer arouses their sexual interest.

358. un carácter señaladamente positivista: The tough-minded philosophy of *positivismo* which was elaborated by Auguste Comte (1798-1857) not only rejected metaphysics in favour of empiricism but concerned itself with the sociological need for evolution, rather than revolution. In practice this meant taking a pragmatic approach to problem-solving, trying to avoid disrupting the stability and continuity of the existing system. Such an approach is particularly appropriate from the conformist and bourgeois Horacio who does not want to be seen to be treating Tristana shabbily. This gesture in the *vida privada* of the novel has more general historical resonances as well, since it mirrors the background political philosophy underpinning activities in the *vida pública*. Moreover, concealment of true motives was endemic in the *turno pacífico* of Cánovas and Sagasta, in which electoral fraud was practised in the alleged interest of the preservation of the status quo.

359. Quizá ve...la sociedad futura que nosotros no vemos: Horacio's remark about Tristana's vision of a future society not based on marriage has been taken as evidence of her feminist principles and a concession by Galdós that though her individual project may fail, the future could belong to the independent woman (see Lisa Condé, *Stages in the Development of a Feminist Consciousness in Pérez Galdós (1843-1920): A Biographical Sketch*, p. 186). Don Lope's qualified reply scarcely gives a ringing endorsement for Horacio's view; and there is a heavy irony in all this considering that Tristana abandons these visionary principles by agreeing to marry Don Lope later. Not only does she have little choice however if she is to survive financially, but she enters into matrimony *sub specie aeternis*: the things of this world no longer concern her.

360. No le gusta el campo...para subirse a los espacios sin fin:
These (and preceding) remarks bear out the contention made earlier (see
note 356 above) that it is incompatibility of temperament, rather than a
reassertion of the natural order, that drives a wedge between Tristana
and Horacio.

361. incompatibilidad absoluta, diferencias irreductibles: On its
own this remark might have no special force since Don Lope's
judgements have not always proved correct. Taken in conjunction with
what Horacio has just said, it lends support to the view that there is a
textual insistence on the underlying irreconcilable temperamental
differences that separate Tristana and Horacio.

**362. Con vivo interés oía ésta...como risueña perspectiva de un
mundo nuevo:** Again Don Lope's expectations are confounded when
Tristana warms to Horacio's talk of rural domesticity. She does so
because Horacio is giving *descriptions*, word pictures with the vicarious
quality of fictional art. She can relate to a world which she is not asked
to experience but can evoke as a stylised landscape of her imagination,
an other-worldly Arcadia.

**363. En las visitas que se sucedieron...los exaltados conceptos de
la correspondencia de su amante:** The tone of these comments by the
narrator imply that the reader should not be as surprised as Horacio by
the change in Tristana's attitudes. While they may seem to be a negation
of the values she has previously espoused, they make sense in the light of
her other-worldly preoccupations. They indicate that painting has never
been a substitute for life as far as Tristana is concerned, but that art has
represented a surrogate form of religion for her.

364. Apeles: the most famous of the Greek painters who lived at the
Court of Alexander the Great, whose portrait he painted.

**365. Lo más triste de todo...que nos han entusiasmado y
enloquecido en la juventud:** The sense of 'all passion spent' is strong in
this section cataloguing the gradual withdrawal of Horacio, and with him
painting, from Tristana's life. Attention is also drawn to the retrospective
sense of fictional unreality attaching to a youthful relationship and a
phase of development now definitively over.

**366. con las primeras lecciones de música y de órgano...con el
ardor de aquel nuevo estudio, maravillosas aptitudes:** This new
preoccupation with music signals the next stage of Tristana's
development. From this point onwards human relationships will matter
less and less to her. She has so far interested herself in the more
representational arts – painting, the theatre, and literature.

367. —¡Santa Cecilia!...¡Qué hija, qué mujer, qué divinidad!:
Don Lope's enthusiastic comparison of Tristana with Santa Cecilia, the

patron saint of musicians and religious music, adds unwittingly to the
religious resonance of Tristana's new passion.

368. Cuando la señorita...**de una idealidad dulcísima:** The value of
music as a kind of *camino de perfección* for Tristana, which has been
implicit since she first enthused at the prospect of taking up the organ
(see note 341 above), is made explicit here as she is transported to a
higher ethereal sphere through the medium of her playing .

369. Tristana daba un paseíto...**que la propia Santa Cecilia no
podía moverse ni andar de otra manera:** The direct comparison
between St. Cecilia and Tristana's way of moving invites the reader to
wonder whether there are parallels between the Saint's life and
Tristana's story. There are in fact certain similarities between their
respective marital situations. See Introduction p. xiv.

**370. Día hubo en que fue Horacio y se retiró sin que ella se
enterara de que había estado allí:** Although it is Horacio who
eventually steals away it is made plain that Tristana is oblivious of his
presence, and that she is on the road to spiritual withdrawal that
characterises the incipient mystic. Her quest for perfection is further
underlined in the preceding comments.

371. Nuestro don Horacio se casa: For Don Lope (and Leon
Livingstone: see note 356 above), this laconic announcement of
Horacio's impending marriage sets the seal on the reassertion of the
Natural Order he had predicted earlier. It is an open question whether it
is simply a young man's preference for a healthy partner without
disability that is instrumental in Horacio's choice of wife however:
Tristana, who opted not to accompany her lover when he left Madrid,
has not only grown apart from him but shows no inclination whatsoever
to resume their relationship on the old basis when he returns. The
available evidence suggests that the amputation of her leg was an
additional determining factor in an inexorable process of separation that
was already taking place.

372. Como quien se arroja...**algunas ideas propias que aún la
atormentaban:** Don Lope's total failure to read Tristana's mood
indicates both her enigmatic state of mind and the unfathomable aura of
other-wordliness that now surrounds her.

373. La ausencia de toda presunción...**por si ajustaba con más o
menos perfección la bota**... **única:** The narrator describes this as
another metamorphosis. This could well represent the outward sign of an
inner rejection of material values in favour of spiritual values. See
Introduction p. xxiv on this point.

374. Al año de la operación...**destruyendo la gallardía de su cuello
y de su busto:** By a paradox the premature ageing of Tristana brings it
home more forcibly to the reader that she is still a young woman who

has, it would seem, abandoned all normal desires. Her insistence on using crutches *deliberately* destroys any semblance of gainliness by ruining her naturally attractive features. All this is a prelude to her increasing obsession with churchgoing; and it creates a mounting sense that the things of this world no longer interest her.

375. que no venía mal para otros gastos en tiempos tan calamitosos: This concern with money and making economies is relatively new in Don Lope (although at earlier stages he has tried, without success, to meddle in household matters only to be outsmarted by Saturna). His increasing infirmity and incipient senility only partly account for the dramatic shift which makes him now embody most of the values diametrically opposed to those he has practised and preached for most of his adult life.

376. Tampoco se dio cuenta de esta nueva metamorfosis...el oír misa, la penitencia y comunión: The idea of metamorphosis is repeated here in connection with Tristana. Interestingly it applies tacitly to Don Lope as well, since the preceding and following comments stress his definitive decline into premature senility allied to his new-found religiosity (which is not to persist in quite the same way). See Introduction pp. xxiv-xxvi for other aspects of Tristana's metamorphosis.

377. Y como el buen *don Lepe*...hallaba infantiles consuelos: not only an ironic *reprise* of the situation early in the novel in which Tristana absorbed Don Lope's ideas, but an indicator of the role-reversal that has been taking place. See Introduction pp. xx-xxi for a discussion of the more general significance of this development.

378. —Pero ¿soy yo de verdad...Ahora ella me mima: Don Lope's somewhat maudlin assessment of his second childhood and his reliance on Tristana is reminiscent of the melancholy Jacques' Seven Ages of Man speech in Act 2 of Shakespeare's *As You Like It*, the opening line of which, 'All the world's a stage', Tristana has quoted earlier in the lovers' exchanges with Horacio.

379. En cuanto a Tristana...que era seguramente el definitivo: Galdós abandons his stance as omniscient author by purporting not to know whether Tristana's latest metamorphosis is her last or whether her inner feelings match their outward semblance. The transformation of Horacio from idealised man into God is now complete.

380. Las horas de la tarde pasábalas en la iglesia...y los acólitos la consideraban ya como parte integrante del edificio y aun de la institución: There seems little doubt that Tristana has taken up the life of religious worship with enduring commitment: she is still attending church assiduously as the novel closes; and there is no hint that any new enthusiasm or metamorphosis will *displace* her abiding preoccupation with the things of the spirit. Galdós would seem to have answered the question he posed as narrator moments previously (see note 379 above) as to whether this is Tristana's last metamorphosis.

381. las señoras de Garrido Godoy: The names given to Don Lope's relatives point up both the dependency and the financial considerations that impel him to abandon all his heterodox principles in old age. Manuel Godoy (1767-1851), who came to be known as the Príncipe de la Paz, was a guards officer who, as the favourite of King Carlos IV, was granted more or less absolute power as a statesman to dispense largess as he saw fit. *Acuñar*, 'to coin money' is the basis of the name of Don Lope's nephew, the Archdeacon, Don Primitivo de Acuña – indicating the nature of the pressure the Church can exert to drive the old reprobate back into its fold.

382. San Bernardino: San Bernardino was an *asilo* for the destitute (or more accurately at this time, two *asilos*). *Madrid en el bolsillo* p. 314 explains: 'En 1834 se fundó el Asilo de mendicidad de San Bernardino, por iniciativa del señor marqués de Pontejos, al que tanto debe hoy Madrid. En la actualidad existen dos asilos, habiendo en el primero 336 acogidos y 140 en el segundo. En él se acogen los mendigos que imploran la caridad en las calles de Madrid sin estar provistos de la oportuna licencia.'

383. ideas disolventes: 'dangerously heterodox ideas'. Literally the adjective *disolvente* = 'que causa corrupción'. The mockery that this marriage represents for Don Lope is not enough to deter him from accepting it, though nominally he does so for Tristana's sake rather than his own.

384. Arjonilla: Arjon(ill)a is a small town situated some 20 miles to the north-west of Jaén.

385. había llegado a mirar todo lo terrestre con sumo desdén: This would seem to be an unequivocal statement that Tristana's concerns are now other-wordly. See Introduction pp. xxiv-xxviii for a discussion of the general process of the spiritualisation of Tristana.

386. pacífico burgués: This could well be a sly parallel in the *vida privada* to the *vida pública* during the *turno pacífico*. Don Lope has opted for settled calm after the turbulent events of his past.

387. echadura: 'nesting-box' (for broody hens trying to hatch their eggs). In showing Don Lope, the man of many past conquests, ironically reduced to overseeing the activities of a cockerel with the six hens he keeps, Galdós is showing the total decline of the Don Juan archetype in his dotage.

388. Por aquéllos días entróle a la cojita una nueva afición...y no cesaba de alabar a Dios: There is no real suggestion here that Tristana is abandoning her religious fervour in favour of the domesticity for which she has throughout claimed she has neither talent nor inclination.

She is continuing to spend much of her time at church in prayer and her new *afición* is supplementing, not supplanting, the existing one. It must not be overlooked that baking – of bread particularly – has a special symbolism within religion: the most appropriate word-picture for Christ himself is the Bread of Life. See John 6: 30-35.

389. ¿Eran felices uno y otro?...Tal vez.: The question posed in this ending to the novel represents a genuine invitation to the reader to consider the nature of happiness. Had Galdós intended to make an *ironic* comment on a ghastly situation for a Tristana condemned to live an empty life, with all her hopes and expectations for a meaningful future dashed, the formulaic 'and they lived happily ever after' would have been the cruelly appropriate ending. See Introduction p. xxvi for consideration of this point as part of the man-cannot-live-by-bread-alone theme running through the novel.

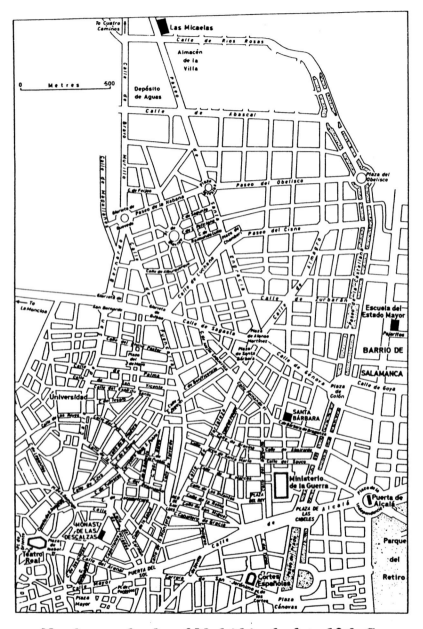

a: Northern suburbs of Madrid in the late 19th Century.

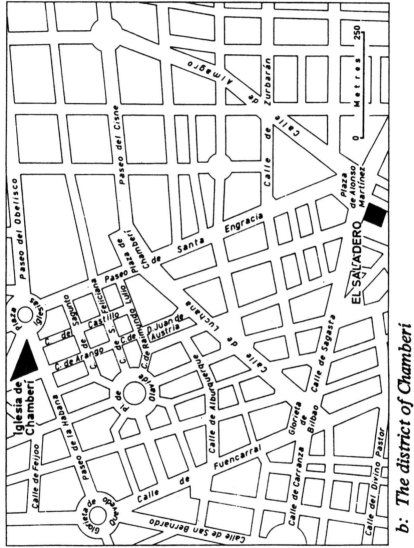

b: The district of Chamberí

[Maps: Courtesy of Grant & Cutler Ltd., from a Critical Guide to *Fortunata y Jacinta*.]

Current and forthcoming titles
in the BCP Spanish Texts Series: